中小企业管理升级丛书

股权设计与股权激励

EQUITY DESIGN AND INCENTIVE

Management Tools and Case Studies

堪振华　高丽敏◎著

管理工具与案例分析

中国经济出版社
CHINA ECONOMIC PUBLISHING HOUSE
·北 京·

图书在版编目（CIP）数据

股权设计与股权激励：管理工具与案例分析/堪振华，高丽敏著.
—北京：中国经济出版社，2019.7（2020.12 重印）
ISBN 978-7-5136-5476-0
Ⅰ.①股… Ⅱ.①堪… ②高… Ⅲ.①股权激励—研究 Ⅳ.①F272.923
中国版本图书馆 CIP 数据核字（2018）第 282389 号

责任编辑 郭国玺
责任印制 马小宾
封面设计 任燕飞工作室

出版发行 中国经济出版社
印 刷 者 北京九州迅驰传媒文化有限公司
经 销 者 各地新华书店
开　　本 710mm×1000mm 1/16
印　　张 17
字　　数 244 千字
版　　次 2019 年 7 月第 1 版
印　　次 2020 年 12 月第 2 次
定　　价 58.00 元
广告经营许可证 京西工商广字第 8179 号

中国经济出版社 **网址** www.economyph.com **社址** 北京市东城区安定门外大街 58 号 **邮编** 100011
本版图书如存在印装质量问题，请与本社销售中心联系调换（联系电话：010-57512564）

前言

Preface

关于股权那些事儿

套用俄国作家托尔斯泰的名言："幸福的家庭都是相似的，不幸的家庭各有各的不幸。"在企业管理中，这句话可以转换成："成功的企业都是相似的，死亡的企业各有各的不同。"企业死亡原因五花八门，但是也有一些规律。总结死亡企业倒闭的原因，可以大致归结如下：

战略目标

- 企业没有明确的使命、愿景、价值观而死；
- 企业五年（三年）战略规划不清晰，方向不明确（错误）而死；
- 战略目标僵化，实施不到位，总结不到位，改善修正不到位而死

组织管理

- 公司与员工不能"价值共创、利益共享，风险共担"而死；
- 集团公司没有一套管控体系，因员工和部门各自为政而死；
- 公司内部没有一套科学完整的"产、供、销、人、发、财""流程+制度"管理体系，管理混乱而死；
- 公司内部责权利（目标体系、责任体系、权力体系、激励体系、分配体系）不科学而死

运营管理

- 经营违法乱纪，触犯法律而死；
- 执行力严重匮乏，"不计划、不准备、不检查、不评估、不反馈"，战略执行不到位而死；
- "产品、服务、成本、速度、质量"没有竞争优势而死；
- 扩张太快，回款不力，现金流断裂，血液枯竭而死

改善管理

- 企业学习能力、创新能力不足，不进则退而死；
- 发现问题，"不调整、不改善"而死

图 0-1　企业死亡原因分析

股权设计和股权激励就是研究如何将物质资本和人力资本相结合，通过股权架构设计、股权分配与股权激励，将创业者、合伙人、核心员工、外部投资者等利益相关者的责任、权利和利益连结在一起，创造共创、共享、共担的顶层设计，让更多的人为企业创造更大价值，并能体现价值。

如果企业最基础的股权设计出了问题，那么，支撑公司控制权归属、公司治理、集团管控的“四梁八柱”一定会出问题。“四梁八柱”出了问题，包括战略规划、组织管理、运营管理和改善创新在内的企业各项活动一定会受到严重影响，甚至分崩离析，轰然倒塌。

可见，如果股权设计和股权激励设计得好，股东能够共创、共享、共担，共创美好时代；如果股权设计不好，股东就会“兄弟阋于墙，狼烟起，马长嘶，剑气如霜”。

列宁曾经说过，“堡垒往往从内部攻破”，也说明了同样的问题：事物的内部矛盾（即内因）是事物自身运动的源泉和动力，是事物发展的根本原因；外部矛盾（即外因）是事物发展、变化的次要原因。

“股权设计与股权激励”就属于企业发展变化最典型的内因：处理得好，创业者、合伙人、核心员工、外部投资者等利益相关者之间多赢、相得益彰，成为企业发展的源泉与动力；处理不好就是企业大战的矛盾与导火索。

近些年来，由于股权问题处理不好而引起的控制权战争不胜枚举：宝万之争、山水水泥、真功夫、雷士照明、ST 康达、支付宝、融绿之争、康佳集团、国美电器、西少爷、1 号店，等等。

同时，随着互联网行业的兴起和股权激励的推行，由股权激励引起的官司和争斗也越来越多：刘平状告华为的股权纠纷案、冯大辉与丁香园的期权之争、刘先生（包女士）与美团股权激励诉讼，等等。2017 年 2 月 22 日晚，一篇文章《就算老公一毛钱股份都没拿到，在我心里，他依然是最牛逼的创业者》迅速在朋友圈传播。文章中的主人公韩先生是某手游公司的 CTO 和联合创始人，但是合伙创业 7 年，最后却没有拿到股份而净身出户。

综上所述，如果股权架构设计、股权分配、股权激励等问题没有处理好的话，可能为公司运营埋下了一颗雷，“不是不爆，时候未到”。

在本书中，笔者将从股权设计和股权激励两个部分来论述如何做股权的顶层设计。

本书上半部分研究“股权设计”，从“股权架构系统、股权分配机制和股权运行机制”三个部分来讲述如何做股权设计。参见图 0-2。

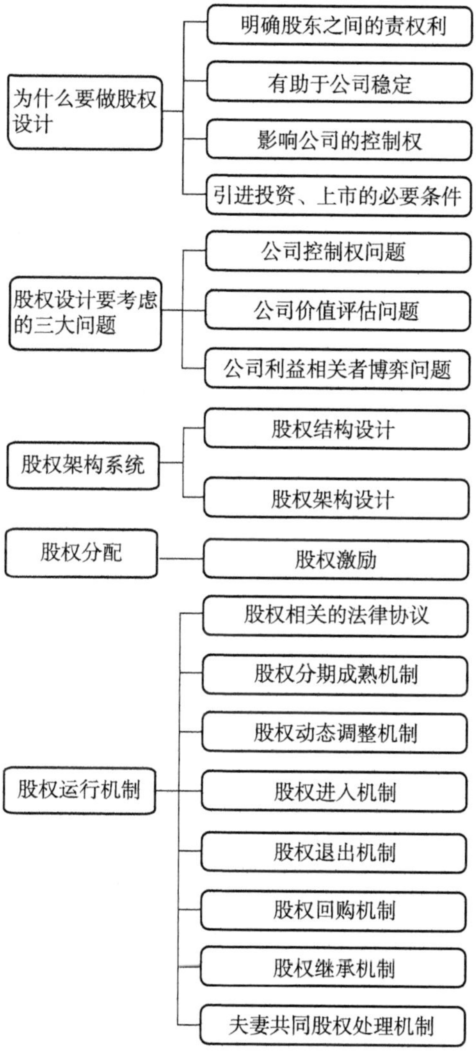

图 0-2 股权设计与股权分配

本书的下半部分是“股权激励”，作者分“3 个层面 10 大因素 115 个问题”来描述股权激励的相关内容，具体包括：

第一层面是股权激励的框架和原则，是股权激励的基础，就像盖房子的“打地基”，包括四大因素：定目的、定原则、定模式、定对象。

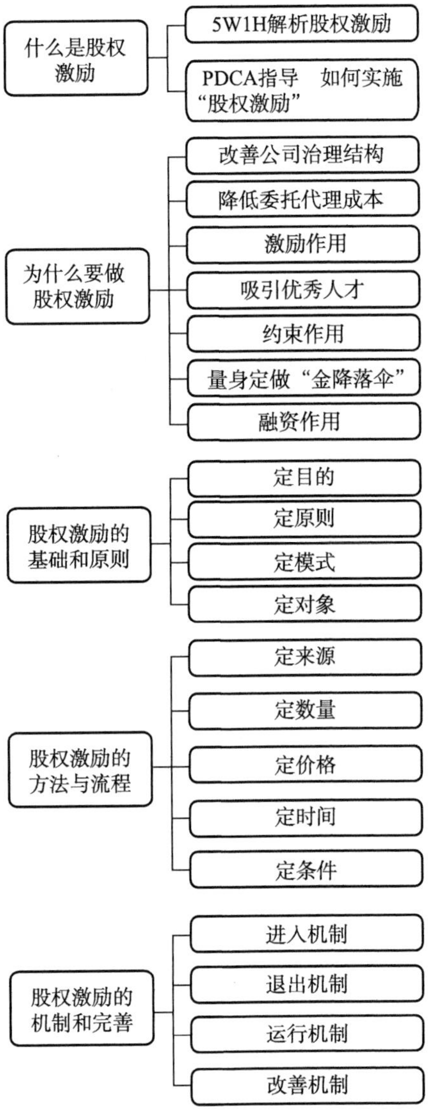

图 0-3 股权激励

第二层面是股权激励的方法和流程，是股权激励计划的实施过程，进入“盖房子”阶段，包括五大因素：定来源、定数量、定价格、定时间、定条件。

第三层面是股权激励的机制和改善，是进入“装修和保养”阶段，包括进入机制、退出机制、运行机制、改善机制，等等。

股权激励相关内容参见图 0-3。

通过本书两部分的讲解，希望每一位创业者、股权相关的专业咨询师、企业高管、企业内部人力资源管理者、法律从业者等能够有一点点收获，能够对企业股权实践做一些参考。

希望每一位读者开卷有益。

目录

Contents

第一章
股权的背后是人性

股权设计和股权激励就是研究如何将物质资本和人力资本相结合，通过股权架构设计、股权分配与股权激励，将创业者、合伙人、核心员工、外部投资者等利益相关者的责任、权力和利益凝结在一起，创造共创、共享、共担的顶层设计，让更多的资源为企业创造更大价值，并能体现价值。

在上述定义中，体现价值就涉及价值分配或利益分配。无论是股东利益最大化、企业利益最大化还是社会利益最大化，企业存在的目的和意义都是利益，所有利益相关者关心的也都是自身的利益。

利益是人性最本质的东西，“天下熙熙，皆为利来；天下攘攘，皆为利往”。人性的本质是利己，利己的本性决定了企业、股东、员工的各种行为首先是围绕着自身利益转的。

要想谈论股权设计和股权激励，首先就是要看人心和人性。只有讲明白了人心和人性，才能找到股权设计和股权激励的出发点和归宿。

第一节　经营企业就是经营人心

一、如何让员工能够快乐

在蒙牛公司的《企业文化手册》中，有很重要的一条：经营企业就是经营人心，经营团队成员快乐成长的情绪。

图 1-1　经营企业就是经营人心

资料来源：孟浩强．留人有诀窍［N］．北京晨报，2011-02-22.

在企业经营过程中，如何处理客户、员工和股东之间的关系呢？各个管理流派就有了不同的说法。

有的流派说，“顾客就是上帝”，企业存在的使命就是满足顾客的需求。

有的流派说，“企业的所有权是股东的”，从经营角度上讲，企业经营的目的是股东利益最大化。

有的流派说，“企业不仅仅是股东的，更是社会的，是各利益相关者的”。企业价值最大化，实际上是利益相关者价值最大化。这种最大化是建立在各利益相关者价值博弈、协调、平衡基础之上的。

有的流派说，“照顾好你的员工，员工会照顾好你的客户，客户会照顾好公司和股东”。他们认为：在经营的过程中，排在第一位的是员工，第二位的是客户，股东则排在第三位。这个流派的核心思想就是：经营企业就是经营人，经营人就是经营人心。

其实，这些流派的着眼点只是角度不同，都有自己的道理。股东、员工、顾客、供应商，甚至包括社会、政府等等，都是企业的利益相关者。如果从价值论的角度出发，企业具有经济价值、人的价值和社会价值。企业要在各方利益之间达到平衡，而不可偏废。

扩展一下，经营企业就是经营人心。这里的“人心”不仅仅是员工的心，而且还泛指各方利益相关者的心。具体见图 1–2。

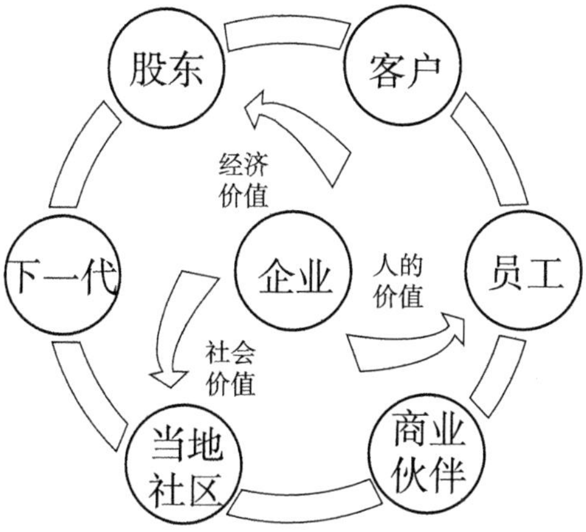

图 1–2 利益相关者

本书主要讲述的是股权设计和股权激励，经营“人心”特指股东和员工的心。股东又包括创始人、合伙人、股权激励对象、外部投资者，等等。

“经营股东的心”，从投资学的角度，判断标准只有一个，那就是投资价值最大化。“经营员工的心”，却没有统一的定义：企业不同，发展阶段不同、环境不同、区域文化不同、企业文化不同、员工素养不同，“经营企业就是经营人心”就有不同的内涵，切不可拿着所谓经营之神的“圣经”教条来套不同的企业，最终结果是南橘北枳、邯郸学步，因为“适合的才是最好的”。

虽然“经营人心”各有各的描述，但方向上，总有一些共性的东西，我们尝试做以下诠释：员工快乐的心主要来自外部因素和内部因素两部分。具体见图 1–3。

1. 员工快乐的外部因素主要包括明确的战略指引、健康积极向上的企业文化、“胜则举杯相庆，败则拼死相救”的团队精神、明确的管理制度和流程，等等。

2. 员工快乐的内部因素主要包括有挑战性的目标考核体系、奖罚分明的激励体系、培训培养体系、职业规划和晋升体系，等等。

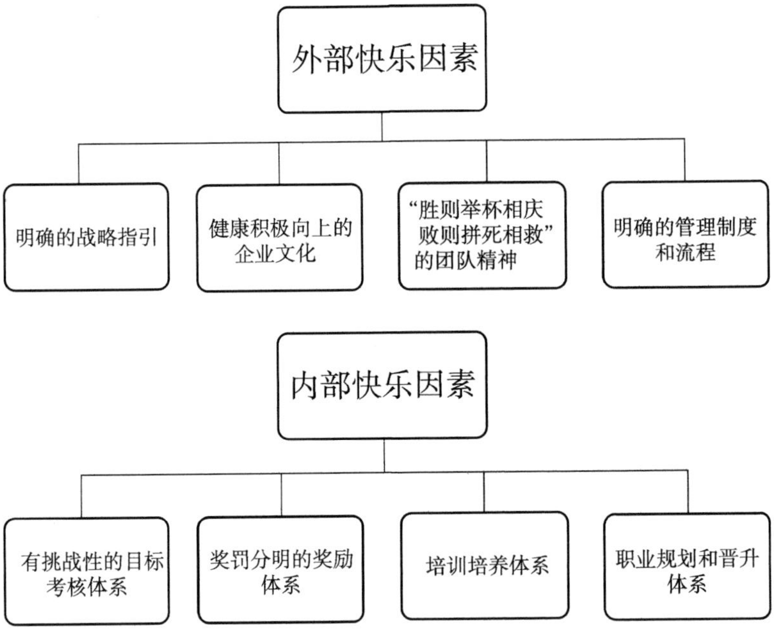

图 1-3　员工快乐的外部因素和内部因素

二、如何让员工有快乐的情绪

上面是从企业管理的角度，系统分类讲解如何能够让员工快乐，如何能够使员工工作有业绩、学习能成长、事业有发展。但在员工的心里，快乐是一种感觉，是一种情绪。下面看一看如何让员工有快乐的情绪。

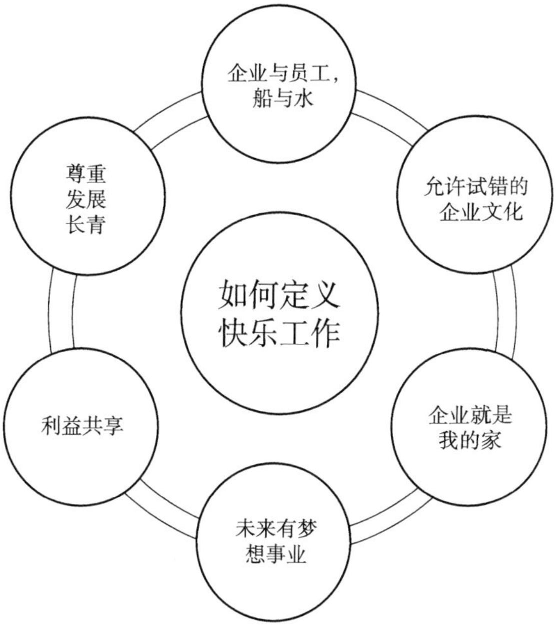

图 1-4 如何定义快乐工作

1. 企业与员工、船与水

要想定义员工的工作快乐，首先明确企业和员工的关系。他们之间的关系，首先是“船与水”关系。员工用自己的辛勤劳动换取报酬，企业同时获得利润，得以健康发展。“水能载舟，亦能覆舟”，企业家必须意识到“得人心者得天下”，要经营人心、笼络人心、凝聚人心、捕获人心，最终能够让员工“拍拍我的肩，我就会听你的安排”。

2. 允许试错的企业文化

“经营企业就是经营人心”，在日本和欧美不同的文化体系里，也有不同的理解，具体表现在“风雨同舟，终生雇佣，坚决不裁员”的日本体系和“果断裁员，末位淘汰，断臂求生”的欧美体系。但无论员工是被裁员还是终生雇佣，有一点是相同的：员工在职时，企业努力打造健康、积极、快乐的工作氛围和容忍“试错”的创新文化，这些都是经营人心的基础和保证。

3. 企业就是我的家

经营企业就是经营人心，就是要把企业经营成为员工的家。领导下属之间、员工之间就像亲人，让员工之间有“念想”，上班成了快乐的事情，而不是早上睁开眼，一提起上班，就像去鬼门关，硬着头皮不得不去。这样的企业，人心散了，队伍不好带。

4. 未来有梦想

在共同的愿景之下，要信任和支持员工，为员工创造一个宽松、自由的文化氛围。要让员工意识到，在这家企业工作，未来能够在知识、技能、职位、空间、收入、事业等各方面都有很大的发展，能够满足员工未来的希冀和梦想，是员工未来的“奔头”。

5. 利益共享

关心员工的利益，把企业利益和员工利益捆绑在一起，使企业和员工“力出一孔，上下同欲”，才能努力将企业打造成“步调一致才能得胜利”的“斯巴达克方阵”。“空谈误国，实干兴邦”，企业必须时时刻刻保证员工有“赚头”，这是企业与员工“共生共荣”的经济基础。如果赚了钱，几乎没有与员工分享，绝大部分被企业家独吞，连“汤”都不给员工喝，迟早会遭到员工的“众叛亲离”。

6. 尊重、发展、长青

无论如何定义“经营企业就是经营人心”，企业管理的核心一定是尊重人性、共同发展、基业长青。只有员工对企业认可、跟随、付出，企业才有可能基业长青，持续发展。

案例分析

公司是不是家？

2004 年 3 月 24 日，天涯论坛上出现了一位 L 集团员工写的帖子《员工亲历 L 集团历史上大裁员，到底是谁的错?》。作者简要描述了 L 集团裁员工作的周密部署和雷厉风行的裁员节奏，以写实的手法记录了裁员中一些令人伤感的镜头。

2008 年底，由于金融危机，各大集团公司又进入裁员的高发季。这篇帖子又被包装成《公司不是家》重新在网上发表，再次引起热议。随后，网上流传了集团董事长 L 先生写的对《公司不是家》文章的回复。一时间，网络上一片“血雨腥风”，众说纷纭，好不热闹。

事件过了十几年，时过境迁，社会已经越来越成熟、理智，但“公司是不是家”对“经营人心”的诠释仍然有十分重要的意义。

任何事件的产生都离不开当时的社会背景，让时光倒流至 2004 年。改革开放到了 2004 年，中国经济已经高歌猛进了近 30 年。各种西方管理思想像打开闸门的洪水，在中国企业界和管理界舞台上，“你方唱罢我登场，各领风骚三五年”。科学管理学派、行为学派、管理科学学派、综合性现代管理学派、战略管理、五力模型、波士顿矩阵、价值链、流程再造、ERP、精益生产、现代营销学 4P（4C）理论、以人为本等等，百花齐放，百家争鸣。

因为经济的高速发展，企业和员工乃至整个社会，对于经济危机和大规模裁员没有做好充分的思想准备。当时，企业特别流行打造“家文化”，员工把企业当成自己的家，同事之间都是兄弟姐妹，一派“歌舞升平”的太平盛世。

经历了 2008 年金融危机，目睹或经历了国际、国内企业越来越多血淋淋的裁员教训，社会、企业和员工变得越来越理性，但往往又走到了另外一个极端。“公司不是家”，不是自己能够依靠的大树，“树倒猢狲散，个人顾个人”，根本不要去相信企业美丽的谎言，更不要相信那些描绘未来的美好蓝图和鸡血口号，因为天塌下来，不是“个儿高的顶着”，而首先砸死的是基层的“劳苦大众”。

面对这两种不同的论调，有必要做一个理性的分析。企业扮演着各种角色，但它首先是一个经济体，存在的价值就是消耗资源，创造利润。如果只是消耗资源，没有创造利润，企业的其他价值就不存在。其他利益相关者的价值都是依附在企业利润之上的。

员工和企业之间的关系，首先是雇用的经济关系。企业面临着残酷的外部竞争，必须把外部竞争信号导入企业内部，形成员工之间“比、学、创、赶、超”的竞争氛围。无论是主动裁员还是被动裁员，企业的目的很简单，就是“活下去甚至活得更好”。在企业利益和员工利益之间，企业首先选择企业利益，无可厚非。当然，在面对裁员还是降薪问题上，日本企业和欧美企业会有不同的选择，那么，中国企业该如何选择呢？这又是一个“仁者见仁，智者见智”的事情，没有对与错之分。

面对这种情况，又该如何理解“经营企业就是人心”呢？每个企业和员工有了不同的认知。在正常经营状态下，企业和员工之间的利益关系不是零和博弈，而是互利共赢。双方是唇齿相依，一荣俱荣，一损俱损：企业要像爱护羽毛一样，呵护自己的员工；员工也是企业大船上的主人和乘客，一旦船翻了，必定是“船毁人亡”。

第二节　管理建立在“人是自私的”基础上

“人之初，性本善”还是“人之初，性本恶”，是一个硬币的两个方面。“公说公有理，婆说婆有理”，争论了几千年也没有最终的结论。但从管理学的角度分析，管理一定是建立在“人是自私的”基础之上，否则，管理就失去了意义。

换一个角度看待“性本恶”。在《论语·学而》中，曾子曰：“吾日三省吾身——为人谋而不忠乎？与朋友交而不信乎？传不习乎？”曾子为什么要反思是否忠心替他人谋虑、是否交朋友讲究诚信、是否一直努力学习功课呢？其实，曾子“三省”的时候也正在和自己的私欲作斗争。因为在物欲横流的社会，人心不古，“天下熙熙，皆为利来；天下攘攘，皆为利往”。做人“三省”，就是努力做到“面对浊世横流，心如何才能不为外利所动，不能失去真我”。“三省吾身”和“忏悔原罪”的逻辑是一样的，都是建立在“人是自私的”这一前提的基础上。

“慎独”是儒家的另外一个重要概念，讲的是“慎其家居之所为”。就是说，一个人本质上是什么样子的？不是看他在人前说了什么、做了什么，而是看他一人独处的时候是什么样子，那才是人的本性。所以，我们独处时，要慎独，要谨慎不苟，就是不苟且，不做坏事。可见，人独处时的自我约束更加重要。

从生物进化论的角度，再分析人是如何趋利避害的。趋利避害是生物和人与生俱来的。正是因为“趋利避害，适者生存”才能保证生物不断进化，一直进化到人类。在进化过程中，“努力活着，避免死亡”是最大的“趋利避害”。只有这样，才能获得更强的生存能力，使自己在“优胜劣汰，适者生存”的野蛮游戏中存活下来，不断进化。几千年来，“趋利避害”已经渗透到人类的骨子里面，体现到人的每一个行为细节里。

管理学的各种激励理论都是建立在“人是自私的”基础之上，是对人性的尊重和迎合，甚至可以说是“直面人性弱点”。激励理论本质就是研究如何满足人的各种需要，调动人的积极性。而满足需要、调动积极性本身就是承认“人是自私的”。如果人人都是大公无私的，都是“马不扬鞭自奋蹄”，都是“劳动成为第一需要”，那么，“经营企业就是经营人心”的激励理论就失去了存在的基础，企业管理也就没有了存在的必要。

第三节 股权的背后是人性

股权的背后是赤裸裸的人性，反映了人对权力、利益、名望的欲望和贪婪。股权设计和股权激励是在所有的利益相关者中，通过利益的角逐最终达到物质资本和人力资本的平衡，各方都取得相对利益最大化。

平衡的过程绝对不会自动产生，而是通过明争暗斗和制度设计，来尊重每一利益相关者背后的人性。通过利益的博弈，达到利益相关者的“多赢”和“竞合”的平衡。

案例分析

“宝万之争”背后的人性与利益

2017年6月30日，历时两年多的“宝万之争”终于落下帷幕，上演了一出现代版“豪门争斗”。

1. 深圳地铁最大赢家

2017年1月12日，深圳地铁集团以371.7亿元协议受让华润集团持有的16.896亿股万科A股股份，约占公司总股本的15.31%。此次转让后，华润集团不再持有任何万科股份，与万科做了一次“割袍断义，彻底了断”，从此“江湖路远，不必再见”。

2017年6月9日，深圳地铁集团以292亿元协议受让中国恒大所持的15.53亿股万科股份，约占公司总股本的14.07%。通过此次转让，中国恒大全部出清万科股份，预计亏损70.7亿元。

两次协议转让之后，深圳地铁集团合计持有28.39%的万科股份，超过宝能25.4%持股比例，一跃成为万科的第一大股东。

2. 万科新一届董事会

2017年6月30日，万科股东大会表决通过了万科第十八届董事会成员：11位万科新任董事会中，3位非独立董事来自第一大股东深圳地铁集团，3位非独立董事来自万科管理层，1位非执行董事是深圳国资委下属企业高管；4位独立董事中，有1位是中央财经大学教授刘姝威女士，在“宝万之战”中坚定站队万科管理层，屡屡痛斥宝能系。

3. 宝能系败退千里

宝能系合计持股占万科总股本的25.4%，是万科第二大股东。但在新一届董事会中，宝能竟无一人获得董事提名。从宝能最初入股万科的“理想”来讲，不得不说“宝能系败退千里”。

收购万科25.4%的股份，宝能系前后共斥资约451亿元，以2016年7月19日收盘价每股25.14元计算，宝能系持有万科股份市值达到704.9亿元，浮盈约253.9亿元，的确“穷得只剩下钱了”。下一步，观众将看最后一幕：

宝能系如何减持出逃？如何把浮盈的钱变成“真金白银”，落袋为安？

从2018年4月起，宝能宣布减持万科股份，截至2018年8月9日，通过多次大宗交易或协议转让减持，宝能持有万科股份已降至19.32亿股，占万科总股本17.50%，累计减持套现218亿元。2018年9月11日，万科公告称，宝能系在7月27日至9月11日，合计减持万科A股股票5.52亿股，合计占万科总股本的5%。此次减持后，宝能系持股比例降至15%。至9月11日，宝能系累计套现约270亿元。

王石	姚振华
我们要回购100亿股	买买买
实际回购了1亿股	买买买
你们想干吗	买买买
我们不欢迎野蛮人	买买买
你们管理不好	买买买
捍卫万科公司文化	买买买
请中小股东支持我们	买买买
不管了，先停牌	……
我们要引进深圳地铁	……
复牌！	买买买
……	买买买

图1-5 宝能土豪版的“买买买”

4. 万科管理层喜忧参半

抵挡住了宝能“野蛮人”的进攻，万科管理层也算达到了最初的目的。但是王石退出了董事会，不再担任董事会主席，交棒给郁亮。深圳地铁集团不可能再像华润一样，做个“甩手掌柜”的纯财务投资，肯定将加强对万科内部管理、财务制度、薪酬制度等控制。

“宝万之争”曲终人散，本案例节选其中一个小高潮，说明股权之争背后的人性本质。

1. 万科引入深圳地铁集团投资，遭到华润反对

2016年3月12日，万科与深圳地铁集团签署了一份合作备忘录。万

科将以发行新股的方式，购买深圳地铁集团下属公司的全部或部分股权，而深圳地铁集团将注入部分优质地铁物业项目资产。收购标的初步预计交易对价介于人民币400亿至600亿元之间。如交易成功，未来深圳地铁集团将成为万科长期的重要股东。

3月17日万科股东大会，华润3位董事反对深圳地铁的投资议案。华润集团声称，对万科引入深圳地铁的资产重组程序提出了异议，表示“没有经过董事会的讨论及决议”。

2. 华润“倒戈”联手宝能，“逼宫”王石

6月23日深夜，宝能系发表声明：明确反对万科发行股份购买资产预案，后续在股东大会表决上，将据此行使股东权利。

在宝能表态不到一小时，华润集团官方发文：华润已经注意到宝能的声明，并提出了三点回应，三条理由与宝能系提出的反对理由相互呼应。

宝能和华润的持股合计占比39.53%。两大股东联合反对，意味着万科重组预案即使获得董事会通过，在股东大会上也得不到2/3的股东支持。

图1-6　争夺万科，背后全是利益

3. 王石朋友圈喊话华润：你曾经依靠信任的央企把遮羞布全撕了

6月26日上午，万科董事会主席王石在朋友圈喊话华润：人生轨迹（238）当你曾经依靠、信任的央企华润毫无遮掩地公开和你阻击的恶意收

购者联手，彻底否认万科管理层时，遮羞布全撕去了。好吧，天要下雨、娘要改嫁，还能说什么？

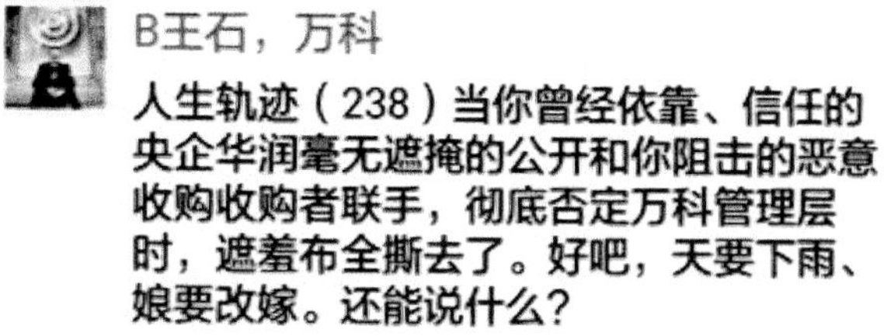
B王石，万科
人生轨迹（238）当你曾经依靠、信任的央企华润毫无遮掩的公开和你阻击的恶意收购收购者联手，彻底否定万科管理层时，遮羞布全撕去了。好吧，天要下雨、娘要改嫁。还能说什么？

图 1-7　隔空喊话，一位勇士的呐喊与无奈

“宝万之争”的背后实际上就是利益之争，无论是宝能的土豪般的“买买买”、华润的临阵倒戈、华润与宝能的“攻守同盟”、王石的隔空呐喊，还是恒大的“横空出世”、华润与深圳地铁的“同归于好”、恒大割肉出局、王石的悲剧退位等等，其实都在说明“没有永远的朋友，只有永远的利益”。

在权力、利益与名望的追求中，各方利益最终得到相对平衡，人人看上去都是赢家，但人人也都是输家，输赢达到了相对的平衡，利益和人性都各得其所。

第二章

股权设计基础

"5W1H 分析法"是一种思考问题的方法，是指对任何要做的事情都可以从六个方面进行思考描述，具体包括"What、Why、Who、Where、When、How"六个要素。

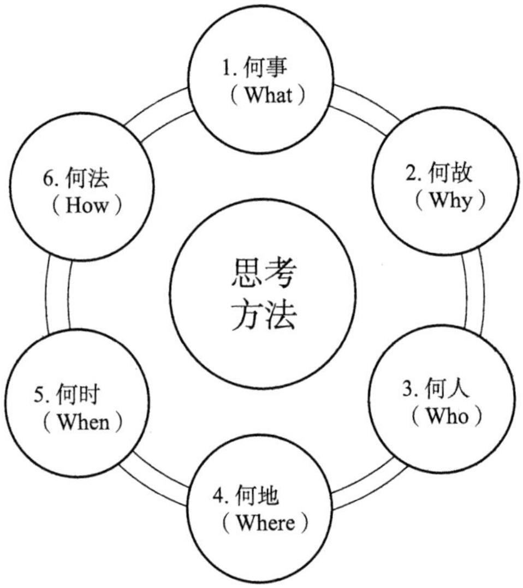

图 2-1 5W1H 分析法

"5W1H 分析法"也可以用在股权设计上，具体可以分为：

（1）什么是股权设计？（What）

（2）为什么要做股权设计？（Why）

（3）股权设计必须要考虑哪三类问题？（What）

（4）股权设计有哪些原则？（How）

（5）如何设计股权架构系统？（How）

（6）如何设计股权分配机制？（How）

（7）如何设计股权运行机制？（How）

…………

第一节　股权设计

做企业，无论是独资还是合伙制、股份制，首先涉及股权问题。股权就是对企业的所有权以及由此衍生的收益权、增值权、表决权、处置权等权利。再进一步阐述，股权就是指基于股东资格而享有的参与公司运营管理并从公司获得经济利益和承担经济风险的权利。

在现代社会，企业管理越来越复杂，资源越来越具有不可替代性，分工越来越细，“一个人走得快，一群人走得远”。纵观大大小小、林林总总的各种企业，除了特别极端的家族企业或者特别小的企业外，绝大部分企业都是股份制公司或者合伙制企业。

无论是由创始人寻找合伙人以此吸引优秀人才、激励核心员工，还是引进外部投资者、股改、上市、并购、重组，再到公司控制、股权之争等，都涉及股权问题。与股权相关的问题是企业顶层设计问题，也是企业的根基和经营基础。

企业股权设计的内容由三部分组成，包括股权架构系统、股权分配机制和股权运行机制，其中，股权架构系统包括股权结构设计和股权架构设计。参见图 2-2。

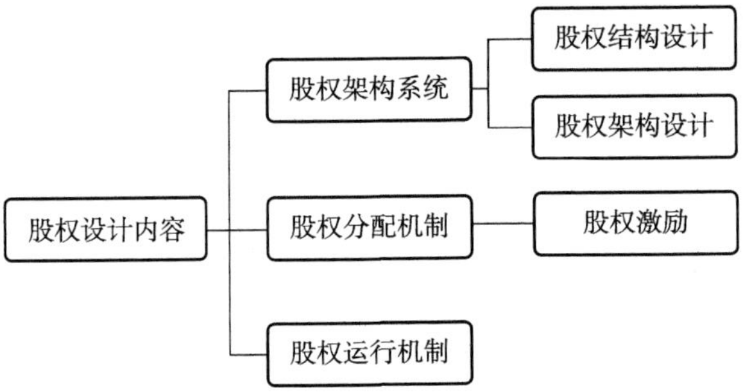

图 2-2　股权设计内容

一、股权架构系统

股权架构系统由横向和纵向两部分组成。横向部分称为股权结构，纵向部分称为股权架构。

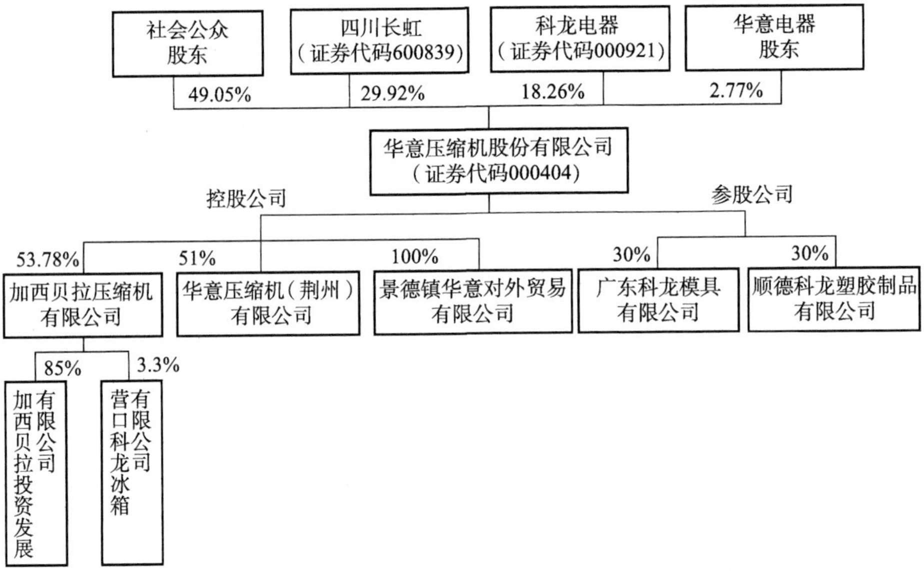

图 2-3　华意股份股权架构图①

① 该股权架构图是 2007 年 12 月 24 日四川长虹成为华意股份第一大股东时的股权架构图，来自百度百科“华意压缩”词条：https：//baike. baidu. com/item/%E5%8D%8E%E6%84%8F%E5%8E%8B%E7%BC%A9。

（一）股权结构

1. 股权结构的定义与研究意义

股权结构是指横向上股份公司总股本中不同性质的股份所占的比例及其相互关系。股权结构研究的是股东之间的结构模式和股权分配比例；同时，股权结构也研究股东的持股方式，即：是自然人持股还是控股平台持股？控股平台持股是合伙制企业持股还是有限公司持股？

股权结构的作用和意义如下：

（1）股权结构是公司治理结构的基础，决定了公司的治理结构、权力分配制约和平衡。

（2）股权结构明晰了股东之间的权责利，是股东（或合伙人）间共创价值、共享利益和共担风险的基础。

（3）股权结构影响公司的控制权，是公司稳顺经营的前提和基础。

（4）股权结构的合理性是外部投资人对目标公司判断的依据之一。如果投资人认为股权结构不合理、比较差，绝对会影响对目标公司的投资。同样道理，如果公司要上市，证监会一定要求上市公司股权结构明晰、合理。

按照图 2-3，2007 年 12 月 24 日，长虹集团入股华意股份之后，华意股份股权结构如下：社会公众股持股 49. 05%，四川长虹持股 29. 92%，海信科龙电器持股 18. 26%，景德镇华意电器总公司持股 2. 77%。

再看一家公司股权结构的案例：2012 年 5 月 2 日，中国游戏企业掌趣科技发布招股说明书，公司股权结构第一次对外公开：本次公开发行前，掌趣科技董事长姚文彬、董事总经理叶颖涛合计持股比例 49. 76%（姚文彬持股 37. 60%，叶颖涛持股 12. 15%），华谊兄弟持股 20. 97%；公开发行后，姚文彬和叶颖涛合计持股比例变为 37. 32%（姚文彬持股 28. 20%，叶颖涛持股 9. 11%），华谊兄弟持股 15. 73%。参见表 2-1。

表 2-1　掌趣科技股权结构表（2012）①

股东名称	发行前		发行后	
	股本数量（股）	所占比例	股本数量（股）	所占比例
姚文彬	46, 156, 500	37. 60%	46, 156, 500	28. 20%
华谊兄弟	25, 740, 000	20. 97%	25, 740, 000	15. 73%
叶颖涛	14, 917, 500	12. 15%	14, 917, 500	9. 11%
金渊投资	10, 975, 800	8. 94%	10, 975, 800	6. 71%
邓攀	6, 809, 400	5. 55%	6, 809, 400	4. 16%
赵锦明	4, 832, 100	3. 94%	4, 832, 100	2. 95%
杨闿	2, 866, 500	2. 34%	2, 866, 500	1. 75%
金石投资	2, 455, 000	2. 00%	2, 455, 000	1. 50%
刘晓伟	2, 410, 200	1. 96%	2, 410, 200	1. 47%
红杉资本	2, 340, 000	1. 91%	2, 340, 000	1. 43%
周晓宇	1, 930, 500	1. 57%	1, 930, 500	1. 18%
张云霞	820, 100	0. 67%	820, 100	0. 50%
李立强	491, 400	0. 40%	491, 400	0. 30%
本次发行股份	—	—	40, 915, 000	25. 00%
合计	122, 745, 000	100. 00%	163, 660, 000	100. 00%

2. 企业股权结构的演变示意图

从创业到上市，再到上市后减持，大约分为六个阶段：创业阶段、股权激励、对外融资、股改阶段、上市阶段、减持阶段。假设创始人和联合创始人最初股权比例为 80 : 20。在以后的阶段中，股东数量和类别依次增加，股东股权一直被稀释。再假设股权激励稀释 20%，多轮对外融资合计稀释 20%，股改稀释 10%，上市稀释 25%，那么，该公司的股权结构（包括股东结构和持股比例）理论上的演变如表 2-2。

① 本股权架构图为 2012 年 5 月掌趣科技上市前后股权结构表。网址为：http://people.techweb.com.cn/2012-05-02/1186226.shtml。

表 2-2　企业股权结构的演变示意图

阶段	创始人		联合创始人		核心人才		外部投资者		战略投资者		流通股股东		稀释比例
	占比（%）		占比（%）		占比（%）		占比（%）		占比（%）		占比（%）		
创始阶段	•	80	•	20									
股权激励	•	64	•	16	•	20							20%
对外融资	•	51.2	•	12.8	•	16	•	20					20%
股改阶段	•	46.08	•	11.52	•	14.4	•	18	•	10			10%
上市阶段	•	34.56	•	8.64	•	10.8	•	13.5	•	7.5	•	25	25%
减持阶段	•	32	•	8	•	9	•	5	•	5	•	41	

对于首次股权激励启动的时间，各方都有不同的说法。首先，要看股权激励目的。因为股权激励的目的决定了企业要在什么阶段启动股权激励。在这个问题上，没有统一的答案。其次，员工股权激励要分批进行：对于创业期的企业，第一批分享股权的是共同创业的联合创始人，然后是核心高管；随着企业的发展，继续进行分批激励。对于成长期和成熟期的企业，第一批激励范围可以扩大一些，但是也要分批激励，同时也可以多次激励。出于上述原因，核心人才的股权激励和外部投资者的激励顺序不能像表 2-2 中的固定顺序进行，而应对其进行动态调整。外部投资也不是一轮完成，而是多轮完成：天使投资、A 轮、B 轮、C 轮、上市股改，等等。

（二）股权架构

股权架构是指纵向上自然人股东、投资平台、母公司、一级子公司、二级子公司之间的股权关系，包括全资、控股、参股等。参见图 2-4。

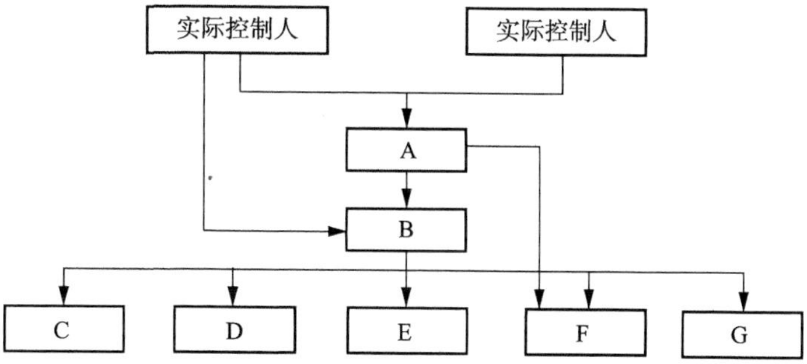

图 2-4　股权架构

股权架构研究内容和意义如下：

（1）在集团公司内部，自然人股东如何设立投资公司？如何控股？如何通过持股平台，增加公司控制权？

（2）如何赋予不用级别的公司不同的经营意义？如何设计控股层、投资层、资本层、产业层和操作层？

（3）如何做税务筹划，降低税负成本？

（4）如何隔断经营风险？

当企业发展到一定规模后，需要对股权架构进行重新梳理。股权架构梳理如下：

（1）纵向上，如何设计母公司股东、母公司、一级子公司、二级子公司之间的全资、控股、参股的股权控制关系？

（2）母公司股东是自然人持股还是控股平台持股？

（3）如何通过股权架构设计，增加大股东对公司的控制权？

（4）下属平台公司是子公司还是分公司？

在华意股份案例中，股权架构如下：

（1）华意股份的主要法人股东有三家：四川长虹、科龙电器、华意电器，其余的为社会公众股。

（2）华意压缩机股份有限公司是当时华意电器总公司上市时的平台公司。

（3）一级子公司：华意股份控股三家子公司（一级），参股两家子公司（一级）。

（4）二级子公司：一级子公司加西贝拉压缩机有限公司控股一家子公司（二级），参股一家子公司（二级）。

管理工具

如何梳理股权架构？

在许多股权设计咨询案例中，公司（集团）原来的股权架构复杂凌乱，需要对股权结构重新梳理、对股权重新规划布局、对股权架构重新设计，以便为公司将来上市做准备。解决类似问题的思路如下：

（1）首先，要在母公司之下重新注册一个股份有限公司，作为未来公司上市的平台。

（2）然后，从两个层面梳理股权架构：

第一，垂直向上，梳理新注册股份有限公司的控股股东，设计原有大股东以自然人持股、高层管理团队以合伙制企业（合伙制企业中，原有大股东做普通合伙人，其他为有限合伙人）持股。

第二，新注册的股份有限公司收购（置换）各子公司股权，梳理凌乱复杂的股权架构。

第三，上市前的股份制改造都是针对“新注册的股份有限公司”。

再看另外一家公司掌趣科技的股权架构图，如图 2-5。这份股权架构图只明确上市公司掌趣科技全资控股的 8 家一级子公司之间的股权架构关系，没有明确二级孙公司的股权架构关系。

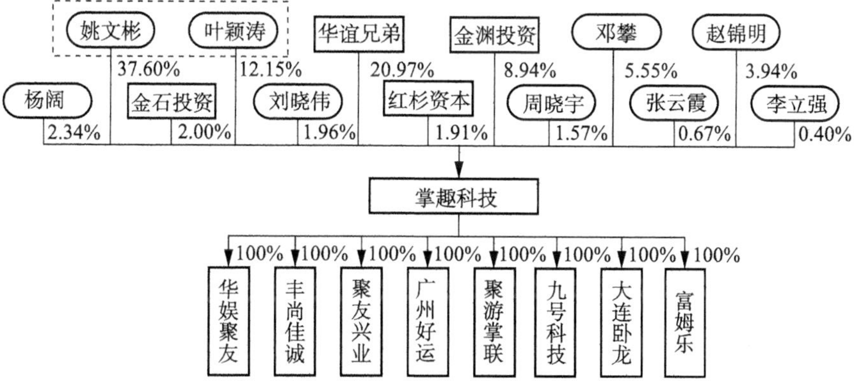

图 2-5　掌趣科技股权架构图①

① 本股权架构图为 2012 年 5 月掌趣科技上市时的股权架构图。网址为：http://people.techweb.com.cn/2012-05-02/1186226.shtml。

二、股权分配机制

股权分配机制是指公司股权在创始人、合伙人、内部激励对象（现在和未来的）、外部投资人之间如何进行分配。在企业不同发展阶段，股权分配的侧重点不一样，但都要遵循“一个中心、四个基本点”的指导方针。

“一个中心”是指以“公司价值最大化”为中心，“四个基本点”是指股权是最珍贵的资源、保证创始人控制权、保证动态调整、保证未来分配空间。参见图 2-6。

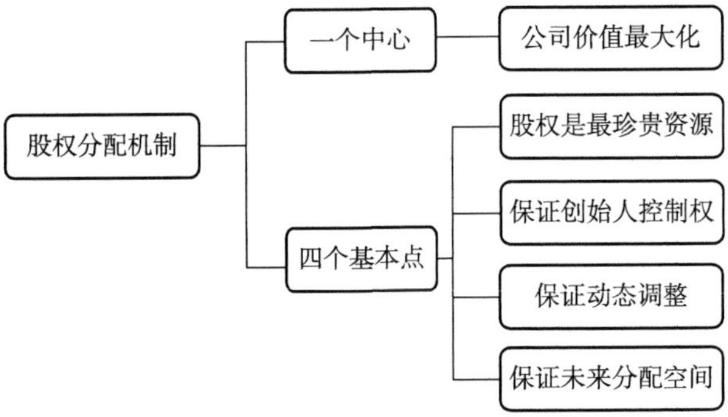

图 2-6　一个中心、四个基本点

在股权分配机制里，还涉及另外一个话题：对核心人才、优秀员工进行股权激励，目的是激励和留住核心人，属于长期激励机制。股权激励也属于股权分配机制“四个基本点”里“保证未来分配空间”的一部分。

三、股权运行机制

股权运行机制是保障股权体系稳顺运行的管理制度和机制，包括签署各种股权法律协议、股权分期成熟机制、股权动态调整机制、股权进入机制、股权退出机制、股权回购机制、股权继承机制和夫妻共同股权处理机制。参见图 2-7。

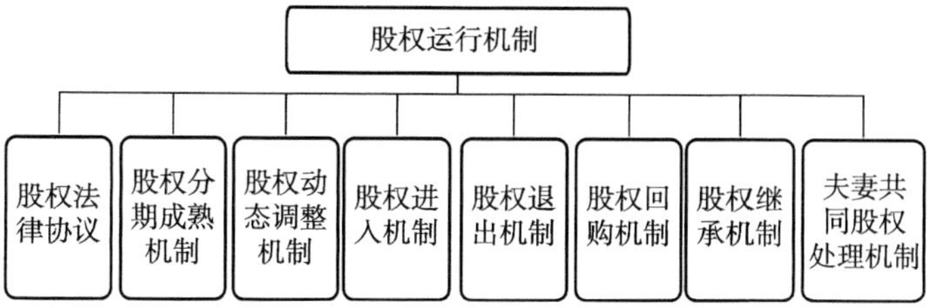

图 2-7 股权运行机制

第二节 如何加强公司的控制权

要想做好股权设计和股权分配，必须要考虑三个方面的问题：控制权问题、价值评估问题和利益博弈问题。

首先看一下如何加强对公司的控制权。对于公司股东来讲，股权带给股东的是对企业的所有权以及由所有权衍生出来的收益权、增值权、表决权和处置权等权利。刚开始创业时，股东人数少，创始人对于企业的控制相对简单。但是随着公司规模的增大和股东人数的增多，尤其是引进外部投资者甚至公开上市之后，创始人的股份一次又一次地被稀释。创始人股东地位由大股东完全控制（持有公司 2/3 以上股权），被稀释到绝对控股（持有公司 50%以上股权），继续被稀释到相对控制（持有公司 1/3 以上股权，一票否决权），未来会继续被稀释。寻找合伙人、股权激励、外部融资和上市的过程，自然是公司价值最大化的过程，也是大股东股权被稀释、丧失股权的过程。

根据统计数据，大股东股权被稀释后，最理想股权占比状态是：上市前，创始人是公司的实际控制人，持股比例最好为 30%～40%；上市后，创始人股权稀释后尽量不低于 30%。

在本章第一节掌趣科技案例中，上市前掌趣科技董事长姚文彬持股 37.60%（加上联合创始人叶颖涛的 12.15%，两位一致行动人合计持股 49.76%）；上市后，姚文彬持股被稀释到 28.20%（加上叶颖涛的 9.11%，两位合计持股37.32%）。由此可见，掌趣科技创始人的股权被稀释过程还是相当理想的。

再看一个创始人持股比例相当理想的案例。

案例分析

某著名互联网公司持股比例

2018年6月30日，拼多多向美国证券交易委员会递交了招股说明书。招股书显示，创始人黄峥持股50.7%，对公司拥有绝对控制权；第二大股东腾讯持股18.5%，高榕资本持股10.1%，红杉资本持股7.4%。7月26日，拼多多上市后，黄峥持股46.8%，拥有89.8%的投票权。

公司所在行业不一样，规模不一样，需要融资的规模和大股东被稀释的比例也不一样。下面看一组中国著名互联网公司创始人（或实际控制人）上市后股权和投票权的案例：

（1）截至2016年2月29日，京东集团CEO刘强东持股16.2%，拥有80.9%的投票权；

（2）截至2017年10月，腾讯董事会主席兼CEO马化腾持股约8.2亿股，约占8.63%；

（3）截至2018年1月25日，百度CEO李彦宏持股16.2%，拥有55.2%的投票权；

（4）公开上市前，小米公司创始人CEO雷军持股约31.41%，拥有超过50%的投票权；

（5）截至2018年3月31日，新浪董事长CEO曹国伟持股11.8%，拥有55.9%的投票权；

（6）按照阿里巴巴招股说明书，马云持股8.9%，软银持股34.4%，雅虎持股22.6%，联合创始人蔡崇信持股3.6%。上市后，软银将30%的投票权授予马云和蔡崇信，相当于马云和蔡崇信拥有42.5%的投票权。

通过上面案例可以看出，经过多轮稀释（包括合伙人股权分配、核心人才股权激励、未来期权池预留、多轮融资、上市前股改、上市流通，等等），创始人的股份在公司上市后已经被极度稀释，和前面描述的理想状态（上市后不低于 30%）相去甚远。但除了阿里巴巴创始人马云和蔡崇信之外，每一位创始人对公司的投票权都超过 50%，京东集团刘强东的投票权甚至达到了 80.9%。这些创始人是怎么拥有这么高的投票权呢？马云和蔡崇信投票权不到 50%，又是怎样控制阿里巴巴的呢？

这就涉及股权设计和股权分配必须思考的第一个问题：在股权被稀释的情况下，创始人如何加强对公司的控制权？

控制人一般通过三种方式来加强公司的控制：控制股权、控制董事会和控制经营管理。相对应的，控制方式也分三大类：股权控制、协议控制和其他方式控制。参见图 2-8。

1. 股权控制

包括股权比例控制和股权结构控制（比如，通过持股平台给股权加杠杆）。

2. 协议控制

包括委托投票、一致行动人、A/B 股制、保护性条款、虚拟受限股、治理结构（董事会席位、董事长任命）控制。

3. 其他方式控制

包括控制公章、财务章、账簿、生产秘法、营销渠道（经销商）、法人代表、总经理任命、管理层合伙跟投、创始人人格魅力和企业文化，等等。

相对于股权控制和协议控制，在其他方式控制中，人格魅力、管理层合伙跟投和企业文化属于典型的“阳谋”，还有一些控制方式属于典型的“阴谋”，有点不那么“光明正大”，但正是这些“阴谋”却经常成为股权战争中屡试不爽的“神器”。

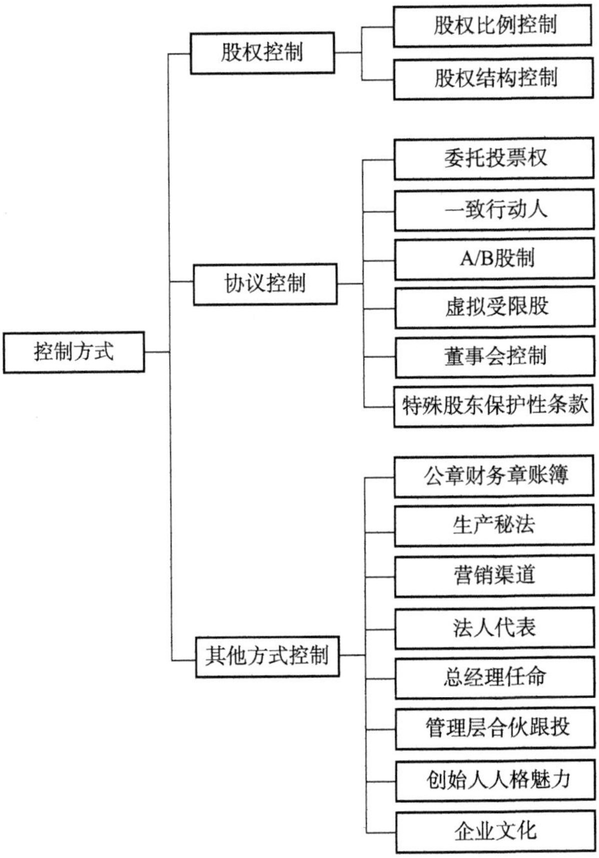

图 2-8　增加公司控制权的方法

一、股权控制

（一）股权比例控制

相对于其他控制方式，通过股权比例控制是“最硬”的控制方式，当然也是“最真金白银”的控制方式。实力才是硬道理，“枪杆子里出政权”，这里的“枪杆子”就是股权比例。

要理解如何通过股权比例来实施控制权，就必须了解“股权九条生命线”。关于股权九条生命线，各种书籍、网络资料中均有详细的介绍，在此不再赘述。参见表 2-3。

表 2-3 股权九条生命线

序号	持股比例	控制权	备注说明
1	67%	完全控制权	所有重大事项均有一票通过权，相当于 100%的权力；包括修改公司章程，分立、合并、解散、变更主营项目，变更公司形式等重大决策
2	51%	绝对控制权	聘请独立董事，选举董事长，聘请审计机构，聘请或者解聘总经理等多数事项一票通过权，绝对控制公司。实际应用中建议确定为 52%，假设下一阶段股改上市被两次稀释后，力争要守住 33.4%的相对控股权
3	34%	相对控制权	对重大事项有一票否决权，34%的比例是针对 67%的完全控制权而设计的。当然，大于 33.4%就属于拥有相对控制权，因而又称为安全控制线
4	30%	上市公司 要约收购线	
5	20%	重大同业 竞争警示线	
6	10%	临时会议权	可提出质询、调查、起诉、清算、解散公司
7	5%	重大股权 变更警示线	
8	3%	临时提案权	提前开小会
9	1%	代位诉讼权	又称派生诉讼权，可以间接的调查和起诉权（提起监事会或董事会调查）

管理工具

股权 52%与 51%有什么区别？

在实际股权设计中，为什么建议“最好用 52%而不是 51%”作为这一阶段的绝对控制线呢？因为假设下一阶段上市股改，需要稀释 10%；公开上市，为流通股留出 25%的稀释空间。经过两次稀释后，大股东还剩下 52%×65%＝33.8%的股份，而 51%×65%＝33.15%。

图 2-9　股权安全控制线示意图

资料来源：https：//www.92to.com/shehui/2017/08-22/27384976.html。

上市后，33.8%和33.15%绝对有截然不同的作用，因为两者之间正好有一道33.4%的相对控制权线（安全控制线），在公司生死攸关的时候可以有一票否决权。当然，这是假设上市股改稀释10%、公开发行稀释25%的整数情况。这也是一种理想状况或者理论状况。

（二）股权结构控制

上面讲的是增加公司股权比例进行控制，是最简单、粗暴、“土豪”的办法，但这需要用实力说话，因为增加股份是需要“银子”的。如果一个公司具有足够的资金，并且使用财务杠杆的话，就可以通过二级市场公开收购或者并购、重组，增加股权比例。

例如，在“宝万之争”中，宝能姚老板和一致行动人使用26倍杠杆，在二级市场前后共斥资约451亿元，收购万科25.4%的股份。采用同样办法，宝能姚老板在二级市场收购持有南玻A25.74%的股份（2017年上半年报数据）。除了上述两场“买买买”大戏，姚老板在两年多的时间里从二级市场大肆收购十几家上市公司的股权。

在所有的豪华收购中，姚老板最大限度地使用了财务杠杆，取得了事半功倍的效果。古希腊物理学家阿基米德曾说过：“给我一根杠杆和支点，我就能撬动地球。”

大量研究数据表明：互联网企业上市的时候，公司创始人和联合创始人（一致行动人）的股份通常被稀释到20%~25%左右。有没有可能仅利用20%甚至更少的股权，通过股权杠杆来放大股权效果，控制更大的盘子？

答案是“这个可以有”，也就是说，可以通过股权结构设计，利用股权杠杆来加强企业控制。

股权结构控制的思路就是搭建持股平台，由持股平台持股目标公司。在持股平台里面，控制人使用51%的股份（公司持股平台）或者1%甚至更少的普通合伙人股份（合伙制企业持股平台）来控制持股平台。通过持股平台这个股权杠杆，控制人就放大了自己的股份，增加自己的控制权。

按照持股平台的性质，通常有两种股权结构控制方法：有限公司做持股平台和有限合伙企业做持股平台。

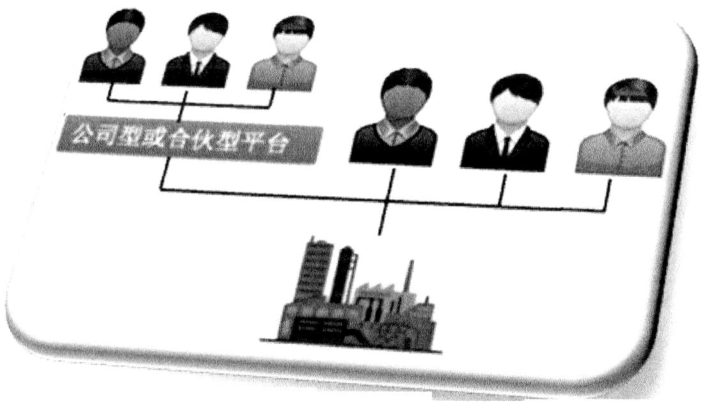

图 2-10　持股平台示意图

1. 有限公司做持股平台

2018 年 9 月 26 日，大陆餐饮企业四川海底捞餐饮股份有限公司在香港上市。在上市前较长一段时间内，海底捞由四位股东（两对夫妇）控股，其中张勇和舒萍是一对夫妇，施永宏和李海燕是一对夫妇。在四川海底捞餐饮股份有限公司，张勇以自然人身份持股 25.5%、舒萍持股 8%、施永宏持股 8%，李海燕持股 8%；同时，四位又组成持股平台（简阳市静远投资有限公司），由持股平台在目标公司持股 50%。

在持股平台里面，张勇占股 52%，舒萍、施永宏、李海燕各占股 16%。抛开张勇和舒萍是夫妻（属于一致行动人）关系，单单张勇一人的 52%股份，就已经控制了持股平台，同时，他还间接控制了目标公司 50% 的股份。参见图 2-11。

选择公司作为持股平台需要具备几个条件：①控制人持有较多股份；②股东人数较少；③股东间比较熟悉，特别好统一意见。

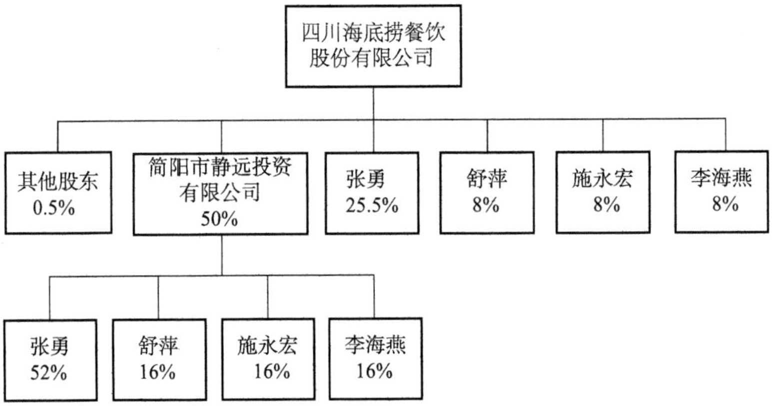

图 2-11 海底捞持股平台示意图

2. 有限合伙企业做持股平台

在更多情况下，控制人会选择有限合伙制企业作为持股平台。在有限合伙制企业里，合伙人分两部分：普通合伙人（GP）和有限合伙人（LP）。

按照《中华人民共和国合伙企业法》第六十七条、第六十八条规定：

有限合伙企业由普通合伙人执行合伙事务，有限合伙人不执行合伙事务，不得对外代表有限合伙企业。

通俗地讲，普通合伙人无论出资多少，即使只占 0.1%，都可以执行合伙事务，承担管理职能，承担无限连带责任；有限合伙人不论出资多少，即使 99.9%，也没有参与管理和执行的权利，只需要以出资额为限承担有限责任。

在有限合伙制企业持股平台中，设控制人为普通合伙人，其他股东为一般合伙人。这样控制人就以较少股份，控制持股平台，继而控制相对应的目标公司股份。参见图 2-12。

选择有限合伙企业作为持股平台有几个条件：①控制人持有较少股份；②股东人数较多；③股东之间不好统一意见。

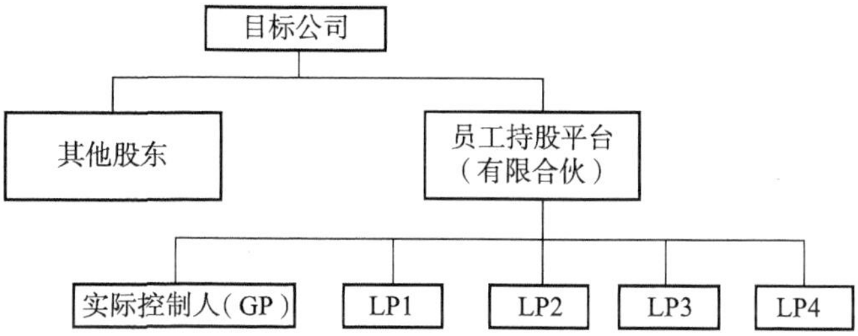

图 2-12　有限合伙制企业持股平台示意图

管理工具

有限合伙制企业做持股平台的优势

从责任和作用上讲，有限合伙制企业和有限公司做持股平台，都可起到风险隔离和股权杠杆的作用。但在大部分情况下，都是选择有限合伙制企业做持股平台，那么，有限合伙制企业具有哪些优势呢？

（1）设立门槛低、手续简便

有限合伙制企业没有最低出资额要求，法律限制较少。

（2）内部治理机制灵活

合伙制企业不需要成立股东会、董事会、监事会等专门治理机构，管理成本较低；合伙协议约定合伙人之间的权利义务关系、收益分配方式，设计非常灵活，自主性强。

（3）税收筹划优势

有限合伙制企业便于税收筹划，节省税务成本。《合伙企业法》第六条规定：合伙企业的生产经营所得和其他所得，按照国家有关税收规定，由合伙人分别缴纳所得税。通俗地讲，有限合伙企业自身不用交税，合伙人（包括有限合伙人和一般合伙人）是纳税主体，而且只需交所得税。而公司是双重纳税，同时上缴企业所得税和个人所得税。具体见表 2-4。

表 2-4　有限合伙制企业税收政策整理

不同投资主体	不同性质合伙人	不同纳税政策
中国国籍自然人	普通合伙人	按 5%~35%的个人所得税率征税
	有限合伙人	按 20%的税率征税
中国法人企业		按 25%的企业所得税率征税
非居民企业	执行事务的合伙人	按 25%的企业所得税率征税
	非执行事务的合伙人（包括有限合伙人）	按 10%的预提所得税率征税
外籍个人	执行事务的合伙人	按 5%~35%的个人所得税率征税
	有限合伙人	适用免税规定
合伙制企业自身无须缴纳企业所得税，只有合伙人是纳税主体		

二、协议控制

协议控制又分为委托投票权、一致行动人、A/B 股制、治理结构控制、保护性条款、虚拟受限股等方式。

（一）委托投票权

顾名思义，委托投票权就是某股东将自己持有股份所对应的全部股东表决权、董事提名权等股东权利通过签署正式的委托书，授予另外一位股东，以增加后者的控制权。例如：

（1）阿里巴巴上市后，根据马云、蔡崇信、软银和雅虎达成的投票协议，将30%的投票权委托给马云和蔡崇信，使马云和蔡崇信合计拥有42.5%的投票权。

（2）京东上市前，DST、红杉和KPCB等11家投资人将投票权委托给刘强东，使刘强东通过投票权委托方式拥有51.2%的投票权。

（二）一致行动人

通俗地讲，一致行动人就是几位股东通过"一致行动人协议"，约定在一些事情上保持一致行动。

和一致行动人相比，委托投票权有合法取得的委托书，且委托人不去投票表决现场，具体的投票行为由被委托人实施，所以，委托投票权的可信度更高。但一致行动人和委托投票权二者都高度依赖其他股东授权或者彼此约定。但既然有授权，就有可能取消授权；即使是双方约定，也可能违反约定。

如果控制人想得到更有保障的控制权，必须在《公司章程》等法律文件上下功夫，比如，A/B股制和阿里巴巴的合伙人制度。

图2-13　一致行动人

资料来源：视觉中国，https：//www.vcg.com/creative/811445274。

（三）A/B 股制

A/B 股又称为双重股权制，上市公司可以根据上市所在地的法律法规，将公司股票分为高低两类投票权："1 股 1 票投票权"的 A 股（对普通投资者公开发行）和"1 股 N 票投票权"的 B 股（对公司极少数创始人发行）。这是一种合法的"同股不同权"，目的是把股权和投票权分离，保证创始人团队的控制权。

据统计，世界主要的发达证券市场，包括美国在内的 6 个国家允许 A/B 股制，而澳大利亚、中国、韩国、日本、新加坡等亚太国家证券交易所则禁止 A/B 股制。20 世纪 70—80 年代，香港证券交易所允许 A/B 股制；1989 年，港交所废除了 A/B 股制度。2018 年 4 月 24 日，港交所重启 A/B 股制，小米公司、美团公司成为恢复 A/B 股制后第一批在香港上市的大陆公司。

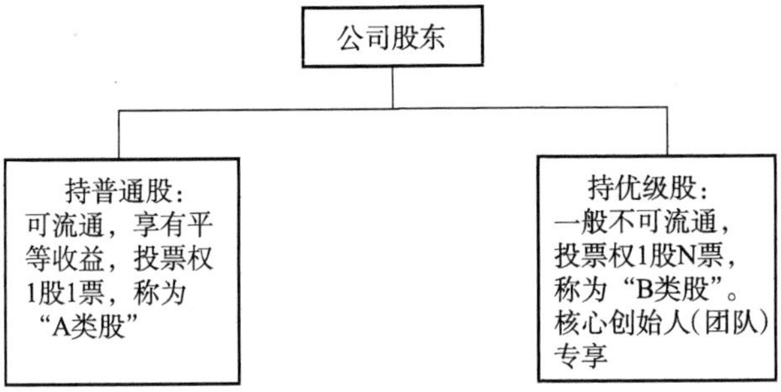

图 2-14　A/B 股（双重股权制）

按照小米的公司章程，只有小米公司创始人、董事长雷军和总裁林斌拥有 B 类股份，其他人拥有的都是 A 类股份。对于普通事项，A 类股每股可投 1 票，B 类股每股可投 10 票。对于重大事项，A 类股和 B 类股均为 1 股 1 票。

雷军拥有 A 类股份（10.9%）、B 类股份（20.51%），AB 类合计 31.41%，拥有 55.7%的投票权。加上部分股东的委托投票权，雷军共拥有 57.9%的投票权。林斌拥有 A 类股份（1.87%）、B 类股份

（11.46%），AB 类合计 13.33%，拥有 30%的投票权。雷军和林斌合计持股 44.74%，合计拥有 87.9%的投票权，由此可将公司牢牢掌握在两个人的手里。

管理工具

关于 A/B 股制的说明

（1）“1 股 N 票投票权”中的“N”一般为 10 票投票权，但具体投票权数量需要由股东谈判协商确定。

（2）高投票权 B 类股票流通性差，是专为核心创始人团队量身定制的，是其他股东对核心创始人团队多年工作业绩的信任。一旦流通出售，股票即从 B 类转为 A 类。

（3）公司章程可以约定：对于普通事项，可以 A/B 股制。但对于特殊重大事项，A/B 股的投票权相同，都是 1 股 1 票。

例如，小米公司规定，对于以下保留事项，A/B 股的投票权相同，都是每股投 1 票：修订章程或细则，包括修改任何类别股份的附带权利；委任、选举或罢免任何独立非执行董事；委任或撤换小米的会计师；小米主动清盘或解散。

（4）在美国，采用 A/B 股制的主要是明星类科技类公司，例如，Google、Facebook、阿里巴巴、百度、京东等。

（四）董事会控制

治理结构包括股东会、董事会、监事会和经理层。在这四层结构中，控制住了董事会，也就控制住了公司重大决策，等于控制住了公司。对董事会的控制主要包括董事长的产生和董事的产生。这些法定程序都写在公司章程里面，作为法律文件，具有法律效力。

最著名的“通过控制董事会而控制公司”的案例是阿里巴巴集团的合伙人制度。

案例分析

阿里巴巴合伙人制度

阿里董事产生程序：阿里合伙人委员会提名董事会的大多数董事人选，而非根据股份的多少来分配董事席位。如果股东大会未选举通过阿里合伙人提名的董事，或者该被提名人离开董事会，则阿里有权另外任命一人为临时董事，直至下一届股东大会。

阿里合伙人组成：公开资料显示，截至2017年2月24日，阿里合伙人总计36人。其中，永久合伙人只有马云与蔡崇信两人。按照规定，阿里的永久合伙人有权一直担任合伙人，直到其自行选择退休、死亡，丧失行为能力或被选举除名。

合伙人退休制度：2016年8月23日，阿里首次公布了合伙人退休制度。根据退休制度，合伙人自身年龄以及在阿里巴巴集团工作的年限相加总和等于或超过60岁，可申请退休并继续担任阿里巴巴荣誉合伙人。

合伙人制度的实质：根据公司章程，阿里合伙人将独享提名董事会简单多数成员的权利。通过控制董事的产生程序，掌控董事会和公司。

软银与雅虎分别是阿里第一大股东和第二大股东，马云是阿里第三大股东。截至2017年6月9日，马云的持股比例减少至7%，阿里管理层直接持有的股权也只有10%左右。阿里巴巴合伙人制度显然保证了以马云、蔡崇信为核心的阿里管理层对公司的控制权。阿里董事会成员为11人，马云和蔡崇信分别担任董事局主席和执行副主席。

未来，除非阿里巴巴的公司章程改变，否则合伙人的提名权都将伴随合伙人制度一直存在下去。阿里巴巴公司章程规定：需要持股比例合计达95%的股东在股东大会投票同意才可修改公司章程。可见，只要是马云和蔡崇信合计持股超过5%，且两个人又是一致行动人，“修改公司章程，改变阿里合伙人制”几乎是就是天方夜谭，永远不可能实现。

2018年9月10日，阿里巴巴董事局主席马云郑重对外宣布：“我怀着激动的心情向大家宣布，经董事会批准，一年后的今天，也就是2019年9

月10日，阿里巴巴20周年，我将不再担任阿里巴巴集团董事局主席。”同时，他透露，接任者是阿里巴巴的CEO张勇。

马云之所以能够从容地找到接班人，交出阿里巴巴集团的董事局主席席位，从根本上源于“阿里巴巴合伙人制度”。因为合伙人必须“在阿里巴巴工作五年以上，具备优秀的领导能力，高度认同公司文化，并且对公司发展有积极性贡献，愿意为公司文化和使命传承竭尽全力”。从这个意义上讲，“流水不腐户枢不蠹”的动态合伙人队伍，不仅仅是为增加控制权而设计的，还是培养接班人的“黄埔军校”。

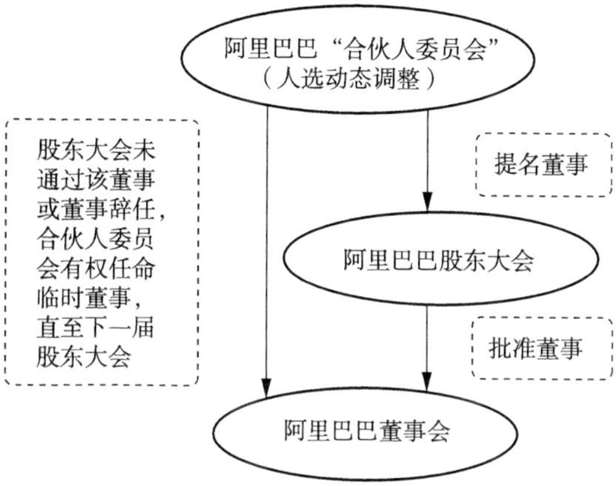

图2-15 阿里巴巴合伙人制度

另外一个通过控制董事会而控制公司的典型案例就是“真功夫”。由于篇幅所限，只把“真功夫股权大战”之前的公司章程写在下面，并做简要说明。

案例分析

真功夫股权大战

在过去的10年里，真功夫股权之争是企业控制权大战的最经典案例。

首先看一看真功夫的公司章程。公司章程相关规定，真功夫董事会由五名董事组成，五方股东各委派一名董事；董事长由蔡达标任命，法定代表人由董事长担任；公司章程的修正应由全体董事在按规定程序召开的董事会会议上一致投赞成票方可通过。

“股东委派董事”“董事长由蔡达标任命”，这两项规定意味着公司章程已经确定了无论蔡达标的股权大小，他永远是公司实际控制人。可见，真功夫董事、董事长的人选不同于一般的选举制，远胜于阿里巴巴“董事由合伙人提名，再由股东选举”的合伙人制度。

如果其他股东想废除这个“蔡达标终身制”，必须修改公司章程。但是，“公司章程的修正应由全体董事在按规定程序召开的董事会会议上一致投赞成票方可通过”。也就是说，只要蔡达标不同意修改，他永远都是“真功夫之王”。

通过上面分析，从理论上讲，任何股东都不可能夺走董事长席位，真功夫永远是“蔡氏天下”。股权大战的另一主角潘宇海要想“推翻蔡氏，改朝换代”，势必比登天还难。

（五）特殊股东保护性条款

为了加强某些特殊股东（包括创始人和机构投资者）的控制权，保护自己的利益，可以在股东协议和公司章程中增加针对特殊股东的保护性条款。当然，这些特殊股东的保护性条款必须经过多轮谈判，由全体股东投票决定。新的机构投资者加入时，有权重新谈判，废除或者修改这些条款。这些保护性条款一般包括：特殊意义的一票否决权、董事提名权、董事长任命权。

（1）特殊意义的一票否决权：如果股东持股超过公司股权的1/3，就具备了重大事项的一票否决权。但是，如果某位特殊股东（比如，创始人或者某个机构投资者）占股小于33.3%，不具备《公司法》所赋予的一票否决权。为了防止其利益受到大股东侵害，可以在股东协议中写明：当某些潜在可能损害特殊股东利益的事件发生时，必须获得该股东的同意方可实施。这就是通常说的“特殊意义的一票否决权”。

（2）董事提名权：股东协议可以约定，某些特殊股东有权提名董事并决定提名的数量。

（3）董事长任命权：例如，真功夫公司章程规定，某些特殊股东可以提名董事长。

在上面“真功夫”的案例中，公司章程相关规定：①真功夫董事会由五名董事组成，五方股东各委派一名董事。这就是董事提名权。②董事长由蔡达标任命。这就是董事长的任命权。③公司章程的修正应由全体董事在按规定程序召开的董事会会议上一致投赞成票方可通过。这就是一票否决权。

另外，对于上市公司来讲，用于对付外部恶性收购的“毒丸计划”也属于对原有股东的保护性条款。最著名的当属2005年盛大网络收购新浪的案例。

案例分析

盛大网络收购新浪，引爆“毒丸”

2005年2月19日，盛大网络向外界宣布，盛大在纳斯达克二级市场斥资2.3亿多美元，公开收购新浪19.5%股份，成为新浪第一大股东。

2月22日，新浪宣布已采纳“毒丸计划”（股东购股权计划）来防止盛大通过二级市场继续增持：盛大作为已取得新浪公司10%以上普通股的最大股东，如果再收购超过0.5%的新浪股权，就会启动“毒丸计划”。届时，新浪的其他股东将有权以半价购买普通股，从而稀释新浪股份，而盛大持有的新浪股份也将蒙受损失。

新浪的“毒丸计划”是否有效呢？2006年11月，盛大公司宣布出售370万股份，持股比例从19.5%减为11.4%，这意味着盛大放弃对新浪的控制权，新浪的“毒丸计划”产生了预期的效果。

（六）虚拟受限股

华为是典型的通过虚拟受限股增加创始人的控制权。激励华为员工的不是华为的股权，而是华为股权的分红权和增值权，所以叫作虚拟受限股。华为的股东有两个，一个是任正非，持股1.01%，另一个是华为投资控股有限公司工会委员会，持股98.99%。因为是由华为工会代持股份，而真正的股东缺位，员工获得只是一部分股权的分红权和增值权，不是真正的股东，没有投票权。所以，创始人通过虚拟受限股（虚拟股权）获得了公司的控制权。

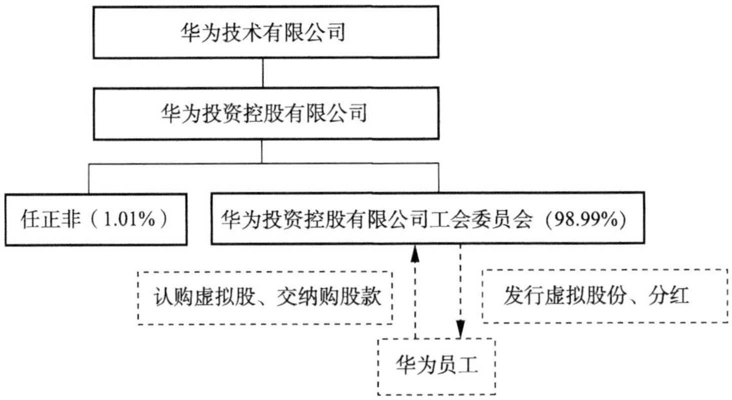

图 2-16　华为股权结构示意图

在以上的协议控制方式中，都有一个共性：其他股东对于创始人过去带领企业取得的业绩深度认同和高度信任，对创始人的人格魅力及其未来继续创造辉煌的预期深信不疑；其他股东愿意让渡一部分权利，来支持创始人减少创造更大的价值，共同把蛋糕做大。所以，不是这些权利出让人大公无私，而是背后的利益驱动使然。

三、其他方式控制

其他方式控制包括控制公章、财务章、账簿、生产秘法、营销渠道（经销商）、法人代表、总经理任命、管理层合伙跟投、创始人人格魅力、企业文化，等等。这些控制方式可以分为三类：阳谋、阴谋和中性。

创始人人格魅力、管理层合伙跟投和企业文化控制就属于阳谋，公章、财务章、账簿控制就属于阴谋，而生产秘法、营销渠道（经销商）、法人代表、总经理任命属于中性。

如果为了控制公司的正常经营，就是积极的“阳谋”，比如：可口可乐的配制秘方。如果出发点是恶性，以此要挟其他股东，增加自己的控制权，就属于“阴谋”。比如：雷士照明的创始人吴长江屡次利用经销商罢市、集结、聚会，要挟其他股东，争取控制权，就属于典型的“阴谋”，“挟天子以令诸侯”。

在股权大战中，争夺公章、财务章和账簿也是经常上演的“武打戏”。例如，真功夫股权之争，双方上演了“全武行”“公章、账簿争夺战”，打得不亦乐乎。这种大战激烈刺激，吸引眼球，但是没有技术含量，未必精彩。

第三节 如何对公司进行价值评估

企业价值评估，顾名思义，就是对企业的内在价值进行评估。只有确定了目前阶段的企业价值，才能处理所有与股权相关的事务，包括股权分配、股权激励、股权转让、资产重组、引进外部投资等工作。所以说，企业价值评估是企业处理所有与股权相关事务的基础。

根据企业发展阶段（创业期、成长期、成熟期、衰退期）、是否公开上市、所在行业等因素，企业价值评估采用不同的评估方法和模型。

在本书后面章节“股权激励，如何确定股票价格”中，对于成熟期非上市企业的价值评估进行了详细的描述，在本节只做图示说明。参见图 2-17。

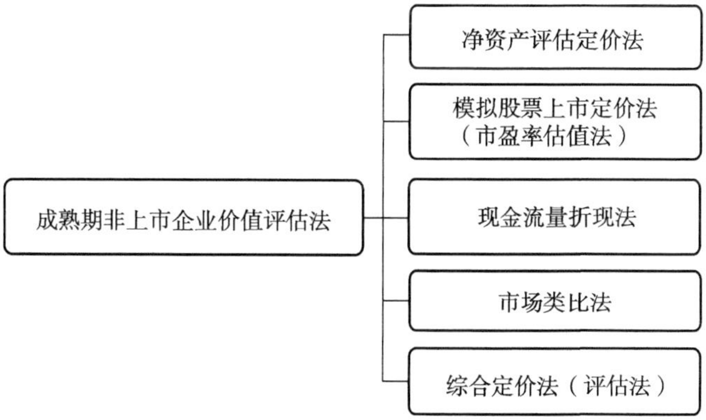

图 2-17 成熟期非上市企业价值评估法

上述企业价值估值方法都是针对成熟企业而言的，但是，对于创业期和成长期的企业而言，企业价值评估的意义更大。由创始人寻找联合创始人、核心人才股权激励、未来股权预留、外部多轮融资都涉及企业价值估值。下面，以互联网行业举例，对这些创业期和成长期的企业价值评估方法进行分析。

虽然互联网公司估值有这样和那样的困难，但是既然要做引进投资、股权激励和公司上市，就一定要把估值“进行到底”。本书把创业期和成长期的互联网公司分为四类：

（1）盈利水平稳定的成熟互联网公司；

（2）营收增速快（利润少、波动大）的互联网公司；

（3）连年亏损（低收入）的互联网公司；

（4）创业初期（没收入、没盈利）的互联网公司。

在本书后面章节“股权激励，如何确定股票价格”中，对这四类企业价值估值方法做了详细描述，本章节先做一个图示说明。参见图 2-18。

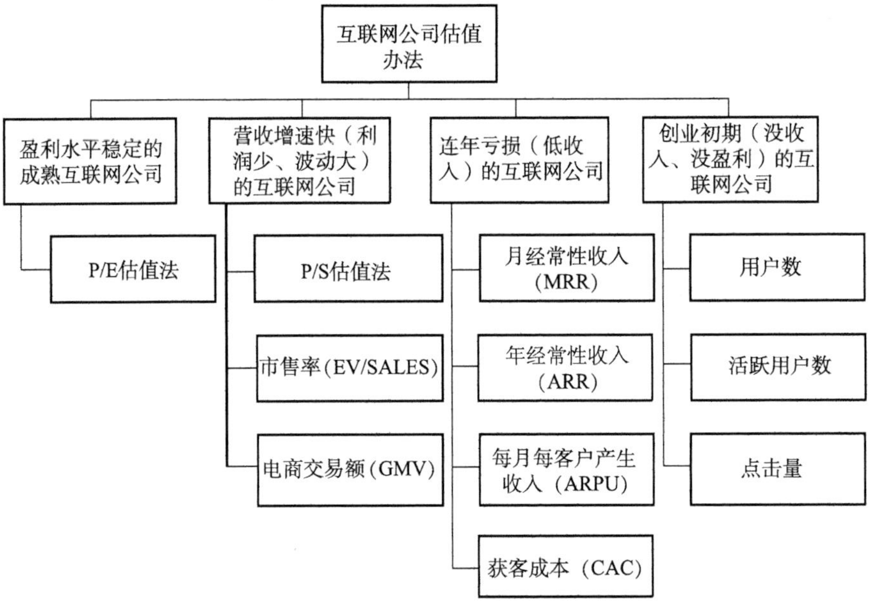

图 2-18　互联网公司估值办法

在上述四类互联网公司中，第三类和第四类公司估值比较困难，最困难的是第四类公司：创业初期，没有收入，没有盈利。因此，应根据互联网公司的用户数、活跃用户数或者点击量，对公司进行估值。例如，每一个活跃用户数价值 100 元，公司有 5 万个活跃用户，公司估值就 500 万元。

这种估值也是一个参考依据，更重要的是根据投资者的经验来判断创始人的概念和想法、商业模式、项目前景和团队前景等内容。但无论怎么看，天使轮看人大多数是“像云像雾又像风”：如果创始人是著名创业者，VC 就多投一点，否则就少投一点。

在实际的投资过程中，有一些经验值得借鉴：

（1）在天使轮，机构投资者拿 15%~25%的股权是比较正常的。

（2）双方是一个谈判的过程，具体项目要具体分析。如果创始人的创业经验、自有资金、项目前景等比较丰富，创始人就可以出让公司 10%左右的股权，寻找 100 万元左右的天使投资。在创始人心中，公司估值就是 1000 万元。

（3）经验公式就是：天使轮，外部天使投资占股比例一般为 20%。根据投资额，可以反算出公司的价值。也就是说，如果天使投资 100 万元，占股比例为 20%，公司估值就是 500 万元。

从机构投资者的角度来看，有几句话说得好：天使轮，投资人“看人下菜碟”；A 轮，投资人看产品；B 轮，投资人看数据；C 轮和上市，投资人看销售收入和利润以及增长率。综上，随着公司越来越成熟，价值评估指标就越来越健全。

第四节 如何解决公司利益相关者之间的博弈问题

如何解决公司利益相关者之间的博弈问题，实现公司价值最大化？

在本章第二节，分析了企业从创立到上市，再到上市后减持的六个阶段的股权结构（股东结构和股权比例）演变示意图（具体见表 2-2）。整个股权结构的演变过程就是各个利益相关者的利益博弈过程。各个企业利益相关者的情况千差万别，但无论怎样变化，最终的结果都是在各个利益相关者之间找到平衡点。平衡点唯一的判断标准就是是否能够实现公司价值最大化。

下面用一组数字来概括整个博弈体系和过程：

1. 一个中心

所有的博弈都是围绕着“股东价值最大化”这一中心进行的。

2. 两个博弈点

所有博弈都是为了争夺控制权和收益权而展开的。

3. 三个博弈维度

整个博弈过程是在不同时间、不同股东和不同博弈内容之间展开，这是一个动态博弈过程。

4. 四大博弈内容

博弈过程涵盖四大不同内容：公司估值、股权比例、利益安排和利益保障。

5. 五大类别股东

从创业到上市，再到上市后减持，全部股东可以分为五类：创始人、联合创始人、核心人才、机构投资者、散户投资者。

其中，机构投资者又分为上市前多轮风险投资机构、上市股改战略投资机构和上市后二级市场投资机构。流通股股东包括：上市前流通股股东和上市后流通股股东，也可以分为机构投资者和散户投资者。

6. 六大阶段

从创业到上市，再到上市后减持，可以分为六大阶段：创始阶段、股权激励阶段、对外融资阶段、股改阶段、上市阶段和减持阶段。

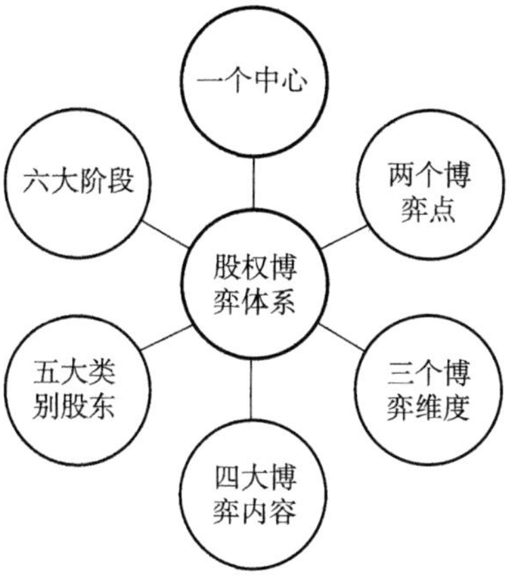

图 2-19　股权博弈体系与动态过程

第三章

股权设计——股权架构系统设计

在第二章，本书阐述了股权设计的内容，包括股权架构系统、股权分配机制和股权运行机制。其中，股权架构系统又包括股权结构设计和股权架构设计；股权分配机制包括股权分配和股权激励；股权运行机制包括股权相关法律协议、股权分期成熟机制、股权动态调整机制、股权进入机制、股权退出机制、股权回购机制、股权继承机制和夫妻共同股权处理机制。参见图 3-1。

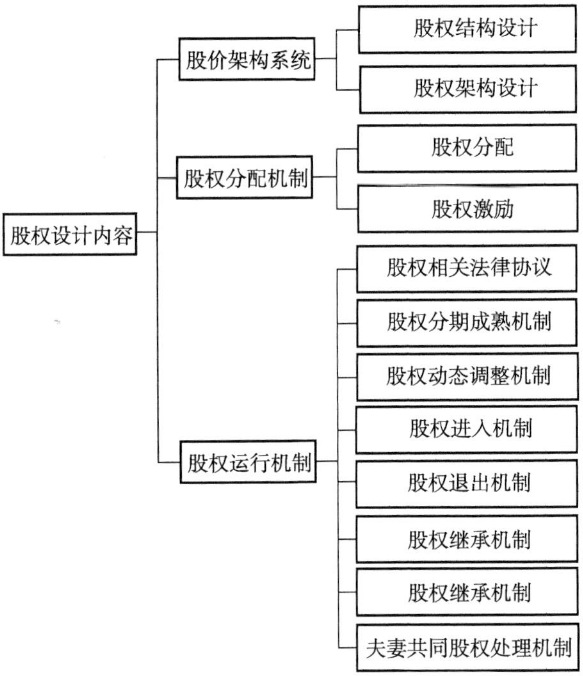

图 3-1　股权设计内容

第一节　股权结构设计

股权架构系统设计包括股权结构设计和股权架构设计。股权结构是指“横向上，股份公司总股本中不同性质的股份所占的比例及其相互关系。”这里面就含有三层意思：

（1）不同性质的股份；

（2）所占比例；

（3）相互关系。

其中，“不同性质股份”又分为两个因素：①股东构成；②持股状态是“自然人持股还是持股平台持股”。“所占比例”是指股权分配及股权比例。见图3-2。

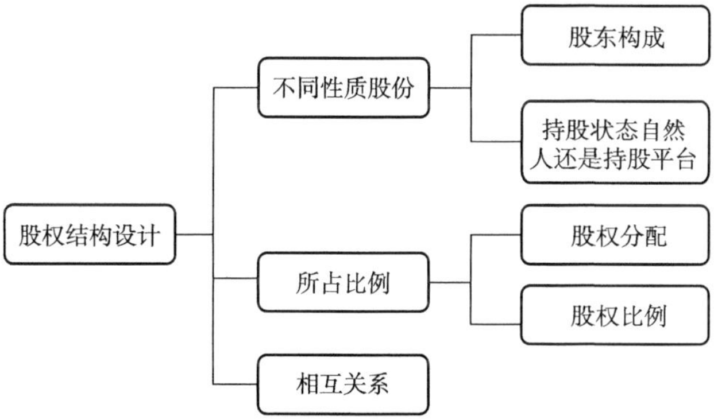

图3-2　股权结构设计

一、不同性质股份

（一）股东构成设计

从创业到上市，再到上市后减持，可以分为六大阶段：创始阶段、股权激励阶段、对外融资阶段、股改阶段、上市阶段和减持阶段。

这六大阶段共涉及五大类股东：创始人股东、联合创始人（合伙人）股东、股权激励（核心人才）股东、外部机构投资者和散户投资者。这五大类股东又分为上市前股东和上市后股东。由于公司上市后股东的人数和持股比例是不可控的，因此，本书只对上市前股东进行阐述。

上市前股东构成设计分为三方面内容，参见图 3-3：

（1）谁能成为联合创始人？

（2）谁能成为股权激励对象？

（3）如何选择外部投资人？

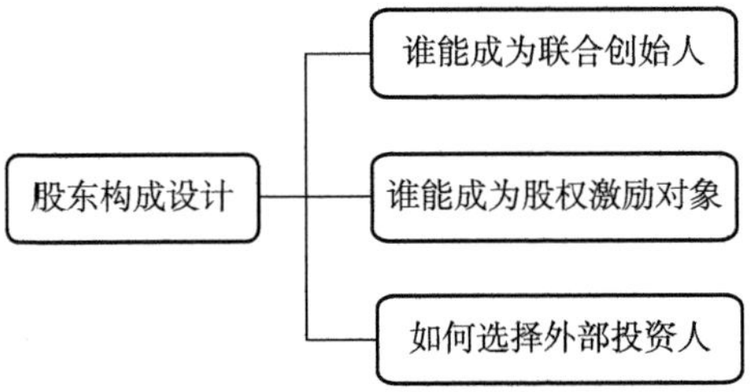

图 3-3　股东构成设计

1. 谁能成为联合创始人？

在本章中，合伙人是一种泛称，实际上就是合伙做生意、经营公司的搭档，又称为联合创始人，不是严格法律意义上合伙制企业中的合伙人。从法律意义上来说，股东和合伙人是有区别的，具体参见下表 3-1。

表 3-1　股东和合伙人区别表

区别点	合伙人	股东
定义	适用于合伙制企业	适用于股份制（有限责任或股份有限）公司
承担责任	分为有限合伙人和普通合伙人。有限合伙人依据自己的出资比例承担有限责任；普通合伙人则承担无限连带责任	股东按照注册资本和股份占比，只需要以出资额为限，承担有限责任
适用法律	《合伙企业法》《民法通则》	《公司法》

续表

区别点	合伙人	股东
承担资金	合伙时按照协议的约定，承担资金	入股时按照出资比例，承担资金
加入与退出规定	合伙制企业是根据合伙人之间的协议建立的，合伙人退出或新合伙人加入时，必须取得全体合伙人的同意，并重新签订协议	股份制企业的股东不能退股，但可以将自己的股份转让给其他人，原有股东有优先购买权；上市公司股东满足禁售条件后，可以二级市场公开交易
利润分配方式	按照契约进行分配，契约由合伙人在成立合伙组织前协商订立，可平均分配利润，也可不平均分配	严格按照股权进行利润分配，股权越多，分配利润越多

大量案例研究显示，选择合适的联合创始人要参考以下“三大标准、九大特质”。

（1）三大标准

套用稻盛和夫的人生成功方程式：工作成果（成功）= 思维方式（态度）（-100~100）×努力（热情）（0~100）×能力（0~100），这个方程式可以作为选择合伙人的三大标准，具体见图 3-4。

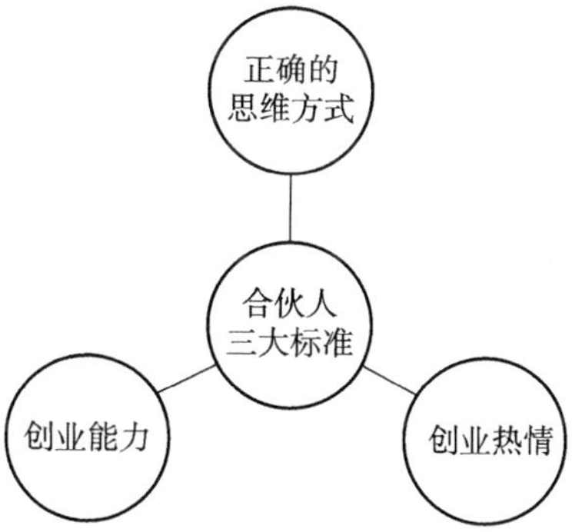

图 3-4 选择合伙人三大标准

①合伙人要有正确的思维方式。思维方式分数是从-100 至 100 分，思维方式错误，则南辕北辙，谬之千里。

②合伙人要有创业的热情，要有创业的努力和心态，属于“想干不想

干”的问题。

③合伙人要有创业的能力，属于“能干不能干”的问题。

（2）九大特质

通过分析成功合伙人性格特点，总结了成功合伙人的九大特质。这九大特质又分为“个人特质”和“双方互动特质”，具体见图 3-5。

个人特质	1.志向远大，有抱负，有理想；
	2.有奉献牺牲精神，舍得付出；
	3.易于沟通；
	4.勇于实践，而不是夸夸其谈；
	5.在某个领域有专长，能撑起门面且能独当一面
双方互动特质	6.理念要认同，价值观一致；
	7.宽容大度，彼此理解、信任，无需顾忌；
	8.坚定地支持对方，能相互托付、同舟共济；
	9.结构合理，各有专长，优劣互补，取长补短

图 3-5　成功合伙人九大特质

2. 谁能成为股权激励对象

任何股权激励的出发点和归宿都是激励的对象，就是要通过股权激励和绑定，激励员工努力工作，提高企业经营绩效。

选择激励对象是股权激励设计中最重要、最核心的一环，是股权激励成功与否的必要条件。选对了人，股权激励计划就成功了一半；选不对人，股权激励会全盘皆输。

企业一般会从法律法规、激励效果、企业发展阶段、公平公正原则、不可替代原则和未来价值原则等几方面来确定股权激励对象。

在后面股权激励章节中会专门讨论：定对象——股权“绣球”抛给谁？先做一个图表式进行总结，详细内容参见第八章第一节和图 3-6。

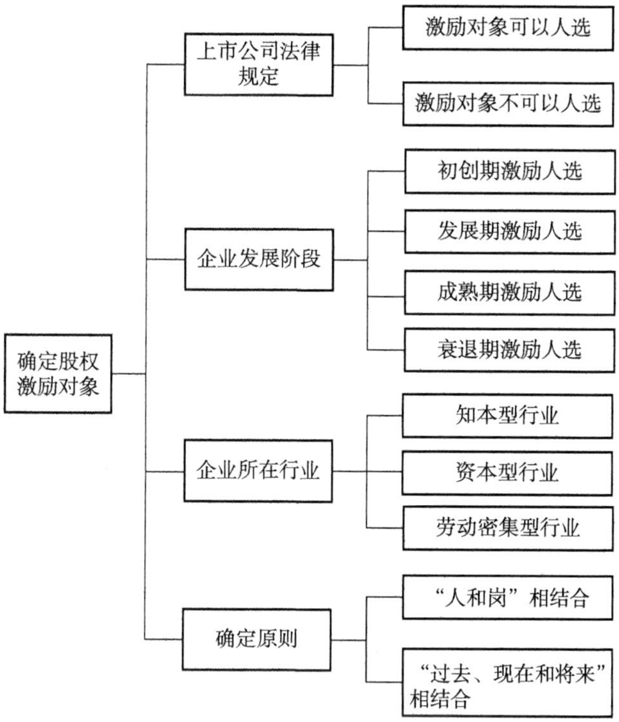

图 3-6　股权激励对象确定原则

3. 如何选择外部投资人

无论在什么阶段，寻找外部投资人就像寻找人生伴侣一样，美满的婚姻一定要讲究匹配和双赢。套用稻盛和夫的人生成功方程式，夫妻双方要“有共同的思考方式、有相互爱的热情、有相互爱的能力”。

企业寻找外部投资人是以“企业股权”为代价的，双方更要慎重。尤其是企业在引进外部投资者的时候，往往是缺钱的时候，一定要慎之又慎。如果和外部投资人“门不当户不对”，将来一定会产生矛盾，闹不好就会“引狼入室，请神容易送神难”，更有甚者，会对簿公堂，项目毁于一旦。

在不同的阶段，企业要寻找的外部投资人是不一样的。在创业期，寻找外部投资者，属于典型的“人找钱”，企业的自主权很少或几乎没有。

创业者往往饥不择食，有人投资就不错了，“要啥自行车呀”。越到后期越成功，企业的话语权越大，逐渐过渡到“钱找人”，更要讲究匹配，“合适的才是最好的”。

无论在什么阶段，企业在寻找外部投资者时，都要讲究匹配。

首先，企业要明白自身的需求。即：除了资金之外，还需要外部投资者带来什么资源？

其次，要从三个层面分析投资者。

（1）投资者的思考方式

要分析投资企业的价值观、企业文化、投资目的、投资理念、投资周期、希望变现时间和方式。

案例分析

马云和孙正义的“人和”

马云是阿里巴巴的创始人，孙正义是阿里巴巴最重要的投资人。十几年下来，两个人可谓是“珠联璧合，相得益彰”。

在回忆两个人第一次见面时候，马云的评价是“一见钟情”：“原本我打算要讲10分钟左右，可是我讲到6分钟左右的时候，孙正义就从长桌子的那一头走过来对我说，他要投资我的公司。”

为什么两个人会“一见钟情”呢？其中的关键在于，孙正义看中的不是投资目标，而是投资给正确的人。

马云觉得“他投资的线路就是看人，而他看人的标准就是看这个人想不想做大事情。哪怕现在没有机会，只要他看对了人，机会总是要靠人去抓的。孙正义通过资金抓住了人，所以即使现在没机会，将来还会有机会的。”

由此可见，孙正义之所以在6分钟内决定给阿里巴巴投资，是因为马云和孙正义是同一类人。后来，双方的合作（包括雅虎投资、建立淘宝C2C模式、打败eBay，等等）也证明，孙正义和马云在很多事情上的想法是相通的，是想到一块儿的。两个人的合作，不仅仅是“资合”，更是

“人和”。

（2）投资热情

投资者对企业要长期看好，双方要能够双赢，能够为对方带来价值；俗话说，“上赶着不是买卖”，企业绝对不能“剃头挑子一头热”。投资者要看好企业未来的价值，企业要对未来有足够的信心，绝对不要有“自卑渺小”的心态。

（3）投资能力

投资者的投资能力包括投资额度、持股比例、带给企业其他资源、提升企业价值、管理和文化等。企业需要的不仅仅是资金，更需要未来持续成长和改善的能力。要通过引资改良企业基因，借助外力“大鹏一日同风起，扶摇直上九万里”。

当然，企业获得资源是以出让股权为代价的，企业要在付出和回报之间算笔账，追求双赢，追求股权出让利益最大化。

最后，要进行背景调查。

在双方谈判过程中，不仅仅是外部投资者要对企业进行背景调查，企业也要对外部投资者进行背景调查。调查内容除了上述三方面内容之外，还包括外部投资企业的内部决策流程、以往成功的投资案例，尤其是行业内的成功案例等。

总之一句话，选择外部投资人，一定要看它能够给企业带来什么经营理念和经营价值。双方签署协议之前，企业一定要思考的问题包括：企业要获得什么样的价值？投资人能否带来这些价值？企业要付出多大成本？这三者缺一不可，具体参见图 3-7。

上述选择外部投资者的方式，都是理论上的。如果企业在“弹尽粮绝”的时候才考虑外部投资者融资，一定是“有奶便是娘”，活着才是硬道理。这种拉郎配的“婚姻”，从一开始，就种下了不幸的种子，未来也不会幸福。

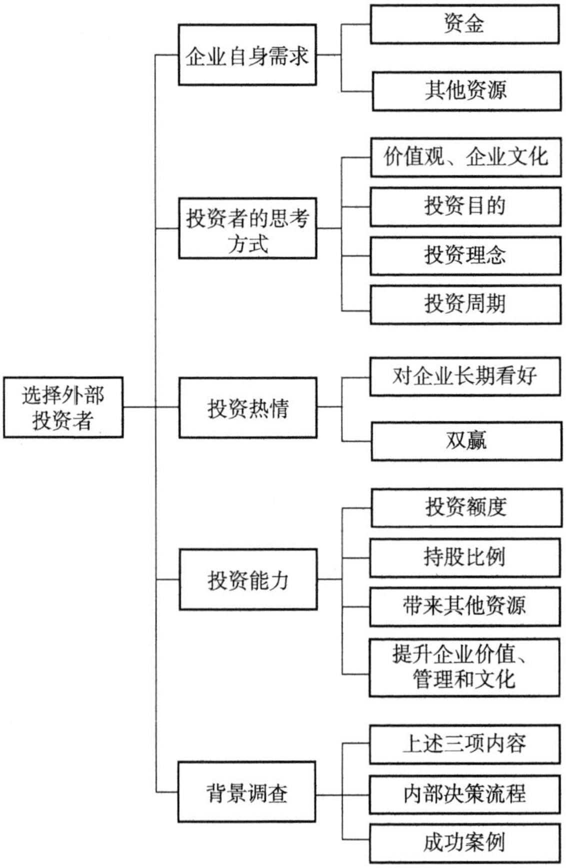

图 3-7　选择外部投资者的参考维度

案例分析

马云说，在你“很赚钱”的时候去融资

有创业者问马云：“企业在什么阶段融资最为合适?”马云的答案是：不要从创业第一天起就想着融资，在没有盈利之前也不要想。在大多数情况下，企业在没有盈利之前就去融资是不正常的。

做企业，首先要想到的是没有融资也能盈利。等到企业能盈利了，想要扩大盈利的时候，那时就会有人想要投钱了。没有盈利的时候想说服别人投资，投资人多半会说：“等你盈利了再说吧。”

对那些目前盈利情况很好的企业而言，一定要在企业“很赚钱”的时候去融资，在企业最不急需钱的时候去融资，就如同要在阳光灿烂的日子修理屋顶一样，而不要等到急需钱的时候再去融资，那时候就麻烦了。所以，在企业不需要钱的时候去融资，这就是融资的最佳时间。

阿里巴巴的融资策略可以总结为四大融资原则，参见图 3-7：

原则一：饱带干粮，晴带雨伞

不要等到没钱的时候再去融资，所有银行和投资人都是嫌贫爱富的；你不急需钱，谈判中就会游刃有余，就越能谈出一个对企业更有利的融资方案。

原则二：未雨绸缪，提前规划

企业在现金流良好的情况下，要提前规划融资并尽快融资，做到未雨绸缪。

原则三：关注资金，关注价值

在寻找投资伙伴时，除了资金之外，更要关注投资伙伴能够带来的附加价值，如品牌、公司治理和技术；在不急需钱的时候去融资，一定要关注投资机构除了资金之外还能给企业带来的其他价值。

原则四：着眼未来，长期合作

要着眼于公司的长远发展，寻找长期合作伙伴。

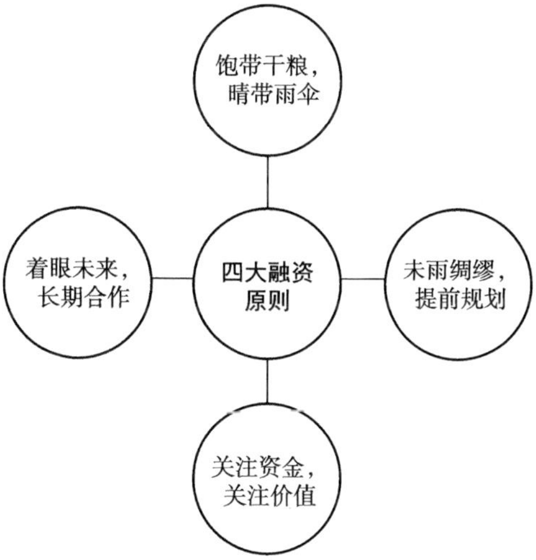

图 3-8 四大融资原则

但“历史往往是由胜利者书写的”，阿里巴巴的经验可以借鉴，但不能成为教条。其实早在 1999 年 10 月，以高盛为首的投资方对阿里巴巴首期 500 万美元风险投资，拯救了阿里巴巴，解了阿里巴巴的“燃眉之急，让马云喘了口气”。当然，除了资金，高盛公司也的确给阿里巴巴带来进一步的风险投资和其他的海外资源。有了高盛的投资背书，阿里巴巴品牌价值急剧上升。

（二）持股状态：自然人持股与平台持股

股东可以通过四种方式对目标公司持股：代持、自然人持股和平台持股，其中持股平台又分两种：有限公司和有限合伙企业。

“代持”转让时有税负负担，也有道德和法律风险，经常出现因股权“代持”而发生的法律纠纷。建议“代持”时，双方签署代持协议，同时尽量减少或者避免代持，参见图 3-9、图 3-10。

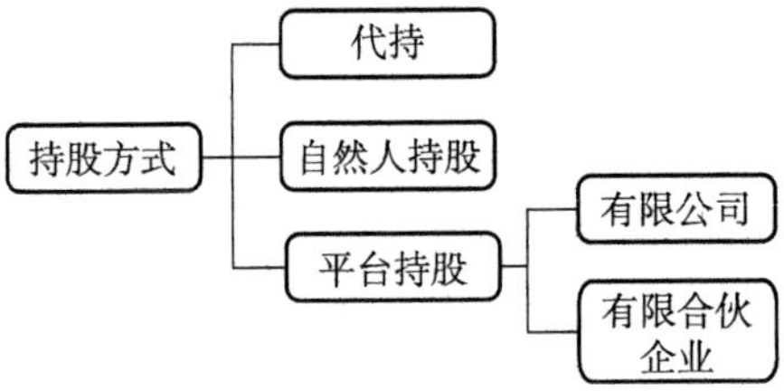

图 3-9　持股方式

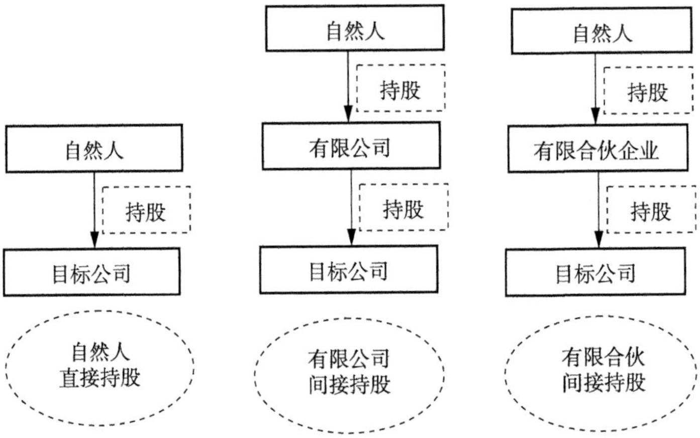

图 3-10　持股方式示意图

这三种方式各有特点，要根据实际情况来选择持股方式，参见图 3-11 和表 3-2。

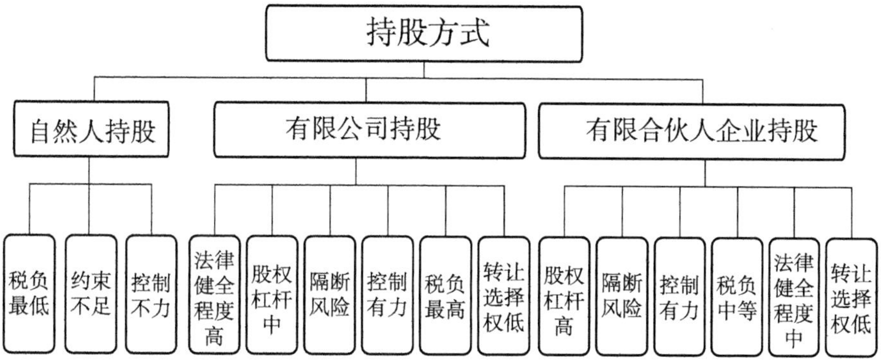

图 3-11　三种持股方式特点汇总

表 3-2　三种持股方式优缺点分析

<table>
<tr><th></th><th colspan="3">优点</th><th colspan="2">缺点</th></tr>
<tr><td rowspan="4">自然人持股</td><td rowspan="4">税负最低</td><td rowspan="2">股权转让</td><td>限售股转让税率：20%</td><td rowspan="2">约束不足</td><td>普通员工：限售股解禁后，立刻抛售</td></tr>
<tr><td>按核定征收税率：17% = 20% ×（1-15%）</td><td>高管：一年内转让股份不得超过年初的 25%，可在上市后不久即辞职来规避</td></tr>
<tr><td rowspan="2">分红</td><td>限售期内分红所得税率为 10%</td><td rowspan="2">控制不力</td><td rowspan="2">上报证监会材料后，员工辞职，大股东不能回购其股权</td></tr>
<tr><td>解禁后分红所得税率为 5%</td></tr>
<tr><td rowspan="4">有限公司持股</td><td colspan="2">法律健全程度</td><td>与合伙制企业相比，相关法律最健全</td><td rowspan="3">税负最高</td><td rowspan="3">公司需要缴纳企业所得税（税率 25%），股东需要缴纳个人所得税（税率 20%）</td></tr>
<tr><td colspan="2">股权杠杆</td><td>通过持股平台，利用股权杠杆，放大控制权</td></tr>
<tr><td colspan="2">隔断风险</td><td>把自然人股东和目标公司隔开，隔断了目标公司对自然人的风险</td></tr>
<tr><td colspan="2">控制有力</td><td>向证监会上报材料后，员工辞职，持股公司内部可以股权转让</td><td>对外转让选择</td><td>如果持股平台整体转让，所有股东必须一齐转让</td></tr>
</table>

续表

	优点		缺点	
合伙企业持股	股权杠杆高	通过普通合伙人（不限出资额）控制合伙制企业，比公司持股平台需要股份更低，更能放大控制权	法律健全程度	与公司持股平台相比，法律健全程度低
	隔断风险	把自然人股东和目标公司隔开，隔断目标公司对自然人的风险	对外转让选择	如果持股平台整体转让，所有合伙人必须一齐转让
	控制有力	向证监会上报材料后，员工辞职，合伙制企业内部可以调整		
	税负中等	与公司持股平台相比，税负更优惠。合伙制企业“先分后缴”，合伙人是纳税主体，避免了企业所得税和个人所得税的双重纳税		

二、所占比例和相互关系

股权结构设计包含三部分内容：不同性质股份、所占比例和相互关系。不同性质的股份包括股东构成设计和持股状态：自然人持股与平台持股。

关于“所占比例”涉及的“股权分配”问题，将在本章中的第二节重点讲解。关于股权激励问题，本书的后半部分会专门讲解。

第二节　股权架构设计

股权架构系统设计包括股权结构设计和股权架构设计，参见图 3-12。

图 3-12　股权架构系统设计

如果说股权结构设计是从横向上研究股东构成、股权比例和相互关系，那么股权架构就是从纵向上研究股东控股关系。具体来说，是指自然人股东、投资公司、持股平台、母公司、一级子公司、二级子公司之间的股权关系，包括全资、控股、参股等。参见图 3-13。

从创业开始，企业要一直关注横向上的股权结构设计。当企业发展起来之后，单一企业发展成为集团公司或者企业集团时，企业就要更关注股权架构设计。当然，在实际运作中，股权架构设计要更早谋划。

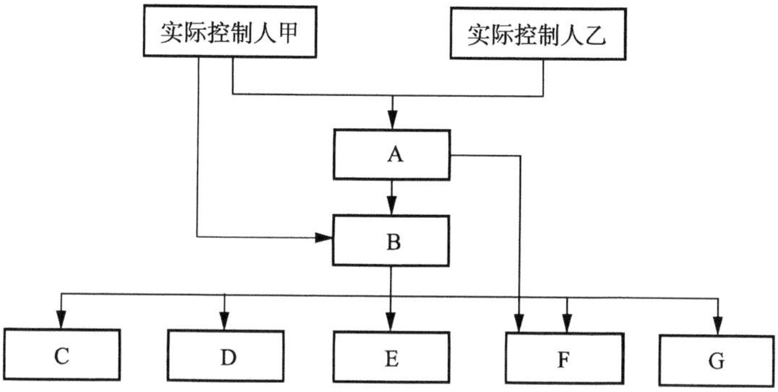

图 3-13　股权架构示意图

一、股权架构的分层设计

股权架构设计又称为股权控制结构。从最上端实际控制人出发，沿着股权控制这条主线往下，依次可分为：控股层、投资层、资本层、产业层、操作层五级。参见图 3-14。

（一）控股层

控股层在生态链的最上端，是真正的大老板、最终控制人，集中了实际控制人群体（自然人或其家族）。在企业集团，控股层一般都设在开曼群岛、英属维尔京群岛（BVI）、百慕大等“避税天堂”。未来控制人可以将这一部分股份与其他家族资产打包，通过家族信托方式，解决家族财富的传承问题。

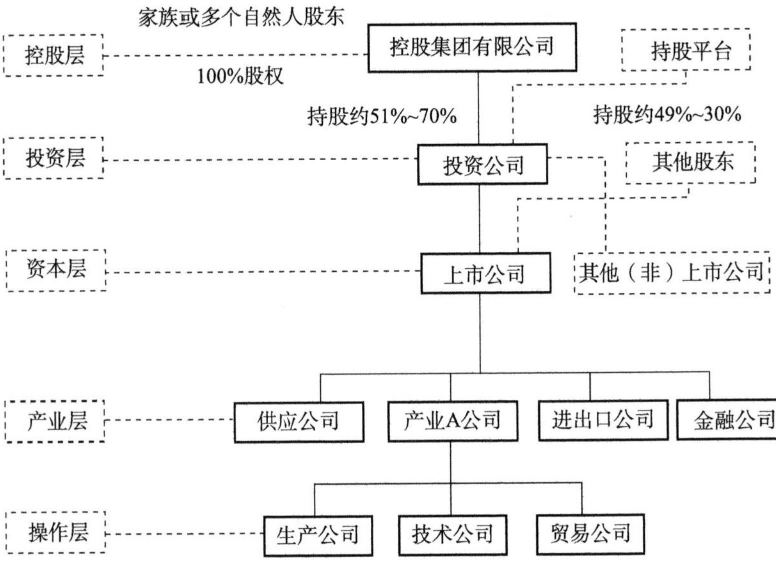

图 3-14　企业集团股权架构设计

管理工具

家族信托：有钱人的智慧，我们不懂

家族信托，就是财富家族的大老板（委托人）将个人资产（包括家族企业股权、股票、现金、不动产、艺术品、古董、保险单、专利、版权等），通过委托契约委托给信托机构（受托人）进行管理经营，管理经营收益交给指定的受益人。参见图 3-15。

家族信托的作用和意义如下：

（1）财务增值：专业投资顾问管理、经营信托资产，使其委托人财富增值。

（2）事务管理：负责信托资产的事务管理，保护资产安全。

（3）财富继承：按照信托协议，将资产经营收益交给信托受益人（继承人），使其有计划地继承财产。

（4）财产隔离：根据信托协议，委托人可以特别指定信托受益人（继承人），解决了财产继承安全问题。

（5）税收筹划：经过信托机构规划，信托财产收益交给信托受益人（继承人）时，不视为遗产，不缴纳遗产税。

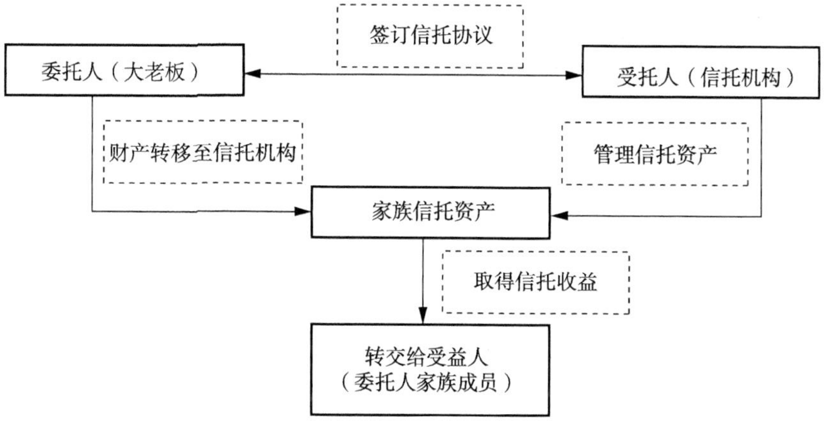

图 3-15 家族信托示意图

（二）投资层

控股层通过控股有限公司下设专门的投资公司，将其作为控制人进行所有相关投资的平台公司。投资公司只做投资，不做具体产业的运营、管理。设立投资公司的目的和意义如下：

1. 专业投资：专业的投资机构研究宏观经济、投资布局、产业政策、优惠政策等。通过投资、并购、重组等，让专业的人做专业的事，提高投资效率。

2. 风险隔离：在实际控制人与下属实体公司（上市或非上市公司）之间建立风险隔离层。

3. 资本运作：作为实际控制人进行未来产业并购、产业重组、股权转让、定向增发等资本运作的平台。

（三）资本层

投资公司下属的上市公司和非上市公司，包括全资、控股、参股企业。设立上市公司和非上市公司的目的和意义如下：

1. 上市融资：通过下属公司上市，可以打开融资渠道，提高公司品牌形象。

2. 资本运作：增加了资本运作的空间和手段，弹性更足。

3. 风险隔离：无论上市公司还是非上市公司，都是有限责任公司。母公司控股股东仅就注册资本和股权比例承担有限责任。同时，这些子公司之间相互独立，某一子公司出现风险，不会发生“城门失火，殃及池鱼”的情况。

4. 独立核算：通过子公司（上市公司或非上市公司）独立核算，使每个经营单元充满活力，追求本单元经营效益最大化。

5. 股权激励：对核心人才进行股权激励的平台公司可以通过二级市场公开交易，使股权激励效益最佳。

6. 利润转移和税收筹划：通过上市公司和非上市公司之间的关联交易，可以起到转移上市公司利润和税收筹划的目的。但这种做法会伤害中小股东利益，为非法行为。

（四）产业层

上市公司内部会涉及多个产业或者主营业务、非主营业务。同时，上市公司下属会有多个具体业务操作公司。上市公司也是集团公司，下属公司包括主营业务公司、供应公司（集中采购）、进出口公司（集中进出口）和金融公司（内部银行功能）等子公司。集团公司通过集中采购、集中进出口和内部银行等运营管控，提高集团公司的运营效率，加强集团运营管控。

二、股权架构中的持股平台设计

在纵向的股权架构中，也会涉及“自然人持股还是控股平台持股”的问题。相对于自然人持股，控制人通过控股平台间接持股具有以下优势：

①控股平台易于业务延展；

②控股平台易于股本延展；

③控股平台易于资本市场运作；

④控股平台易于做税务筹划。

第四章

股权设计——股权分配机制设计

股权设计的内容，包括股权架构系统、股权分配机制和股权运行机制。本书第三章详细讲解了股权架构系统，本章讲解股权分配机制设计。

股权分配机制是指公司股权在创始人、合伙人、内部激励对象（现在和未来的）、外部投资人之间进行分配。

第一节　一个中心，四个基本点

在企业不同发展阶段，股权分配的侧重点不一样，但都要遵循“一个中心，四个基本点”的指导方针。

“一个中心”是指以公司价值最大化为中心，“四个基本点”是指股权是最珍贵的资源、保证创始人控制权、保证动态调整、保证未来分配空间。参见图 4-1。

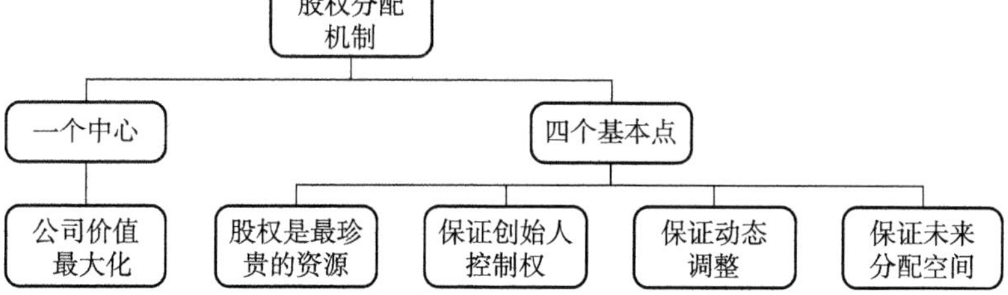

图 4-1　一个中心，四个基本点

一、一个中心

公司股权分配必须要保证以公司价值最大化为中心。在股权分配与控制权博弈过程中，各个股东都有自己的利益诉求，这是很正常的。但无论是什么样的诉求，都必须把握住以公司价值最大化为中心。

公司价值最大化是股权分配的中心和唯一衡量标准，主要体现在：

（1）通过股权分配，可以引进公司创业、发展所需要的合伙人，为公司创造更大价值。

（2）通过股权激励，可以更好地促进员工工作积极性和责任心，为公司创造更大价值。

（3）通过股权融资，可以募集到公司发展所需要的资金，使发展更快，为公司创造更大价值。

（4）通过股权融资，可以找到更好的技术、品牌、治理模式等资金以外的资源，提高管理水平，提升品牌形象，为公司创造更大价值。

如果不是以公司价值最大化作为股权分配的中心，就不能把股权价值利用到最大化。

二、四个基本点

确定完“以公司价值最大化”这一中心之后，就要具体研究股权分配的四个基本点：股权是最珍贵的资源、保证创始人的控制权、保证动态调整、保证未来分配空间。

这四个基本点是有依次递进关系的，参见图4-2：

（1）“股权是最珍贵资源”是股权分配必须坚持的指导思想；

（2）“保证创始人的控制权”是股权分配的稳定基石；

（3）“动态调整机制”是股权分配自我完善的核心；

（4）“为未来预留分配空间”是企业永续经营的保障。

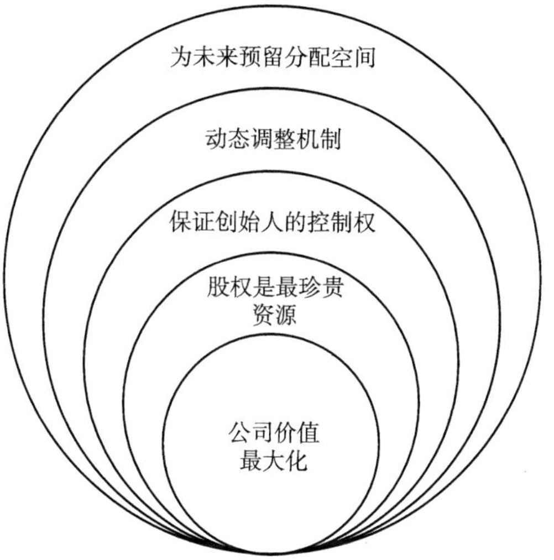

图 4-2 一个中心，四个基本点

（一）在股权分配中，必须坚持“股权是最珍贵的资源”的指导思想

对于企业来讲，股权是企业最宝贵的资源。股权分配的过程，是企业用自己最宝贵的资源换取价值的过程。但好多企业在做股权分配和股权激励的时候，却对股权的意义没有深刻的认知，过早地、轻易地进行股权分配和股权激励。具体表现在：

（1）给兼职人员发放（大量）股权；

（2）过早地分配股权和股权激励；

（3）过早地引进外部投资者；

（4）给外部资源提供（承诺者）发放过多的股权；

（5）给外部投资者转让过量的股权。

“股权是最珍贵的资源。失去了，就不会再回来”，这是股权分配第一基本点。

（二）在股权分配中，要保证创始人的控制权

无论在什么阶段，创始人都是企业不可或缺的第一人力资本。分配股权时，必须保证“带头大哥”的老大地位。在初创阶段，创始人要绝对

控股。

但随着不同种类股东的陆续加入，创始人的股权被逐渐稀释，绝对控股权会逐步丧失，但与此同时，绝对控制权绝对不能丧失。

如果创始人能够用过去的杰出工作业绩来证明自己有能力带领公司在未来创造更大辉煌，具有不可替代性，即使有一天创始人的股份被稀到失去大股东地位，创始人也可以通过股权（结构设计）控制、协议控制和其他方式控制等方式增加控制权。具体参见本书第二章内容。

股东也愿意通过委托投票权、一致行动人、A/B 股、合伙人制等方式，让渡出自己的一部分权利，增加创始人的投票权和控制权。因为股东们都明白，保证了创始人的控制权，让他带领公司创造更大价值，就是维护了以公司价值最大化为中心，维护了股东自我价值最大化。

同时，保证创始人的控制权，还能有效避免股东之间的争斗，使公司利益最大化。“人无头不走，鸟无头不飞”，保证创始人的控制权是股权分配的第二个基本点。

（三）在股权分配中，保证动态调整

与公司股权有关的事情，都是长期的事情。而在长期的过程中，会遇到各种与当初股权分配时不一样的情形：要么联合创始人（股权激励对象）丧失激情、退休、死亡，要么吸引更多的核心人才，要么外部投资机构希望尽快变现，等等。总之，环境在变，任何制度都要随之调整。股权分配既要着眼于现在，希望效果最优；也要着眼于未来，能够随着环境的变化，通过制度设计，实时进行动态调整。

动态调整机制包括广义动态调整和狭义动态调整。广义动态调整包括股权的分期成熟机制、股权回购机制、股权退出机制和股权继承机制等内容。狭义动态调整就是单纯指股权的“二次分配调整”。

动态调整机制还包括如何衡量货币资本价值和人力资本价值的动态变

化关系，鉴别企业在某一特定时期的核心驱动因素，为之动态地分配相应的股权。

股权分配通过实时动态调整，打破了股权分配一成不变的僵化体制，是给股权分配建立了一套“实时保鲜”机制。“流水不腐，户枢不蠹”，保持股权分配的动态调整是股权分配的第三个基本点。

（四）在股权分配中，保证未来分配空间

在企业持续经营过程中，随着越来越多的股东加入，股权分配机制也将存在于企业的各个阶段。一方面，企业越要永续经营，越需要更多的股东资源和股权资源。另一方面，股权资源又是企业最宝贵、最稀缺的资源。所以，未来企业股权资源的需求与资源的稀缺就构成了一对矛盾。精打细算、保证未来，为未来预留股权空间是股权分配的第四个基本点。

为未来的预留股权分配空间，可以从四个方面着手：

（1）着眼未来，统筹规划；

（2）动态调整，人走股留；

（3）盘活存量，提高效益；

（4）优化增量，拓展空间。

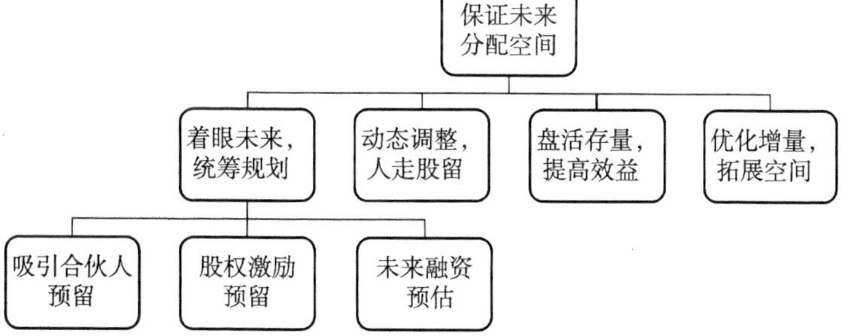

图 4-3　保证未来分配空间

第二节　股权是最珍贵的资源

股权有以下特点：①股权是权益凭证；②股权集所有权利；③股权具备稀缺性；④股权意味着财富。其中，股权具备稀缺性是股权分配和股权激励最关注的特点。

无论企业大小，全部股权都是 100%，这就是股权的稀缺性。寻找合伙人、股权激励核心人才、寻找外部投资者、上市股改、上市，无论是直接减少创始人股份还是增发股份，都是股权稀释的过程。参见图 4-4。

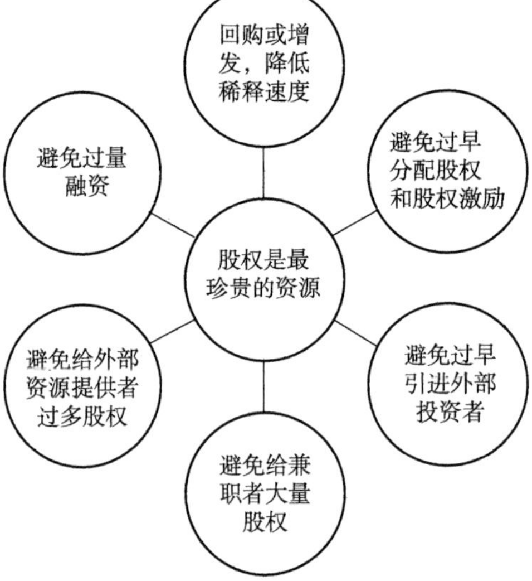

图 4-4　股权是最珍贵的资源

一、回购或增发，降低稀释速度

回购和增发，是同一个问题的两个不同解决思路，目的都是为了降低创始人股权被稀释的速度。回购是分两种，一种是从回购退出股东的股份，一种是上市公司从二级市场进行回购。

要回购退出股东的股份，就必须在股东进入时签署《股东退出协议》，并在里面详细规定股东退出条件、股权退出比例、股权回购价格或计算方式等内容。否则，按照《公司法》，股东退出管理层之后，就没有把股份必须卖给其他股东的义务。任何事情都要有备无患，“胜利时要想着失败了怎么办，搭帮时要想着散伙了怎么办”。

回购股份只是盘活了存量资源，但存量资源毕竟有限，增发就是使用增量资源，“无中生有”，变出新的股权资源。新进入股东获得增发股权，原有股东同比例摊薄。这样，创始人股权虽然被稀释，但一直保持原有的股权地位。

在老股东直接“割肉”、回购股份和增发股份三种办法中，最差的办法就是老股东直接“割肉”，用得最多的办法是增发股份，影响最小的是回购股份。

二、要避免过早分配股权和股权激励

从创业到成长，公司在持续发展，这也是股权持续增值的过程。如果创始人过早地分配股权和股权激励，效果并不会太好。原因如下：

第一，早期公司太小，股权价值还没有体现出来。如果太早用股权进行分配和激励，势必会导致出让股份的比例相对较高，公司和创始人付出的成本很高，无法用好最珍贵的股权资源；第二，股权的价值不高，被激励的员工可能并不会受到真正的激励；第三，相对于股权激励，员工更愿意获得现金激励，真金白银总比画饼充饥来得实惠。

那么，该在什么时候进行股权分配和股权激励呢？有几条经验值得借鉴：

第一，创业初期，要找到既具有正确价值观又具有高度创业能力和创业热情的合伙人，进行初次股权分配。如果找不到，绝对不能勉强。在创业早期，能用钱解决的事，就不要用“股权”来解决。

第二，合伙创业要有一个磨合过程。双方一定要“试婚”，在“试婚”期间，最好的股权分配模式是“分期成熟”。具体参见后文的“股权分期成熟机制”。

第三，最早的股权激励启动时间，建议有三个时间节点选择：

（1）最佳时机：公司有了盈利之后。这时股权价值已经显现出来，员工对股权激励的认可度已经有所提高，股权激励效果开始释放出来。

（2）第二最佳时机：公司有了收入之后。因为有了收入就意味着产品被市场认可，公司开始创造价值，有了现金流，有了造血能力，具备了持续经营下去的基础。

（3）第三最佳时机：第一次融资之后。因为有了天使投资，内部员工会看到公司的价值和股权的价值，同时也有了被外部认可的比较公允的公司估值。

三、要避免过早地引进外部投资者

从创业者的角度，创始人必须对公司的前景有足够的信心，必须投入自己的全部身家进行创业。如果创业者都没有竭尽全力，对公司的前景不看好，而是过早地通过股权出让，获取外部投资者投资，那外部投资者会怎么想呢？创业者自己都不珍惜股权，如何能够让别人看好你呢？

过早地引进外部投资者，创始人付出的代价太高。不少企业家形象地打比方说：“企业要当孩子养，当猪卖。”“当猪卖”没错，但一定要把“猪”养肥了再卖。如果创始人自己不看好未来，不好好养“猪”，瘦骨嶙峋的“猪”肯定是卖不出好价钱的。创业者要像看待自己眼睛一样，看待这头有潜力的“猪”，而不是过早地卖掉。

四、要避免给兼职人员发放（大量）股权

在创业初期，有一些联合创始人尤其是技术人才，经常在原单位兼职，利用业余时间参与创业。处理这种情况时要坚持以下原则：

第一，兼职必须是一个短期状态，长期兼职是不能允许的。因为假如合伙人不能全身心地投入的话，将对企业的存活和成长产生影响。

第二，兼职人员没有尽全力投入创业，承担的创业风险少，企业不应

该发放股权，最起码不应该发放大量股权。如果股权比例与他们的创业参与度、贡献度不成正比，其他全身心投入创业的合伙人会感觉到不公平。“不患寡而患不均”是股权激励的大忌。

第三，对兼职人员的激励如果能用钱解决，就不要用股权来激励。建议以兼职顾问的方式聘任这类员工，为其发放顾问薪酬。双方可以约定：待该人员全职加盟时，再发放股权。

第四，即使发放股权，也要有分期成熟机制，或使用期权方式。在股权协议中，期权的行权要加上“全职工作”或其他的限制条件。

第五，具体问题还要具体分析，还存在着“店大欺客”还是“客大欺店”的问题。如果兼职人员是行业内的技术大牛，不仅能够带来最先进的技术，也能带来其他资源，具有很强的不可或缺性，企业就要“看人下菜碟”了。

五、避免“给外部资源提供（承诺者）发放过多股权”

创业初期，企业自身拥有的资源少，需要外部资源者提供资源或者牵线搭桥，介绍资源。对于这些直接或者间接的资源提供者，最好采用项目佣金制，而不是提供股权。资源的需求是短期的，是随着时间而变化的，而为获得这些资源，付出的股权却是长期的、珍贵的，付出了就收不回来。

企业即使对资源提供者发放了少量股权，也要采取分期成熟机制，成熟条件要视承诺资源的到位情况。

六、避免“过量融资”

外部投资者拥有的是资金，而创始人拥有的是股权。没有经验的创始人经常认为融资越多越好，其实这是错误的。因为这些融资都是以出让股权为代价的，获得同样数量的资金，越早融资，企业付出的股权代价越大。所以，不是融资越多越好，而是适量最好。

第三节　保证创始人的控制权

在公司内部进行股权分配的时候，尤其在创业初期，必须保证创始人的控制权，避免诸如平均主义、外部投资人对公司控股、不找合伙人、单打独斗等错误做法。具体参见图 4-5。

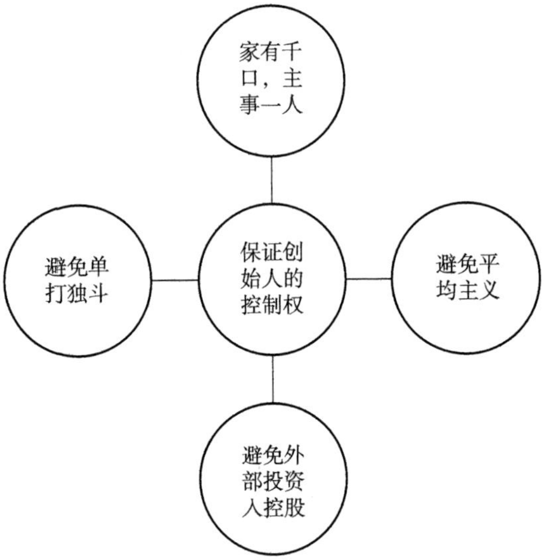

图 4-5　保证创始人的控制权

一、家有千口，主事一人

羊群走路靠头羊，创业也需要“带头大哥”。为了增加“大哥”的控制权，除了“大哥”的人格魅力（自带光环）、非职位权力和职位权力之外，还要从根本上保证“大哥”的“老大地位”，保证创始人的控制权。

为什么创业团队里，必须有一位“领袖”呢？原因有三个：

（1）便于决策；

（2）避免企业无核心；

（3）避免将来创始人痛失控制权。

在股权分配中，要保证创始人的控制权，一般从下面三个方面着手，参见图 4-6：

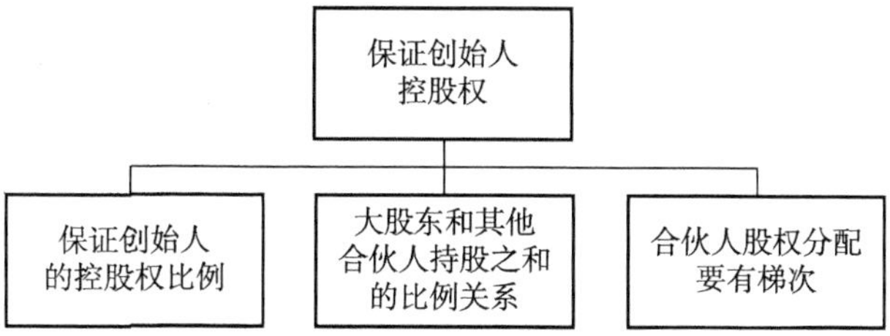

图 4-6 保证创始人的控制权

（一）首先，要保证大股东的控股比例

在创业初期，控制权是靠股权比例来保证的，也就是说，初期股权分配要保证创始人的控股权，51%~80%都行。一般来讲，比较科学的股权结构建议是：创始人持股一般在 50%~70%，合伙人加起来一般 20%~30%，还要预留一部分期权池和未来合伙人激励 20%~30%。

当然，具体问题要具体分析，经验规律总结如下：

（1）如果创始人基本没有短板，绝对不可或缺，则创始人持股 80%以上没有问题；同时，要考虑为未来寻找的合伙人预留 10%~20%，期权池预留 10%~20%，定到 85%以上都没有问题。

（2）如果创始人有能力，但需要其他“大牛”弥补自己的短板，则创始人持股 70%~75%是没有问题的。

（3）最好的比例底线是：初次分配，创始人比例大于 67%，这样就是绝对控制权。

（4）如果是创始人人数比较多，每一位都具有比较强的不可替代性，建议创始人大股东最好持股 51%以上。这是大股东持股的底线。

从融资角度，能从数学理论上反算出初次分配创始人的股权：

（1）咨询公司一般建议：股权融资一开始不能稀释太多股份，最好是在两轮融资结束之后，创始人的股份为 50%左右。那么假设每一轮融资稀释10%~20%的股权，反算回去，第一次分配创始人的股份要保持在62%~78%。

（2）创始人都希望上市后还拥有公司的一票否决权（大于34%），假设上市稀释25%，反算回去，上市前创始人持股不能低于45.4%。换句话说，从创业到上市股改后，理论上创始人可以释放的股权比例最大为54.6%，包括期间的合伙人分配、期权激励分配、多轮融资分配和上市股改分配。

（二）要设计相对科学的“大股东和其他合伙人持股之和”的比例关系

设计创始人持股比例，还要看合伙人人数和合计持股比例，具体经验如下：

（1）假设四位股东，四位股东之间股权分配的经验公式是：1>2+3+4。

（2）假设三位股东（建议最佳人数），建议1>2+3，否则，虽然“1”是大股东，但如果“2+3>1”话，为“2和3”联合起来，掀翻“1”埋下了祸根。最初的雷士照明就是“二股东+三股东股份”大于“大股东股份”而引爆的股权纷争。

（3）假如是两位股东（建议最佳人数）持股，则持股比例一定不能为65%：35%，因为如果两人有矛盾，持35%股权的股东总是动用重大事项一票否决权，那么，持65%股权的股东就啥事情也干不成了。所以，二股东最好要低于1/3。

（三）其他合伙人之间，股权分配也要有梯次

确定完“创始人”大股东股份和预留股份之后，剩下的股份在合伙人中间应这样分配：

（1）按照上面经验，他们之间的价值也是有区别的，千万不要均分。

（2）要根据不同合伙人的作用，设计出明显的持股比例梯次，比如12、10、8、5。类似的情况是股东之间协商谈判出来的，明显的梯次是一

种指导思想。

二、保证创始人的控制权，避免平均主义

与“保证创始人的控制权”第一个相对立的就是股权分配的“平均主义”，“貌似公平，好像民主”，实际上，在没有创业经验的前提下，这种“公平”和“民主”就是有组织、无纪律的乱吵吵。

先看一个在股权分配上“迷途知返”的案例：2018 年 9 月 26 日，餐饮企业海底捞在香港上市。创业时，海底捞由四位股东（两对夫妇）控股，最早四位股东各占 25%，平均持股。2007 年，张勇以原始出资额的价钱从施永宏夫妇手中买回 18%的股份，张勇夫妇成了海底捞 68%绝对控股的股东。

由此可见，股权结构的合理性不是海底捞成功的充分必要条件，但却是公司稳顺、快速运营的基础。

看完海底捞的案例，再看两个因为“平均主义”而爆发的股权大战：真功夫和雷士照明。

（1）真功夫的两大创始人蔡达标和潘敏峰夫妇各占 25%（合计 50%），潘敏峰的弟弟潘宇海占股 50%；后来，蔡达标夫妇离婚，潘敏峰把 25%的股权转让给丈夫，用来换取孩子的抚养权。蔡达标和潘宇海各占 50%后，为未来的股权大战埋下了不幸的种子。

（2）雷士照明三位创始人最初股权结构为：吴长江（45%）、胡永宏（27.5%）、杜刚（27.5%）。后来，三人继续在平均主义道路上越走越远：三人股权平均 33.3%。最终，三位股东不欢而散，引发了雷士照明的第一次股权纷争。

为什么平均主义容易埋下“战争”的种子呢？股东能够制衡不是最好的均衡吗？

三、保证创始人的控制权，避免外部投资人对公司控股

纯财务投资一般包括天使投资、风险投资（VC）、私募股权投资

（PE）和上市股改股权（Pre-IPO）基金。这些投资的目的都是希望能够增值变现，投资回报率是他们追求的唯一目的。财务投资顾问专业擅长的是看投资项目，而不是参与具体的项目运营。企业运营还是要交给内部管理团队，专业的事让专业的人来干。

如果外部投资人对公司控股，投资公司将陷入无限的运营细节中去，不但会错配资源，更会对企业乱指挥，百害而无一利。与此同时，创始人团队觉得自己的股权被别人吞并，自己成了打工仔，最终的结果只能是创始人含泪退出。在某种程度上，这样的结果不是双赢，而是两败俱伤。

但大型产业集团也有通过产业并购来扩充自己的产业实力或者新领域的做法。比如，联想收购 IBM、吉利收购沃尔沃、中国化工收购先正达等著名的并购案例，这些股东的目的就是要通过控股，获得新的技术、进入新的行业，扩大集团的规模。

四、保证创始人的控制权，避免不找合伙人

为了保证创始人的控制权，一些创业者走向了另外一个极端，选择了不找合伙人，“单枪匹马闯天涯”。

即使寻找合伙人，但如果是一股绝对独大，其他合伙人就是“蝇头小股”，这就违背了寻找合伙人和股权激励的初衷。比如，找到合伙人之后，两个股东的股权比例是 98%：2%。这一比例和一个人的公司没有区别，对于 2%的股东来说，这么小的股权比例根本起不到激励作用；如果是三位合伙人，股权比例是 97%：1%：2%或者 95%：3%：2%，对后两位合伙人来说，也没有多大激励意义。

实际上，现代社会已经进入分工越来越细的阶段。分工越细，越说明一些资源和技能是不可代替的。如果创始人选择单打独斗，与竞争对手合伙创业相比，“好汉难敌四手”，最后必然“心力难支，饮恨沙场”。

创始人必须寻找在产品、技术、运营、销售等领域独当一面的合伙人，能够与自己“团队配合，并肩作战，胜则举杯同庆，败则拼死相救”。

第四节 保证动态调整

在长期的股权分配和激励过程中，会遇到与当初股权分配时不一样的各种情形：或联合创始人（股权激励对象）丧失激情、退休、死亡，或吸引了更多的核心人才，或外部投资机构希望尽快变现，等等。环境在变，制度也要随之调整，参见图 4-7。

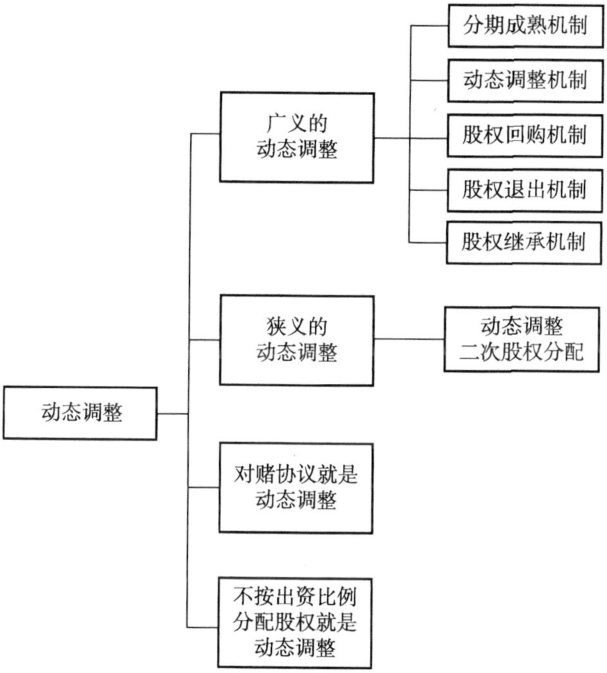

图 4-7 动态调整

股权分配的动态调整机制，包括两层含义：广义的动态调整和狭义的动态调整。

一、广义的动态调整

广义的动态调整机制相当于股权的运行机制，包括分期成熟机制、股权回购机制、股权退出机制、股权继承机制等内容。广义的动态调整机制着眼于未来，随着环境的变化，通过制度设计，根据各种不同情况，能够实时进行股权运行的动态调整。关于广义的动态调整机制，本书在随后章节中会详细讲解。

二、狭义的动态调整机制

狭义的动态股权调整是指股权分配和股权激励中的二次调整，就是预先设定激励对象应该分配（或激励）的静态股权比例，按照其对公司贡献效益的大小，对股权分配（激励）进行二次调整、分配。虽然有动态调整理论模型，但鉴别相应单位所贡献的效益却是比较困难的，因为有太多的贡献不能直接用数据表达出来。具体的动态调整是通过“模型计算+股东谈判”方式来实现二次调整的。

三、对赌协议就是股权分配的动态调整

从英文意义上讲，Valuation Adjustment Mechanism（对赌协议，即VAM）意为“企业价值评估的调整机制”，本质也是股权分配的动态调整。它是通过调整企业估值来重新分配股权，有效保护投资人的利益。

和外部投资人比起来，企业原有股东对企业的真实情况更清楚，双方存在着信息不对称的问题。即使外部投资人做了市场调查、企业内部尽职调查、财务调查，也不可能完全了解企业的全貌。因此，外部投资人通常会希望签署对赌协议，以连续三年（五年）经营业绩作为对赌条件：如果企业经营业绩达到了对赌条件，则投资人以很低的价格向原控制人出让一部分股份。同理，如果经营业绩达不到对赌条件，则原控制人以很低的价

格向投资人出让一部分股份。对赌协议的实质就是通过股份比例的重新调整，来调整公司的估值。

在对赌协议中，经营业绩的衡量指标经常是连续三年（五年）的净利润的年复合增长率或销售收入的年复合增长率。

但无论是三年还是五年，在经营周期上，都属于中短期目标。企业经营者为了完成对赌业绩，经常“杀鸡取卵”“揠苗助长”，对企业长期发展百害而无一利。京东集团董事局主席刘强东曾建议说：创业者绝对不能和投资人签订对赌协议，因为对赌协议会让创业者在短期对赌和公司长远发展之间做出二选一的选择。无论是哪种选择，都不会有好结果！

四、不按出资比例分配股权就是股权分配的动态调整

如果一家互联网公司注册资本100万元，甲出资70万元，但不参与创业；乙出资30万元，全职创业。像这种情况，按照传统思路，甲占70%的股份，乙占30%的股份。同时，乙方既是股东，又是员工，公司给乙发工资，乙一开始还可以心理平衡。几年之后，在乙方的领导下，当公司估值从100万元发展到1000万元，乙方的投资增值到300万元，甲方投资“搭便车”增值到700万元，那时候乙方就不能心理平衡了。这样的问题该怎样解决呢？

在创业公司，有两类资本：货币资本和人力资本。两者相比，哪个在股权分配中占主要参考因素呢？

如果一家公司是货币资本驱动型的，货币资本就占决定性地位。比如三位企业家合计出资3亿元，创办了钢铁厂，该公司就属于典型的资本驱动型公司。三位股东之间的股份分配就要严格按照出资比例来确定。

如果一家公司是人力资本驱动型的，人力资本就占决定性地位，比如在上述互联网公司中，乙方的经营管理能力占主要决定性作用，所以就不能按照出资额比例来确定股权比例。面对这种情况，可以按照以下步骤解决：

（1）甲乙双方必须沟通，在股权分配办法上达成方向性一致。甲方股

东只出钱不干活，人力资本又扮演着决定性的驱动因素。在股权分配上，必须明确一点：不能按照出资比例分配股权，而是甲方“掏大钱、占小股”。

（2）股权动态调整方法：

①双方一开始签署股东协议明确：货币资本占总股份的30%，其中甲占21%，乙占9%；人力资本占总股份的70%，假设甲占人力资本20%，折算占总股份的14%，乙占人力资本80%，折算占总股份的56%。货币资本和人力资本合计结果为：甲占35%的股份，乙占65%的股份；当然，乙方在人力资本中所占的56%股份也要采用分期成熟，分4年成熟，每年成熟14%，并且还要和公司的业绩挂钩。参见表4-1。

按照咨询公司的建议，对于创业初期的互联网企业，货币资本一般占10%~20%，人力资本一般占80%~90%。人力资本至少要4年服务期限挂钩，甚至与核心业绩指标挂钩。

表4-1 货币资本和人力资本分配原则

项目	货币资本（30%）			人力资本（70%）	
	出资额	占货币资本股比	占总股比	占人力资本股比	占总股比
甲方	70万元	70%	21%	20%	14%
乙方	30万元	30%	9%	80%	56%
合计	甲方占总股比35%，乙方占总股比65%				

②一开始按照资金出资比例分配股权，但可以约定甲方对乙方的股权激励。比如约定对乙方期权激励：可以分4年成熟，每年成熟25%。达到了期权行权的条件，乙方行权，甲方向乙方转让相应股份，作为股权的动态调整。

第二种方法对乙方既有约束又有激励，同时对甲方也是一种保护，是双赢的结果。但在转移股权过程中，会涉及税负，要涉及税务筹划。

上述讲解过程可以用图4-8来总结。

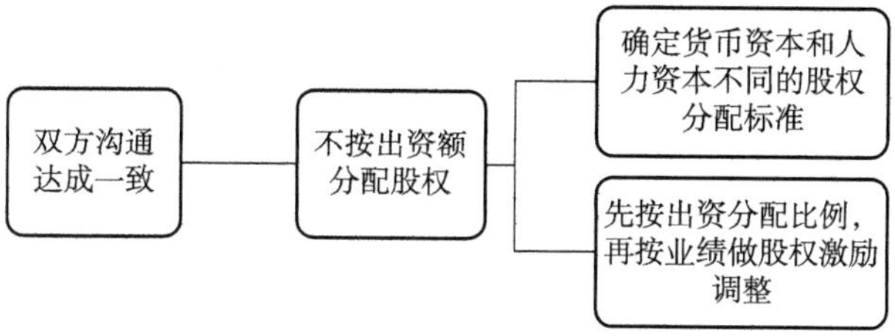

图 4-8　股权比例分配过程

五、股权分配的第四个基本点：保证未来分配空间

“精打细算，保证未来”，为未来预留股权空间是股权分配的第四个基本点。如何为未来的预留股权分配空间，解决思路可以从四个方面着手：

（一）着眼未来，统筹规划

从合伙创业，到股权激励核心人才，到引进外部投资、上市前股改、公众股稀释等等过程，创始人股权一直处在被稀释状态。作为公司创始人必须为未来做好预留和预估，比如：

①为吸引未来合伙人而预留的股份（15%）；

②为未来吸引优秀人才加盟而设的期权池（10%~20%）；

③预估多轮融资的股份；

④预估上市前股改被稀释 10%；

⑤预估上市后公众股稀释 25%。

创始人必须统筹规划，预留出未来合伙人股份和期权池股份，剩下的才是创始人和联合创始人首次分配的股份。而到了“对外多轮融资、上市前股改和上市后被稀释”的情况，则遵照“增发，股东间同比例摊薄”的原则。

（二）动态调整，人走股留

股权是企业最珍贵的资源，如果合伙人离开，那么，对于已经成熟的股权，要根据《股东退出协议》进行回购，回购的股权用于未来股权激励；对于没有成熟的股权，建议直接收回用于股权激励或分配。

如果合伙人离开时带走了股权，则会带来三个危害：

①留下来的股东感到不公平，因为离开的股东不劳而获，在搭公司经营的“便车”。

②不能把股权分配给公司更需要的人。

③股权掌握在非企业员工手里，未来处理起来比较麻烦，同时增加了控制风险。

合伙人越早退出，越需要将股权转让给公司。一旦公司到了成熟期，公司的发展和运营已经相当稳定，企业的运营权和股权已经分离，此时合伙人若退出，则对企业影响比较小。至于合伙人退出之后公司是否应回购其股份，则要具体问题具体分析：第一，要看《股东退出协议》；第二，双方协商；第三，要充分尊重创始人的历史贡献。

（三）盘活存量，提高效益

股权分为存量资源和增量资源。股东退出之后，公司回购回来的股票属于存量资源；上市公司从二级市场回购回来的股票属于存量资源；在不影响创始人控制权的前提下，为吸引合伙人、股权激励和外部投资者，创始人直接割肉的股权也属于存量资源。

利用这些存量资源，能够最大限度地引进投资、激励员工，就属于“盘活存量资源，提升股权使用价值”。

（四）优化增量，拓展空间

股权的存量资源毕竟有限，最根本的方法还是通过增发、设计股权架构、设计持股平台、设计新的子公司、公司裂变、进入新的产业、兼并新的企业等方式，增加新的股票来源，以此优化增量，拓展新的股权空间，使股权资源生生不息、源源不断。

第五章

股权设计——股权运行机制设计

股权运行机制包括股权相关法律协议、股权分期成熟机制、股权动态调整机制、股权进入机制、股权退出机制、股权回购机制、股权继承机制和夫妻共同股权处理机制，具体参见图 5-1。

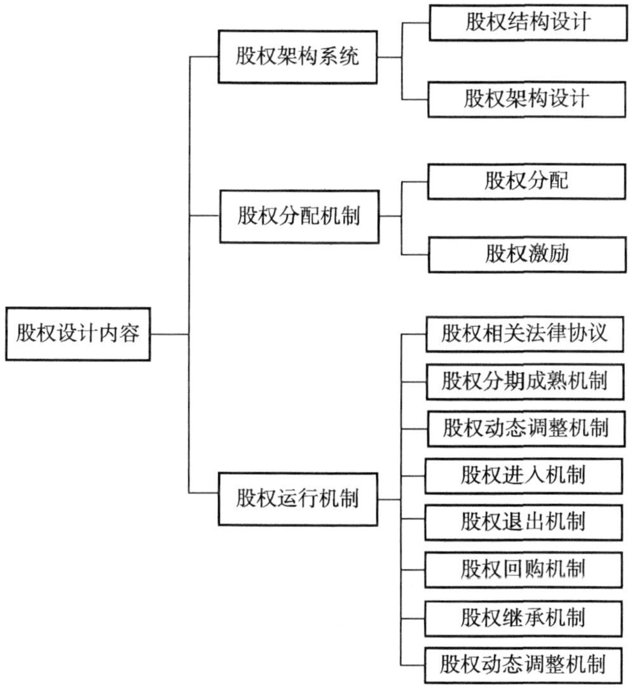

图 5-1　股权设计内容

股权运行机制是保障股权体系稳顺运行的管理制度和机制，包括各种股权法律协议、股权分期成熟机制、股权动态调整机制、股权进入机制、股权退出机制、股权回购机制、股权继承机制和夫妻共同股权处理机制。

第一节　签署各种股权法律协议

签署与股权相关的各种法律协议，是保证所有与股权相关的事务稳顺运行的基础。无论是寻找联合创业的合伙人、设计股权激励，还是寻找外部投资机构、进行上市前股改，公司与相关机构或个人都要签署大量的法律协议。

对于成熟的外部投资机构，创始人不用担心法律文件，因为投资机构有专业的律师团队来处理法律问题。对于初次创业的创始人来说，寻找合伙人和对于核心人才的股权激励，是属于公司内部股权事务，创始人和合伙人、股权激励对象需要特别清楚要签署哪些法律协议。这些法律协议的具体内容要根据具体问题和合作对象之间沟通协商，并一一体现在合作协议里。

一、合作协议、入伙协议和股权激励协议

对于合伙创业，合作方要签署《股东协议书》或《合伙人入伙协议》；对于股权激励，公司与激励对象之间要签署《公司员工股权激励协议》。因为股权激励的方式不同，在《公司员工股权激励协议》中也就有不同的条款设计。

鉴于本书不是股权相关的法律书籍，只通过列表的方式，将三份协议书的主要条款进行总结，参见表 5-1。

表 5-1　三份协议书内容框架

序号	股东合作协议书	合伙人入伙协议（“合伙企业法”第十八条）	公司员工股权激励协议（以股权期权为例）
1	公司及项目概况	合伙企业的名称和主要经营场所的地点	激励股权
2	出资、股权结构和比例、盈亏承担、财务管理及知情权等	合伙目的和合伙经营范围	期权行权预备期
3	分工及职责、薪资、表决权约定、股东权利与义务	合伙人的姓名或者名称、住所	期权行权期
4	股权成熟及股权稀释	合伙人的出资方式、数额和缴付期限	期权行权规则
5	股权激励、股权锁定和股权转让	利润分配、亏损分担方式	股权的赎回
6	股东进入、退出及价格约定、清算	合伙事务的执行	乙方转让股权的限制性规定
7	竞业限制、保密	入伙、退伙、除名、继承及合伙人身份转换	违约责任
8	违约责任、拘束力、争议解决、通知和生效	争议解决办法	合同解除
9		合伙企业的解散与清算	关于聘用关系的声明
10		违约责任	关于免责的声明
11			争议的解决

二、与股权相关的配套文件

与公司创业和合伙制企业创业相关的管理制度和法律文件参见表5-2。

表 5-2　与公司创业和合伙制企业创业相关的管理制度和法律文件

<table>
<tr><th>序号</th><th colspan="2">与创业配套的管理制度和法律文件清单</th></tr>
<tr><td>1</td><td>合伙协议</td><td rowspan="11">备注：
1.《合伙协议》《投资协议》和《公司章程》这三项内容都是企业的“宪法”，是投资者之间权利义务分配的依据；
2. 特殊说明，《合伙人限制性股权协议》包括：
①股权分配与预留（包括股权结构安排、投资及股权、预留股权、工商备案登记、承诺和保证）；
②各方股权的权利限制（各方股权的成熟、回购股权、标的股权转让限制、配偶股权处分限制、继承股权处分限制、全职工作、竞业禁止与禁止劝诱）；
③预留股东激励股权的授予（授予的程序）；
④其他（包括保密、修订、可分割性、效力优先、违约责任、通知、适用法律及争议解决）</td></tr>
<tr><td>2</td><td>投资协议</td></tr>
<tr><td>3</td><td>公司章程</td></tr>
<tr><td>4</td><td>股东会决议</td></tr>
<tr><td>5</td><td>增资扩股协议书</td></tr>
<tr><td>6</td><td>股东代持协议</td></tr>
<tr><td>7</td><td>合伙人限制性股权协议</td></tr>
<tr><td>8</td><td>一致行动人协议</td></tr>
<tr><td>9</td><td>竞业及商业保密协议</td></tr>
<tr><td>10</td><td>知识产权保护协议</td></tr>
<tr><td>11</td><td>退伙协议</td></tr>
</table>

三、与股权激励配套的管理制度和法律文件

为了显示与股权设计和股权激励管理制度和法律文件的完整性，把与股权激励配套的管理制度和法律文件也归纳罗列在本章中，具体参见表 5-3。

表 5-3　与股权激励配套的管理制度和法律文件清单

<table>
<tr><th>序号</th><th>与股权激励配套的管理制度和法律文件清单</th><th>重要文件说明</th></tr>
<tr><td>1</td><td>公司股东会关于股权激励决议的文件</td><td rowspan="11">在上述文件中，连接公司和激励对象、保证股权激励稳顺实施的关键性文件是《公司股权激励协议书》，包含以下内容：
公司简介、激励对象信息、股权激励的目的、激励对象的考核、失去行权的资格、股权的行权价格、股权行权的价格、股权转让的限定、附则性条件，等等</td></tr>
<tr><td>2</td><td>公司董事会关于股权激励决议的文件</td></tr>
<tr><td>3</td><td>公司股权激励计划方案</td></tr>
<tr><td>4</td><td>公司股权激励管理制度</td></tr>
<tr><td>5</td><td>公司股权激励协议书</td></tr>
<tr><td>6</td><td>公司股权激励绩效考核建议书</td></tr>
<tr><td>7</td><td>激励对象承诺书</td></tr>
<tr><td>8</td><td>激励对象绩效考核责任书、绩效考核结果报告书</td></tr>
<tr><td>8</td><td>激励对象行权申请书、批准书、协议书</td></tr>
<tr><td>9</td><td>公司章程修改的文件</td></tr>
<tr><td>10</td><td>劳动合同变更或补充协议、服务期协议</td></tr>
</table>

第二节　股权分期成熟机制

创业初期，无论是公司还是创业者本身都不成熟，如果一开始就将联合创始人（合伙人）分配的股权全部都做工商登记，那么，将来无论合伙人出于什么原因离开公司，他持有的股权该怎样处理呢？

一方面，建议离职股东将股权转让给公司，原因如下：

第一，一位合伙人离职时，留下的股东要带公司继续往下走。如果离职股东不把股权转回公司，对留下的股东则有失公平，因为离开的股东会坐享其成，搭公司发展的“便车”。

第二，如果离职股东不把股权转回公司，对公司来说是非常危险的，因为只要离职的股东还掌握着公司的股权，公司就会有失控的风险。

第三，公司回购离职股东股权，就会盘活存量，用于吸引未来合伙人或进行员工激励。

另一方面，按照《公司法》的规定，没有相应法律条款规定合伙人离职必须将公司股权卖回公司。公司章程一般也是依照工商局的标准模板制订的，并未包括与此相关的条款。如果股东离开时不将股权卖回公司，公司处理起来就缺乏相应的法律依据。

针对此种情况，一般有两种解决办法：

（一）一次性授予——若员工退出，公司将回购

对于相应股权，公司一次性授予合伙人或激励对象，但双方要签署《股权回购协议》，规定股东退出时，公司将回购其被授予的全部股份。《股权回购协议》详细规定股权回购的条件、数量、价格等条款。通过《股权回购协议》，可以弥补《公司法》和公司章程相应规定不足的缺陷。

（二）分期成熟——员工退出，只回购成熟部分

建立股权分期成熟机制，是指合伙人在一开始无法获得全部股权，需

要按照事先约定分期成熟兑现相应股权。

按照股权分期成熟机制，股权分为两类：离职时已经成熟的股权和未成熟的股权。合伙人或激励对象离职时，公司只需要回购已经成熟的股权；未成熟的股权不再涉及公司回购问题，这减少了合伙人离职时的谈判压力。

除了减少回购谈判的麻烦之外，股权分期成熟机制还有助于减少创始人退出时公司回购全部股权的成本。另外，分期成熟机制还有助于创始人之间的磨合：就如同“试婚”，在股权分期成熟期间，可以根据双方的匹配程度、绩效考核结果等因素来判断双方未来合作的前景，及时做出选择。

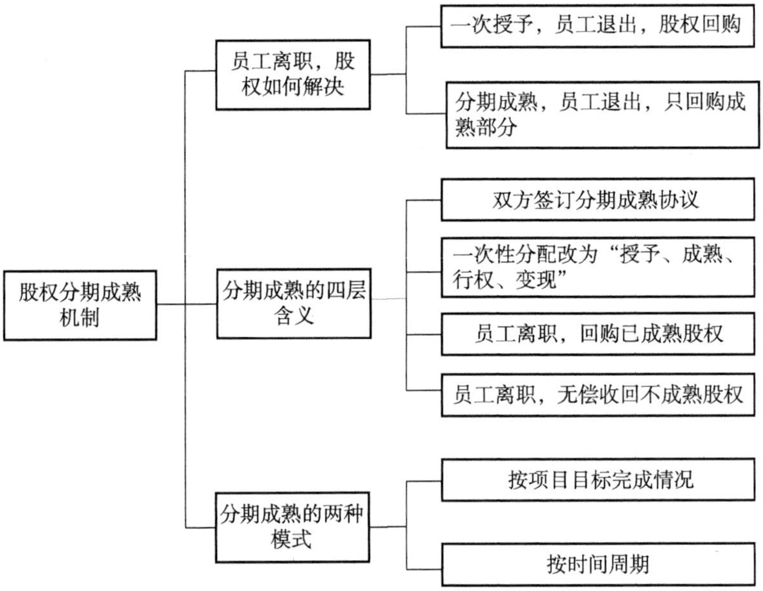

图 5-2 股权分期成熟机制

合伙人股权分期成熟机制有四层含义：

①合伙人在最初股权分配的时候，无法获得全部股权，而是内部约定由创始人代持；双方签订《股权分期成熟协议》或者在《投资协议》《合伙协议》中增加股权分期成熟的条款，作为《公司章程》相应条款的补充，同样具有法律效力。

②股权由原来的一次性分配改为四个阶段依次分配：授予、成熟、行权、变现。

③签订协议后，如果合伙人离职，公司可以按照事先约定的价格回购其已经成熟的股权。

④对于未成熟的股权，公司有权无偿收回，不再需要支付任何价格。

分期成熟有两种成熟模式：按照项目目标完成情况和按照时间周期：

（一）项目目标完成情况

公司根据项目目标完成情况，来确定股权成熟的时间。也就是说，将目标分解成若干阶段性目标，每完成一个阶段性目标，成熟相对应的股权。这就把股权成熟与合伙人的绩效考核两者结合起来。激励合伙人应尽快创造出绩效，完成阶段性目标，促进股权快速成熟。这是业绩绑定。

但对于创业初期的企业来讲，绩效考核的量化工作比较困难，双方在阶段性目标是否达成方面，经常有一些解读矛盾。解决的办法就是采用时间节点性目标，避免目标的量化考核。比如，对于 App 产品，可以划分为测试版公开发布、正式版公开发布、2.0 改进版正式发布等时间节点性目标，这样可使绩效考核的目标更加明确。

（二）按照时间周期

一般约定股权分 4 年成熟。在公司工作时间越长，成熟兑现的股权比例越高。这是时间绑定。股权分期成熟可继续细分为四种方案，具体参见表 5-4。

表 5-4　股权成熟时间表

成熟方案	方案内容
一	每年成熟兑现 25%，四年全部成熟
二	前两年成熟兑现 50%，剩余两年各成熟 25%，四年全部成熟
三	第一年成熟兑现 10%，第二年成熟兑现 20%，第三年成熟兑现 30%，第四年成熟兑现 40%，四年内全部成熟
四	第一年成熟兑现 25%，其余的 75%在三年内每月成熟，兑现整个股权比例的 1/48

第三节　设置股权回购机制

创业如同结婚，合伙人相当于夫妻，谁都希望白头到老，但是在漫长的“婚姻生活”中，总会有意外发生。如果某位创始股东离职，双方就必须按照提前签订好《股权回购协议》进行股权处理。签订协议，是一种“先小人，后君子”的策略，是确保公司股东和平退出的法律保障。

创始股东离职时，对于成熟的股份，公司以回购价格进行回购，未成熟的公司无偿收回（或者以象征性价格回购，比如：1 元）。

关于回购价格，一定要在《股权回购协议》里加以明确，否则到时候说不清楚。通常可以按照三种方式来规定回购价格：

一、约定年利率

约定年利率，即无论公司业绩怎么样，都要按照约定年息来兑现，比如年利率 10%；如果公司每年盈利很高，则员工不太愿意，会觉得自己卖亏了。如果公司亏损，员工比较容易接受，毕竟自己没有遭受任何损失。

二、按照公司净资产

按照离职时的净资产来计算员工离职时的股权价格，这种方法用于股权激励员工可能有效，如果员工入职时是按照净资产价格买入股权，离职的时候也按照净资产的价格卖出，就是比较公允的。但如果公司此时正处在盈利状态的话，对于合伙人则有失公允，因为没有考虑到净资产未来会创造更大价值。

三、最近一轮融资评估价格的折扣价

如果公司近期有融资行为，则应按照融资价格，然后以折扣价格回

购。参照公司最近一轮融资估值的折扣价回购股权，通常折扣在 1/3~1/15 之间。于这个变化区间比较大，操作时较难把握，因此，本书认为：1/2~1/3 是比较恰当的折扣。

对于股权回购来说，最重要的是保证员工离职时不将股权带走，以确保公司能够把股权回购回来，用于未来股权分配和股权激励，减少股权控制风险；对于公司而言，股权价格是需要考虑的第二个因素，同时还必须承认、考虑公司离职股东对公司的历史贡献。

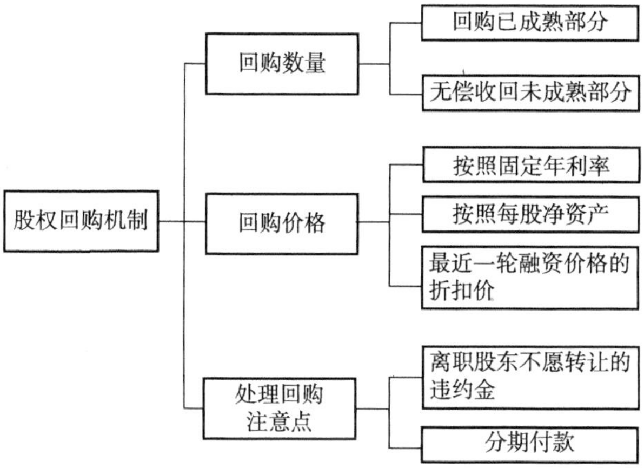

图 5-3 股权回购机制

在处理股权回购时，一定要注意两点：

第一，高额违约金。如果员工离职时不愿意卖出股权，为避免法律解释的不确定性，则根据时间长短向该股东收取高额违约金。是否缴纳违约金以及违约金的计算方法必须在《股权收购协议》中加以明确规定。

第二，分期付款。离职回购股权时，采取分期付款的方式会减少回购股东和公司的资金压力；另外，如果离职股东签署了《竞业禁止和商业保密协议》，分期付款也能够对公司利益起到一定的保护作用。是否分期付款以及分期付款的利息率，都要写入《股权收购协议》，目的是减少谈判摩擦，保护离职股东的利益。

第四节　合伙人股权的退出机制

从合伙人角度，股权退出原因分为三种情况：主观退出、客观退出以及中性退出。

第一，主观退出。是指合伙人主动提出离职而退出公司。第二，客观退出。是指不由合伙人主动提出，而是由于客观原因不能继续工作而退出的情况，包括负伤丧失劳动能力（因公或因私）而不能继续工作、退休而不能继续工作、死亡等情况。第三，中性退出。是指合伙人的能力达不到公司的要求，经双方协商后退出或者由于外力而不能继续在公司工作。

关于合伙人退出后相关股权的处理问题，参见本章节的回购机制和本书后半部分“股权激励”中的激励对象退出相关内容。

第五节　股权动态调整机制

按照前面的定义，股东动态调整机制分为广义的动态调整机制和狭义的动态调整机制。广义的动态调整机制就是指股权退出机制、回购机制、分期成熟机制、离婚后股权处理等，其目的在于保持股权分配的动态调整状态，以适应不断变化的环境。环境在变，股权分配一定要跟着变化，更得上环境变化的速度，“流水不腐，户枢不蠹”，要给股权分配和股权激励建立“保鲜”机制。

无论是股权融资、股权分配还是股权激励，都可能在未来出现一种情况：

一、公司名不副实，没有外部投资人一开始评估的价值这么大

对于第一种情况，外部投资人与公司会事前签署“公司价值评估调整

协议"，就是通常所说的"对赌协议"，参见第四章相关内容。

二、合伙人名不副实，拿到的股权与其贡献不匹配

对于第二种情况，该怎么处理呢？解决思路如下：

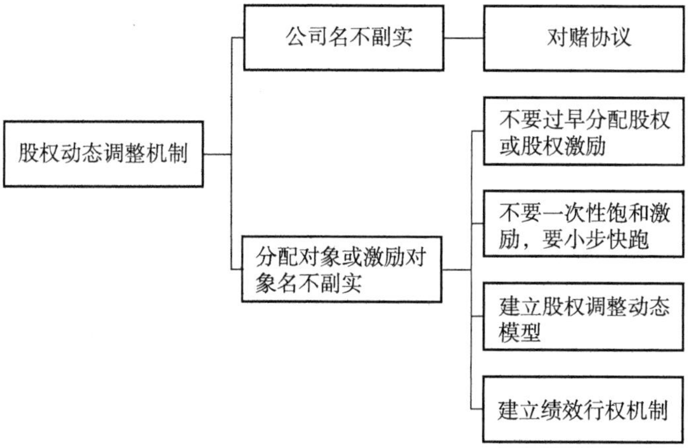

图 5-4　股权动态调整机制

（一）不要过早分配股权或股权激励

不要过早地给予员工股权激励或者成为联合创始人而分配股权，要有一个"试婚磨合"过程。这时候，"慢就是快，欲速则不达"，而"草率地结婚，然后离婚"是不负责任的行为。

（二）不要一下性饱和（过度）激励，要小步快跑

1. 建立多次股权激励制度，让股权激励小步快跑；

2. 设立股权分期成熟机制；

3. 设立期权池，根据员工成长贡献，通过期权池进行未来股权激励补充调节；

4. 建立股权回购机制。

（三）建立股权激励动态调整模型

建立股权激励动态调整模型，通过计算股权分配对象对公司贡献所占

比例，二次动态调整股权分配比例。但在实施股权激励动态模型时，必须注意以下三点：

1. 科学地区别贡献度的大小，这是股权二次调整最容易出问题的地方；

2. 不太适合于实股激励，因为实股是工商注册的“真金白银”的股份，是大家更看重的，处理不好，造成的矛盾会更大；

3. 如果是同一类人内部虚拟股权调整，造成的麻烦会少一些。比如，通过销售额占比，调整销售经理的虚拟股权分红，等等。

（四）建立绩效行权机制

在使用期权或者限制性股权作为股权激励时，设计公司和个人两个绩效考核目标。通过考核进行股权激励的调整，最终调整股权分配。

第六节　股权的继承机制

人有生老病死，如果股东是自然人，也会面临着死亡问题。那么，自然人股东死亡后，其股东权益如何继承呢？是继承股权的那一部分呢？还是只继承财产权或者和经营决策权一起继承？

为什么会有这样的争议呢？因为股权不是一般的财产权，需要和其他股东一起配合，共同为了公司的发展而竭尽全力。也就是说，股东之间不仅仅需要“资和”，更需要“人和”。如果新旧股东之间不能“人和”，就不可能牢牢把握“公司价值最大化”这个中心点。

《公司法》第七十五条规定：自然人股东死亡后，其合法继承人可以继承股东资格；但是，公司章程另有规定的除外。

《合伙企业法》第五十条同样规定：合伙人死亡或者被依法宣告死亡的，对该合伙人在合伙企业中的财产份额享有合法继承权的继承人；按照合伙协议的约定或者经全体合伙人一致同意，从继承开始之日起，取得该合伙企业的合伙人资格。

这两部法律虽然所用文字不一样，但说明了同样的法理，参见表 5-5。

表 5-5　关于股权继承的法律解读

序号	公司法	合伙企业法
1	适用于股东是自然人的情形	适用于合伙人是自然人的情形
2	只能由已故股东的合法继承人来继承	只能由已故合伙人的合法继承人来继承
3	继承的是股东资格	继承的是合伙人资格
4	但公司章程对股东资格继承有约定的，从其约定	按照合伙协议的约定或者经全体合伙人一致同意

通过上面的解读，对于公司制企业来讲，如果公司法的股东继承规定和公司章程发生矛盾，则以公司章程的约定为准；也就是说，无论公司章程约定可以继承股权，还是约定只能继承财产权的，都是合法有效的。对合伙制企业的合伙人继承问题，也是类似解读。

这种制度的设计是一种平衡：既保证了继承人的继承权，又保证了公司其他股东（合伙人）表达意见的权利。公司章程是股东"真实意思"的表达，所以，股东可以在公司章程里面约定："自然人股东死亡后，其在公司内的股权必须以公允价格转让给其他股东。"如果公司章程有类似规定，就要按照公司章程来处理股权的继承问题。

如果成熟公司股东死亡，继承人可以继承其股权，因为公司已经进入稳顺的经营状态，所有权与经营权已经做了有效分离，股权的继承对公司的运营不会产生太大的影响。

对于创业期的企业来讲，情况就截然不同了。尤其对于互联网创业公司来讲，人力资本的驱动因素更大。也就是说，自然人股东死亡，就意味着其人身所依附的人力资本消失了；如果新的继承人没有创业企业所需要的人力资本，就不能利于公司发展，就违反了"公司价值最大化"这一中心。因此，应建议在创业公司章程约定（两者只能约定其一）：

①自然人股东死亡，法定继承人只继承股权财产权益，不可继承股东资格，而将投票权委托给创始人或其他合伙人。

②自然人股东死亡后，其在公司内的股权必须转让给其他股东。

第七节　夫妻共同股权处理机制

近些年来，随着社会离婚率的逐年攀升，企业家群体离婚率也在水涨船高。相对于普通人的离婚，企业家群体不仅仅涉及大量财富的处理，更为棘手的是，还涉及公司股权的处理。如果股权问题处理不当，影响的不仅仅是家庭，更重要的是影响企业的发展，甚至给企业带来灾难性的后果。

近几年，有几场著名的夫妻离婚案引起企业界、投资界、法律界的特别关注，例如，土豆网创始人王微离婚案、赶集网创始人杨浩然离婚案、真功夫创始人蔡达标离婚案等。这些离婚案有的造成股东间打斗，严重影响了公司的正常运营，土豆网和真功夫的离婚案甚至还影响了公司的上市。

那么，如何才能处理好离婚夫妻之间的共有股权呢？要想处理好夫妻共有股权，首先要分门别类地对相应情况进行分析。与夫妻有关的相应股权可以分成两大类：夫妻一方的股权；夫妻共同的股权。

一、夫妻一方的股权

如果夫妻一方在婚前使用个人财产进行股权投资或者婚后进行股权投资，但双方事前有约定投资归属，那么，这种情况就属于夫妻一方的股权。

在夫妻关系存续期间，处理夫妻一方的股权会涉及两个问题：①股权归属问题；②收益权的归属问题。

按照相关法律，在婚姻关系存续期间，一方以个人财产投资取得的收益属于夫妻之间共同所有的财产。也就是说，股权归一方所有，但是由股权带来的收益归夫妻共同财产在离婚时应由双方平分。参见图 5-5。

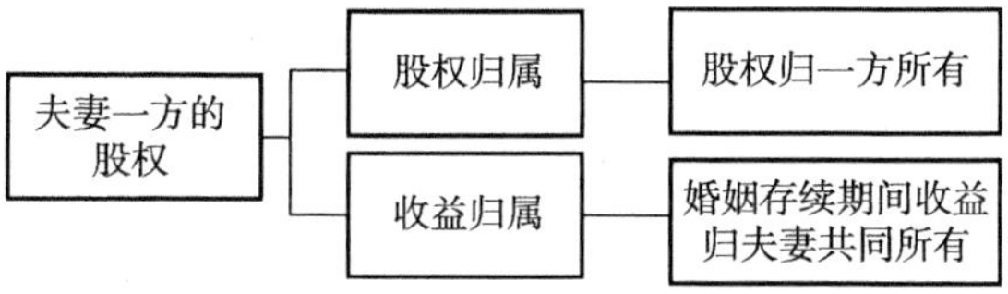

图 5-5 夫妻一方的股权

对于合伙制企业来讲，遇到类似情况，应采用类似的法理进行处理："婚前，夫妻一方以个人财产对合伙企业出资的"，或者"婚后，夫妻一方以个人婚前财产或婚后个人财产以个人名义对合伙企业出资的"，在合伙制企业里面的股权归一方所有，婚姻存续期间股权产生的收益归夫妻共同所有。

二、夫妻共同的股权

除非有特殊约定，在大多数情况下，夫妻关系存续期间的投资股权归夫妻共同所有。根据夫妻投资标的物的性质，又可以分为三种情况：股份公司、有限公司和合伙制企业。

（一）股份公司夫妻共同股权的处理：直接平分

股份公司股权转让时，按照原则自由、例外限制的原则，不存在内部股东的优先购买权，处理起来就相对容易，所以，一般采用"直接平分"的原则，例如上市公司的股票处理时应"无偿转让，直接平分"。即使不是上市公司，也可以无偿转让，直接进行工商更名；或者由双方协商一致，进行有偿转让，另一方获得转让款后退出。

在"原则自由，例外限制"原则中，哪种情况属于"例外限制"呢？根据法律规定，如果夫妻一方是公司的发起人、董事、监事或高级管理人员，他们持有的股票就属于受限制性股票。夫妻离婚时，分割限制性股票不能违反《公司法》关于限制转让的规定，处理起来就要按照《公司法》的相关规定。

（二）有限公司夫妻共同股权的处理：多样性

有限公司的股权转让采用“内部股东优先”的原则。为什么会有这项限制呢？

从法理上讲，有限公司规模较小，股东人数较少。有限公司股权转让时，如果内部股东没有优先购买权，就会造成“没有经营能力”或者“资和人不和”的股东进入公司，影响公司的稳定经营和长期发展。夫妻离婚时，“直接平分”双方共同的有限公司股权也有类似的隐忧。夫妻离婚后，双方还在同一家公司的屋檐下，低头不见抬头见，未免心情不爽。处理不好，公司股东开会时，往往成了“夫妻大战的第二战场”。

对于夫妻有限公司股权的处理，根据持股公司情况，又分为三种情况，参见图 5-6：

①夫妻两人公司；

②夫妻以一人名义与他人合伙；

③夫妻两人共同与他人合股投资。

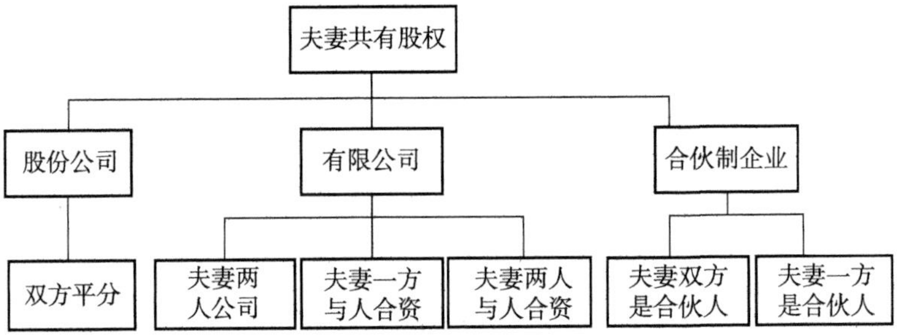

图 5-6 夫妻共有股权的离婚处理

1. 夫妻两人公司

夫妻两人的公司处理起来比较简单。但要注意一个问题：夫妻双方注册公司时候，工商注册可能登记为“丈夫持股 70%，妻子持股 30%”。无论工商如何登记双方股权，按照法律规定，若要离婚，则夫妻各分割 50% 的股权，多持股一方无偿转让相应股权。

离婚后，如果双方能够继续和平相处，且都具备经营能力，不妨碍平均分配股权，然后共同经营公司。相反，最好的解决办法就是协商沟通，一方以公允价格收购另外一方的股权或者破产清算。

2. 夫妻以一人名义与他人合伙

首先，明确的原则是“夫妻共有股权，离婚后一人一半”。但是，进一步处理起来时就会比较麻烦，因为夫妻一方原来不是公司的股东，夫妻之间转让股份涉及公司其他股东的优先购买权。

比如，甲、乙、丙三人共同投资成立一家公司，甲持股50%、乙持股30%、丙持股20%。假设甲要和自己的妻子丁离婚，首先确定的是甲持股的50%，夫妻双方各占一半。但是，妻子丁不是公司股东，如果将这25%股权转让给妻子丁呢？再假设这部分股权的公允价格为50万元，就会有三种不同的解决办法：

第一种方法，如果甲愿意购买，则甲给前妻50万元购买，夫妻双方内部协议转让，这种做法最受法律保护。

第二种方法，如果甲不购买，但是乙、丙愿意购买，则购买方支付给丁50万元购买。

第三种方法，甲、乙、丙都不愿意购买，则甲向妻子丁无偿转让25%的股权。

但要注意的是，这种情况最好的办法是由甲购买，保持原有大股东的地位不变，否则，公司未来可能会出现“股权之争”的情况。

3. 夫妻两人共同与他人合股投资

与上一种情况不一样，夫妻两人都是股东，解决起来会相对简单一些。

首先是共同股权，离婚时一人一半。多出资的一方无偿转让给另一方，其他股东不存在“优先购买权”一说。如果夫妻之间不能继续共同经营，最好的办法就是退出一方将相应部分的股权转让，夫妻之间的另一方或者其他股东有优先购买权。

（三）合伙制企业的夫妻共同股权处理

处理的办法与有限公司的方法类似。可以分两种情况：①夫妻双方都是出资人；②夫妻一方是出资人。

1. 夫妻双方都是出资人

双方离婚时，协商不一致的，合伙企业的财产份额按照一人一半分割。

2. 夫妻一方是出资人

夫妻双方协商，可以将出资人在合伙企业中财产份额转让给另一方。但能否转让成功，必须征得其他合伙人的一致同意。如果其他合伙人一致同意，则接收方成为新的合伙人。

如果其他合伙人不能一致同意，又分三种情况来处理：

第一，不同意转让的合伙人愿意购买离婚合伙人的出资份额，则离婚合伙人退伙，夫妻双方分割转让得到的货币资产。

第二，不同意转让的合伙人，又不愿意购买离婚合伙人的出资份额，但同意该合伙人退伙或者退还部分财产份额的，则离婚双方获得部分退还财产，然后分割。

第三，不同意转让的合伙人，又不愿意购买离婚合伙人的出资份额，又不同意该合伙人退伙或者退还部分财产份额的，按照法律，视同“其他合伙人一致同意”转让，该配偶取得合伙人的地位。

管理工具

能否将夫妻共同股权转至未成年子女名下？

夫妻离婚时，能否双方协商一致，将共同股权转到未成年子女名下？从几个方面来分析：

（1）自然人股份可以因为自然人股东死亡继承，也可以通过股东父母的赠予继承。

（2）成年人和未成年人都可以成为合法继承人。

（3）如果继承的是股份公司的股票，则处理起来相当简单。

（4）如果继承的是有限公司的股份，其他股东有优先购买权，所以，必须征得其他股东的同意。

（5）未成年股东不具备民事行为能力或者限制行为能力，在孩子未成年之前，股权可暂时由夫妻一方或者共同信任的第三方托管，由其代为行使股东权利。待孩子成年后，再做管理权移交。

案例分析

土豆条款

2010 年 3 月，土豆网创始人王微和前妻杨蕾离婚，但其股权合同中没有涉及如何处理土豆网股权的问题。

2010 年 11 月，土豆网向美国证券交易委员会提交上市申请。次日，杨蕾向王微提起诉讼，要求分割婚姻存续期间两人的共同财产——土豆网 76%的夫妻共有股权。法院冻结了土豆网 38%的股份，土豆网的上市之路因这场官司而被迫搁浅。

最终，王微和杨蕾达成和解，支付给杨蕾 700 万美元，杨蕾放弃对土豆网的股权要求，但土豆网却丧失了最好的上市机会。

坊间笑传，一些外部投资者借鉴土豆网的教训，在股东协议中试图增加相应条款："所投资公司 CEO（首席执行官）结婚或者离婚必须经过董事会，尤其是优先股股东的同意后方可进行"。这个传说也被当事人王微本人调侃道："前有新浪结构，后有土豆条款，大伙儿一起努力，公司治理史上，留个名。"

后来，土豆条款经过多次演变，最后变为"配偶同意创业者婚内股权为创业者个人财产，同意不对公司股权主张任何股东权利"，并写进了公司章程。

第一，必须承认"婚姻期间，双方对于共同财产权的平等主张"是完全合法的。

第二，土豆条款的类似约定也是合法的，因为"婚姻期间财产是夫妻双方共同财产，但是夫妻双方可以另外约定财产的归属"。

第三，如果配偶放弃就公司股权主张任何权利，与之相对应的必须是"保障夫妻之间权利出让方的经济补偿权"，这才不失约定的公允性。如果离婚，必须用令其满意的经济补偿换取离婚配偶不主张公司股权，不得干涉公司的经营管理。

第六章

股权激励基础

前五章系统介绍了股权设计的内容，包括三部分：股权架构系统、股权分配机制和股权运行机制。参见图 6-1。

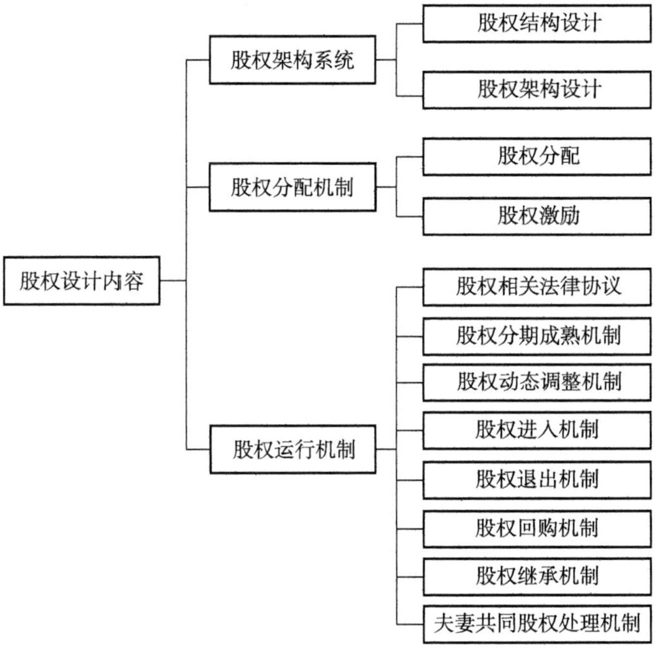

图 6-1　股权设计内容

在第二部分，股权分配机制由两部分组成：股权分配和股权激励。从本章起将系统讲解股权激励。

第一节　股权激励概述

2016 年 8 月 13 日，《上市公司股权激励管理办法（试用）》试运行了十年之后，中国证监会正式实施《上市公司股权激励管理办法》（以下简称“管理办法”），标志着大陆上市公司股权激励已经越来越正规化、越来越普遍，越来越多前瞻性公司选择了股权激励计划。

相对于上市公司而言，非上市公司机制更灵活，内部批准限制条件更宽松，在股权激励方面更是大胆尝试、积极探索，为中国股权激励探索创新了许许多多的精彩案例。

近年来，在股权激励方面，主要有两大流派，一大流派是“理论派”，一个流派是“实战派”。理论派主要是研究股权激励的理论基础，包括委托代理理论、产权理论、管理激励理论、人力资本理论、不完全契约理论，等等。而实战派更是精彩纷呈、五彩缤纷，包括恒杉咨询的股权激励七定法、薛中行的五步连贯股权激励法、刘建刚的股权激励十大关键步骤及方法、单海洋的股权激励操作路径，等等。

无论股权激励咨询名字叫“五步法”“七定法”，还是“十定法”“道法术”，万变不离其宗，都是著名管理理论“5W1H”和“PDCA”在股权激励应用中的变体。

一、“5W1H”管理理论说明股权激励的全部内容框架

5W1H 分析法是一种思考方法和创造技法，是指对于要做的事情都要从六个方面进行思考、提出问题，包括 What、Why、Where、When、Who、How。5W1H 广泛用于企业管理、日常工作和学习，参见图 6-2。

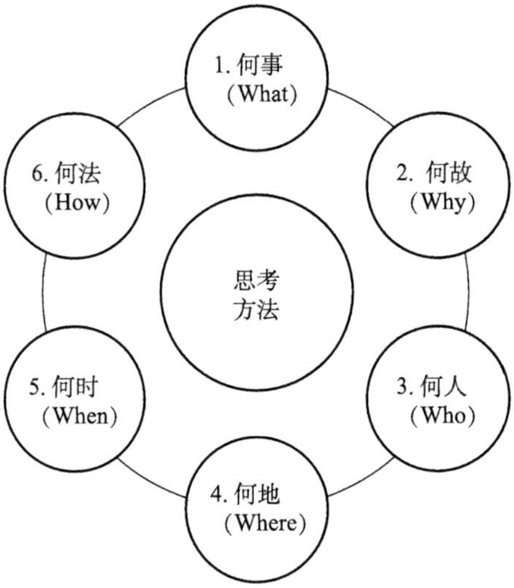

图 6-2　5W1H 示意图

（1）什么是股权激励？（What）

（2）为什么要股权激励？（Why）

（3）股权激励对象是谁？（Who）

（4）采取什么样的股权激励模式？（How）

（5）购买股票和购股资金从什么地方来？（Where）

（6）什么时间授权、等待、行权、有效期？（When）

（7）如何确定股权激励的总量、单量、价格、条件？（How）

……

管理工具

股权激励的两个特征

（一）股权是激励的载体

股权激励的载体是股权，与股权共生的有四种权利：所有权、表决权、净资产增值权和分红权。激励对象通过获得股票，从而获得公司所有权（控制权）、表决权等管理权益；同时，还获得净资产增值权和分红权，属于经济权益。

（二）股权激励必须建立在契约基础之上

股权激励必须在符合法律的前提下，以公司与激励对象签署契约的形式来固化。

二、“PDCA”管理理论说明股权激励的实施改善流程

1. 计划（Plan）

确定股权激励计划方案，包括股权激励的方针、目标（Goal）、实施计划（Plan）和实施方案。

2. 执行（Do）

推进股权方案的实施，包括设计（Design）股权激励的执行方法、方案和布局，进行具体的运作和实施（Do）。

3. 检查（Check）

检查、督导股权激励的实施过程，做好股权激励的过程控制，包括随时检查（Check）股权激励方案实施的过程、沟通（Communicate）分析存在的问题、清理（Clean）各种实施条件、控制（Control）实施过程。

4. 调整（Adjust）

总结上一期股权激励实施的经验教训，按照目标要求进行改善、提高（Aim），重新优化执行方案（Act）。

第二节　股权激励的原理和指导思想

股权激励是建立在以下管理学理论的基础上。参见图 6-3。

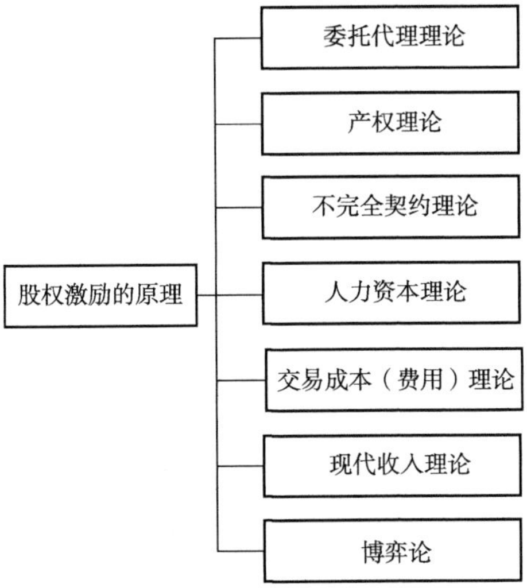

图 6-3　股权激励的原理

一、委托代理理论

现代企业所有权和经营权分离，股权激励使所有者与经营者由委托代理关系变成了部分股东关系。经营者成了公司的股东，拥有了一定的剩余价值索取权并承担相应风险，努力降低信息不对称和内部人控制给企业带来的危害，降低委托代理成本。

二、产权理论

孟子说，“有恒产者有恒心”，通过赋予经理层部分企业产权，可以调动经理层的积极性，努力增加产权价值。

三、不完全契约理论

在制定董事会和经理层之间各种契约的时候，不可能面面俱到，也不可能把所有契约要素都包含在内。解决此类问题的思路就是把复杂问题简单化，把经理层变成股东，把部分所有权赋予经理层，经理层就会对企业资源要素进行有效配置，使公司和个人利益最大化。

四、人力资本理论

除了物质资本（例如，货币资本、实物资本等）之外，还有一种资本依附在员工身上，是和员工过去的培训、教育、技能培养等有关的资本，叫作人力资本。最新研究显示，人力资本在企业中占有越来越重要的地位，应该让员工参与企业剩余价值分配。

五、交易成本（费用）理论

1937 年，英国经济学家罗纳德·哈里·科斯（R. H. Coase）在论文《企业的性质》中提出交易成本（费用）理论：如果没有企业组织，市场交易将是一盘散沙，整个社会的交易成本会升高。有了企业组织之后，以企业为单位进行交易，市场交易者数量减少，交易更有组织性，交易费用大幅降低。虽然社会交易成本下降，但是企业内部的管理成本却要增加。

因此，通过内部股权激励，使企业的经营管理人员成为企业的有机组成部分，必然会降低内部管理成本，从而整体上进一步降低社会交易成本，提高企业和社会的资本收益率。

六、现代收入理论

股权分配理论与传统收入分配理论有很大不同，是对传统收入分配理论的一次重大创新，主要表现在以下几个方面，参见表 6-1。

表 6-1　现代收入理论

	传统收入分配理论	股权现代收入分配理论
特点	当下、确定、短期激励收入，着眼于短期利益	未来、不确定、长期激励收入，着眼于长期利益
分配技术	传统的激励方法，有一定技术性	技术性更强
分配对象	所有员工	董事、高管、核心中层、关键人员（管理人员、技术人员、业务人员）

续表

	传统收入分配理论	股权现代收入分配理论
分配依据	当期劳动成果的报酬	长期努力、责任贡献以及使企业取得长期绩效的报酬
收入确定性	确定性高	不确定性高
风险承担	只有股东承担，员工只承担工作责任	风险共担
收入性质	劳动收入	人力资本收入和现金资本收入
股市联系	基本无关联	金融衍生产品，尤其上市后，人力资本通过股票表现出来的具体价值

七、股权激励中的博弈论

从某种程度上讲，企业所有者与员工之间是一个硬币的两个方面，既有各自利益诉求和博弈，又有合作共赢。即使企业实施了股权激励，也存在大股东和小股东的博弈，也有当期股权和未来期权的博弈。

在企业不同的阶段，股权激励也有不同的博弈：

1. 在初创期，企业未来不明，股权激励效果不明显。员工更希望现金激励，但企业又面临着资金短缺，股东希望通过股权激励，降低现金的支出和压力。

2. 到了成长期和成熟期，企业未来明朗，员工希望通过获得股权激励来致富。而企业此阶段现金流充足，如果实施股权激励，就意味着企业股东要出让更多的未来收益权和控股权。

3. 即使到了企业上市以后，不同的股东之间也存在着博弈。上市后，大股东终于带领企业登上了更高的台阶，在更大的平台上，采用现代企业治理结构和管理制度来带领企业走向更快、更高、更强，但是小股东已经开始思考：什么时候能够变现？能变现多少财富？如何买车、买房？如何更好地消费？

除此之外，管理学中的各种激励理论，例如马斯洛的需求理论、双因素理论、公平理论等，也成为股权激励的理论基础。

在企业的不同发展阶段，激励对象和企业对于“股权是激励还是福利、激励对象范围与分配、购股价格、行权条件和绩效考核、自我价值与激励力度”等内容有着不同的认知偏差。有偏差就有博弈，所以，企业股权激励是否有效，取决于企业股东和激励对象之间是否对股权激励有共同的价值认知。

股权激励有各种不同作用，最核心的一条就是找到同甘共苦、共同奋斗的合伙人。只有找到对企业未来价值认知相同、志同道合的企业“灵魂摆渡人”，才可能有效消除老板与激励对象之间的博弈，变职业经理人为事业合伙人，通过股权的纽带将企业和激励对象捆绑成利益共同体和命运共同体。

案例分析

华为以奋斗者为本①

华为的核心价值观是以客户为中心，以奋斗者为本，长期艰苦奋斗。那么，什么样的员工是华为推崇的奋斗者呢?

首先，华为的“艰苦奋斗”强调的是思想上的艰苦奋斗，强调尽心工作而非尽力工作。任正非先生认为：“思想上艰苦奋斗是勤于动脑，身体上艰苦奋斗只是手脚勤快。”

其次，华为的“艰苦奋斗”指向为客户创造价值。把煤炭洗白这种没有价值的努力工作不叫奋斗，任正非先生认为：“为客户创造价值的任何微小活动以及在劳动的准备过程中为充实提高自己而做的努力，均叫奋斗。否则，再苦再累也不叫奋斗。”

再次，华为的“艰苦奋斗”强调群体奋斗、群体成功。任正非先生认为：“华为文化的真正内核就是群体奋斗。下一个时代是群体奋斗、群体成功的时代，这个群体奋斗要有良好的心理素质，别人干得好，我为他高兴；他干得不好，我们帮帮他，这就是群体意识。”

---

① 黄卫伟．以奋斗者为本：华为公司人力资源管理纲要[M]．北京：中信出版社，2014.

最后，华为的“奋斗者”不仅仅指劳动者，还包括投资者。任正非先生认为：“投资者也在奋斗。他把自己的钱拿出来，参与这项事业，他就要承担风险和责任，所以奋斗包含这两个方面。这两个方面的目标是一致的。”

具体落实到激励方面，要向奋斗者倾斜，提倡拉大差距，奖励无上限。缩小差距是鼓励懒惰者，只有拉开差距才能鼓励奋斗者，所以华为强调这样的理念，让 3 个人拿 4 个人的钱，这 3 个人的积极性被调动起来，最终干了 5 个人的活；假如反过来，4 个人拿 3 个人的钱，最终却只干了 2 个人的活，那激励就没意义了。干部提拔也要向奋斗者倾斜，突出贡献者超级提拔。

在股权激励方面，更是以奋斗者为本，奋斗者才是企业的中坚力量。华为通过“以奋斗者为本”，对股权激励对象进行筛选机制，筛选事业合伙人。

第三节　为什么要进行股权激励

股权激励是企业为了激励和留住核心人才而推行的一种长期激励机制，通过给予员工股权激励，使员工具有主人翁意识，把员工利益和企业利益长期捆绑在一起，使激励对象长期与公司（股东）保持利益一致（这是股权激励的核心目的），使员工能够分享公司的长期价值成长，促进企业与员工共生共荣、共同成长，实现企业长期发展目标和基业长青，最终实现企业价值最大化。

股权激励是建立在人性自私和经营人心基础之上的。早在 2300 多年前，孟子就提出了“恒产论”，为私有财产辩护。在《孟子·滕文公上》中，孟子写道：“民之为道也，有恒产者有恒心，无恒产者无恒心，苟无恒心，放辟邪侈，无不为己。”

企业对员工股权激励之后，员工就有了“恒产”，就会为了追求“恒产”的增值而与企业同心协力，为股东、企业和员工自己创造更大的价值。股权激励的目的和作用见图 6-4。

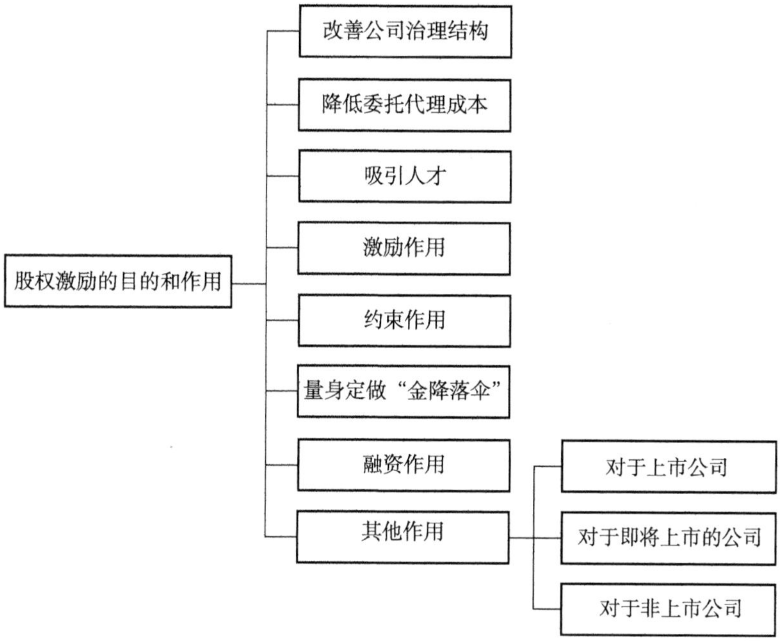

图 6-4 股权激励的目的和作用

一、改善公司治理结构

公司的治理结构是指股东会、董事会、监事会和经理层（俗称“三会一层”）之间的权力分配和制衡关系。股权激励扩大了股东人数，改善了股东结构，甚至会改变董事会结构，使公司治理结构更加制衡、稳定。

二、降低委托代理成本

企业中存在着多层委托代理关系。第一层是股东和董事会的委托代理关系；第二层是董事会和经理层的委托代理关系；第三层是经理层和管理层的委托代理关系。更广泛地讲，在公司内部有一定权力做决定的员工都是公司的代理人，他们能代表公司做出一系列决定、签署协议或采取行动。

通过股权激励，可以转换被激励对象（经理层、管理层和核心员工）

的身份，通过建立利益共同体，把各层委托代理关系中信息不对称和内部人控制的危害降低到最低；可以把公司利益与个人利益更好地捆绑在一起，建立股东与经理层之间的利益共享与约束机制；倡导价值创造为导向的绩效文化，激发经营者的工作热情，持续创造价值，使企业和员工利益最大化，或者减少经营者过失给公司造成的损失，降低各层委托代理关系中的监督和管理成本，从而降低整个企业的人力资源管理成本。

三、吸引外部人才

对企业来讲，得人才者得天下，股权激励能够吸引更有事业心的外部优秀人才加盟企业，并且与企业长期绑定，实现自我价值和经济利益，增加企业的凝聚力，提升企业经济效益，未来吸引更多优秀人才，使企业进入正能量循环。

四、激励作用

股权激励的本质是除了资本之外，人力资本也要参与分配，也要拥有公司剩余价值的索取权。对于优秀管理人才和业务骨干来讲，吸引、保留、激励他们在企业里长期努力工作的原因，除了企业文化和短期现金薪酬之外，更重要的是情感上被尊重，有归属感和安全感，满足他们的事业心，提高员工忠诚度，最终实现自我价值。

股权激励就是让他们有自己的长期事业，激励他们为自己的事业投资，承担必要的风险，体现自身的人力资本价值。同时，股权激励为业务创新和变革精神提供环境保障，增强公司的竞争力。

案例分析

一位老员工的离职记

2003 年，A 先生加入了某民营 B 集团，担任财务总监。当年，B 集团实行的是股权多元化，股东均为自然人，参见表 6-2。

表 6-2　B 集团股份一览表（2003 年）

自然人股东	约占股份	备注
C 先生	28.67%	1997 年，最早创业三股东，三人股份相同。C 先生比例高的原因是因为有代持。C 先生一直在管理层。D、E 两位先生后来退出了管理层
D 先生	26.67%	
E 先生	26.67%	
F 先生	6.70%	2002 年，公司由合资改为民营，中方收购外方股份，加入进来的两位重要股东，同时也一直在管理层
G 先生	5.60%	
剩下 7 名股东	5.69%	2003 年，公司由合资改为民营，中方收购外方股份，加入进来管理层小股东，也有享受股权激励后加盟的职业经理人

2003 年，A 先生加入了 B 集团时，集团董事长 C 先生与 A 先生沟通，鼓励公司做好长期发展和股权激励的准备。

2007 年，B 集团与世界五百强 H 集团组成合资公司，H 集团占 18.67%的股份，为第四大股东。原有大股东股份均被摊薄，原有的 7 名小股东股份不变，组成一家有限公司，入股合资公司。这样，原有的多名自然人股东变成 5 名自然人股东和两家法人股东。

H 集团加入后，两位重要创始股东退出管理层，只做非执行董事，不再参与管理。在 H 集团的帮助下，B 集团管理水平得到极大的提升。市场营销、客户管理、技术研发、精益生产、财务对运营的管理（独立核算、预算管理、收入管理、费用管理、应收账款管理），等等，都比以前上了一个台阶，销售收入和利润年度增长率更是达到 30%。A 先生的管理水平借助 H 集团财务管理与控制系统得到了实质性的提高，获益匪浅。

但 H 集团的加盟也有了新的问题，他们对于员工的股权激励比较保守，不允许出现更多的股东，这就造成了一个激励矛盾：一方面，公司绩效越来越好，A 先生个人管理能力和绩效越来越高，职位越来越高，最终升职为财务副总裁；另一方面，公司没有延续过去对优秀高管人员的股权激励，让 A 先生感到特别失落。

2009 年，在服务了 6 年之后，已经升为副总裁的 A 先生最终选择了辞职。

五、约束作用

股权激励是“金手铐”，不仅仅有强大的激励作用，更有强大的约束作用。具体表现为员工与公司风险共担、不能损害公司利益、平衡短期目标与长期目标、不能随意离职；离职后也要签署保密协议、竞业限制协议等文件。

六、量身定做“金降落伞”

股权激励除了激励作用之外，还有奖励作用。对于企业历史上做出突出贡献的“股肱老臣”，为了使他们老有所养、生活无忧，企业对他们进行股权奖励，设计一套“金降落伞”。“金降落伞”不仅仅是为了延续老员工的美好生活，更重要的是要确保“人虽然已经退休，但事业还在继续。”

对于一起创业的“股肱之臣”，“金降落伞”通过良好的股权激励制度实现“同富贵”。在创业之初，公司人少、活累、钱少，大家一起创业，重在不计较，更多地靠相信创始人，相信创始人的人格魅力，跟着他一起努力。但如果几年壮大以后，公司上市了，创始人成了亿万富翁，而跟着公司一起成长起来的兄弟还苦哈哈地挣工资，每月计算着日子，还房贷、车贷、信用卡，过着艰苦的生活，没有享受到公司价值增长的快乐，“心一定是拔凉拔凉的”。创业时期就开始的股权激励可以使一起创业的团队不光共患难，还要同富贵。

七、融资作用

股权激励还能起到融资作用，比如，华为的虚拟受限股。

案例分析

华为公司的股权激励与股权融资

在创业期，一方面华为需要大量资金进行市场开发，扩大生产规模、研发投入；另一方面，华为是民营企业，融资渠道不畅。为了满足快速发展期的现金流需求，华为选择通过股权激励进行内部融资。

1990 年，华为第一次实施“员工持股”：每股价格 10 元，每股年度分红标准为税后利润的 15%。员工一般用本人年度奖金购买，如果年度奖金不够，公司可以帮助员工办理银行贷款用来购买股权。

华为的股权激励方案起到了以下作用：

①激发员工工作动力，增强员工归属感，稳定创业团队。

②通过股权融资，减少了公司的现金流风险。内部融资不需要支付利息，存在较低的财务风险。虽然需要向内部股东支付股权分红，但绝对可以对股东起到激励作用。

经过二十多年的探索，华为公司的股权激励从全员持股到内部发行虚拟股，对分红激励制度和融资体系进行大胆尝试。

经过二十年的高速、稳健发展，华为在经营业绩、股权激励和股权融资都交出了华丽的试卷：

（1）经过多年的连续增发，截至 2017 年，华为虚拟股的总规模已达到惊人的 134.5 亿股，在华为公司内部，超过 8 万人持有股票，收益相当丰厚。

（2）华为 2017 年销售收入 6036 亿元，净利润 475 亿元。2018 年上半年营收 3257 亿，同比增长 15%，详见表 6-3。

（3）据网络资料，2004 年至 2016 年，华为员工充分利用金融杠杆（债权转股权），以购买虚拟股票的形式，通过华为工会内部融资超过 260 亿元。

表 6-3　华为历年销售额

年份	销售额/元	备注
1987		公司注册，注册资本 2.1 万元。员工 14 人，其中股东 6 人
1988		正式营业
1990		华为开始研制程控小型交换机
1991		员工增加到 20 多人。11 月，由于回款缓慢甚至出现问题，公司的现金流开始紧张。为贷款方便，华为申请变更为集体企业。次年 6 月获准
1992	1 亿	
1993	4.1 亿	

续表

年份	销售额/元	备注
1994	8 亿	
1995	15 亿	
1996	26 亿	
1997	41 亿	
1998	89 亿	
1999	120 亿	
2000	220 亿	
2001	225 亿	海外销售超过 3 亿美元
2002	221 亿	
2003	317 亿	
2004	462 亿	海外市场达到 22.8 亿美元
2005	483 亿	销售额折合 83 亿美元，海外市场达到 32.8 亿美元
2006	664 亿	销售额折合 110 亿美元，海外比重突破 65%
2007	938 亿	销售额折合 160 亿美元，海外比重 72%
2008	1252 亿	销售额折合 233 亿美元，海外比重 75%
2009	1491 亿	销售收入同比增长 19%，根据其公布的收入规模计算，华为已位列全球第二大设备商
2010	1852 亿	销售收入同比增长 24.2%，净利润 238 亿元，同比增长 30%，净利润率 12.8%
2011	2039 亿	销售收入同比增长 11.7%，净利润 116 亿元，同比下降了 53%
2012	2202 亿	销售收入同比增长 8%，净利润 153.8 亿元（约合 24.7 亿美元）人民币，同比增长 33%
2013	2390 亿	销售收入同比增长 8.5%，净利润 210 亿元，同比增长 34.4%
2014	2882 亿	销售收入同比增长 20.6%，净利润 279 亿元人民币，同比增长 32.7%
2015	3950 亿	销售收入同比增长 37%，海外收入占比 58%；净利润 369 亿元，同比增长 33%
2016	5216 亿	销售收入同比增长 32%，全年净利润为 371 亿元，同比增长 0.4%
2017	6036 亿	销售收入同比增长 15.7%，净利润 475 亿元人民币，同比增长 28.1%
2018 上半年	3257 亿	销售收入同比增长 15%，营业利润率达到了 14%

八、其他作用

除了上述作用之外，股权激励还有其他一些作用。

1. 上市公司

对于上市公司来讲，股权激励属于重大利好，能够向投资者传递利好信号，释放公司未来业绩利好的预期，提升公司股价。

2. 即将上市的公司

对于即将上市的公司来讲，股权激励有利于引进私募融资。因为股权激励会提高核心团队（管理层、核心技术人员）的积极性，增加公司的投资价值，增加对私募基金的吸引力。特别对于在海外上市的公司，股权激励计划是公司被投资人认可的必要条件。

3. 非上市公司

对于非上市公司来讲，通过股权进行融资，减少运营资金压力。同时，通过薪酬结构调整，增加股权，减少现金报酬，有利于缓解公司薪酬压力，降低经营成本，减少现金支出。

案例分析

碧桂园：从“成就共享”到“同心共享”①

广东碧桂园集团近年来发展突飞猛进，2011 年销售额 432 亿元，经过数年高速发展，2017 年集团完成销售额 5508 亿元，名列中国房地产第一名，领先第二名恒大集团 500 多亿元。到 2018 年，碧桂园集团预计完成销售额 8000 到 10000 亿元，其中 2018 年上半年，已经完成销售额 4125 亿元，与第二名、第三名的产值已经拉开超过 1000 亿元。碧桂园集团近年来销售额具体参见图 6-5。

① 资料来源：《碧桂园集团“同心共享”操作细则（试行）》。

图 6-5　碧桂园集团 2011—2017 年销售额

碧桂园取得跨越式的发展，是与集团董事局主席杨国强先生力推的“成就共享”和“同心共享”分不开的。

2012 年，碧桂园推出“成就共享”激励计划，也就是超额利润分红——每个项目实现净利润之后，扣除占用股东的资金利息，拿出其中 20%分享给团队。在“成就共享”计划激励下，碧桂园 2013 年销售额达到了 1060 亿元，比 2012 年 476 亿元翻了一番多，第一次进入中国房地产行业千亿俱乐部。

2014 年 10 月，碧桂园推出“成就共享”的升级版——“同心共享”激励计划。

1. “同心共享”概述

从 2014 年 10 月起，碧桂园所有新获取的项目均采取跟投机制，集团投资占比 85%以上，总部关键员工和区域关键员工都要强制跟投，员工跟投不高于 15%的股权比例，共同组成项目合资公司。在项目公司内部，大小股东同股、同权、同责、同利，同呼吸，共进退。

2. “同心共享”的含义

“同心共享”是碧桂园最重要的管理创新与变革，总部关键员工、区域和项目的核心管理班子都成了项目公司股东，通过管理扁平化和权力下放，有利于强化买地、设计、成本控制、销售及间接费用控制等管理。

通过升级版合伙人计划，公司和关键员工的关系不仅仅是老板和伙计的关系，也是大老板和小老板的关系。通过关键员工增加项目股东身份，

“同心共享”能够解决委托代理关系中的消息不对称和内部人控制，把关键员工变成生死与共的生命共同体，大幅降低代理成本，最终目的是实现企业价值的最大化。

3.“同心共享”的适用范围

集团“同心共享”制度适用的“管理层员工”包括：

（1）总部：董事、副总裁、助理总裁、中心负责人、部门总经理（含副总经理）、“未来领袖计划”人员等。

（2）区域：区域总裁及区域投资、营销、财务管理团队、项目总经理及项目管理团队等。

（3）具体名单由集团确定。

4.“同心共享”的核心内容

所有新获取的项目都将采用跟投机制，员工可以跟投的最高股权比例上限为15%。具体包括：

（1）强制投资：集团董事、副总裁、中心负责人及区域总裁、项目经理需要对项目强制跟投。

（2）区域管理层员工限额投资：区域的管理层员工可共同组建国内区域投资企业，组建后对区域每一个新成立的项目公司进行投资持股，在每家项目公司的占股比例保持一致；也可每一新项目组建一对应的区域投资企业，组建后向该对应新项目的项目公司进行投资持股。区域的管理层员工组建的区域投资企业均为有限合伙企业，持有区域新项目“项目公司”不高于10%股份。

（3）总部管理层员工限额投资：总部的管理层员工共同组建一家国内共赢投资企业，形式为有限合伙企业。组建后，共赢投资企业对集团每一个新成立的项目公司进行投资，持有不高于5%股份。共赢投资企业对每家项目公司的占股比例保持一致。

（4）回报机制：当项目获得正现金流后，利润就可分配，所得利润可用于投资下一个项目，也可交给集团公司有偿使用；项目盈利，可以分红；项目亏损，参与者不得退出。

（5）进出机制：值得注意的是，在项目投资期间，参与者进出自由。

5.“同心共享”的持续改善

自2014年10月以来，碧桂园“同心共享”计划做了数次微调和创新。2018年1月23日，碧桂园下发了《关于强化“同心共享”及时跟投的通知》，主要对跟投做了强制性规定：

（1）区域承诺跟投“同心共享”是新项目定案的必备条件之一。在项目获取后，区域应按照承诺及时、足额完成“同心共享”跟投。

（2）对于定期跟投的项目，凡逾期跟投的区域总裁，人力资源管理中心自当月起暂停发放其工资和所有奖金；除区域总裁外，其他逾期跟投个人，则将被暂停发放所有奖金。

（3）逾期一周的，逾期跟投个人需要离开当前工作岗位。

（4）对采取上述扣薪资和离开岗位等措施后，仍不跟投的，集团双享办公室将其名单呈报集团总裁办处理。经总裁同意，由人力资源管理中心对其进行开除处理。

（5）集团将定期对各个区域跟投进行定期检查。

根据网络资料，截至2017年6月30日，碧桂园共有973个项目参与跟投机制，基本覆盖全部项目。在碧桂园的带动下，大批TOP100房地产企业也纷纷加入跟投大潮中来，成为新形势下房地产企业主流的激励模式。

案例分析

万科事业合伙人制[①]

2014年3月份，万科春季例会之后，一股“变身合伙人”的类似创业的气氛，在万科内部蔓延开来。

3月7日，时任万科总裁郁亮先生在探讨万科事业合伙人制度时说：“事业合伙人有四个特点：我们要掌握自己的命运；我们要形成背靠背的信任；我们要做大我们的事业；我们要分享我们的成就。”

万科事业合伙人制是怎样的一个激励体系呢？郁亮先生说：“我们能

① 伍谷戈．大资管或成为商业地产未来发展的主流模式[N].时代周报，2015-11-24.
张晓玲．揭幕万科产权革命[N].21世纪经济报道，2014-06-05：019.

不能把现在管理层和股东的打工与老板的关系转变为合伙人的关系？双方能不能更加信任与被信任？”由此可见，万科的事业合伙人制不是大换血或发股票，而是在原有职业经理人基础上身份和角色的进化。

2014 年 4 月，万科合伙人创始大会召开，1320 位员工成为首批万科事业合伙人。代表万科事业合伙人集体的，是深圳盈安财务顾问企业（有限合伙）（以下简称“盈安合伙”）。所有事业合伙人均要签署承诺书，将其在经济利润奖金集体奖金账户中的全部权益委托给“盈安合伙”的一般合伙人进行投资管理，包括引入融资杠杆进行投资。“盈安合伙”的第一次投资行为，选择的是购买万科股票。

在集团层面，万科也推行合伙人持股计划，大约有 200 多人的经济利润（EP）奖金获得者将成为万科集团的合伙人，共同持有万科的股票，可以共同掌握公司的命运。

在项目层面，万科建立项目跟投制度，要求部分员工跟随公司在项目中投资，原则上项目所在一线公司管理层和该项目管理人员必须跟投，公司董事、监事、高级管理人员以外的其他员工可自愿参与投资。员工的初始跟投份额不超过项目资金峰值的 5%，同时，万科将对跟投项目安排额外受让跟投，且遵循市场化运作原则，总额不超过该项目资金峰值的 5%，一线员工在 18 个月内，按市场贷款基准利率支付利息即可额外受让。（“额外受让”是超规定受让，是为了激励员工而指定的措施。）具体参见表 6-4。

表 6-4　万科项目跟投机制

项目选择	旧改或部门特殊项目不能跟投	
跟投对象	强制跟投	项目一线公司管理层、项目核心管理人员
	限制参与	董事监事
	自愿跟投	普通员工
跟投金额	员工初始跟投份额和额外受让跟投份额合计不超过项目资金峰值的 10%	
回报机制	累计经营现金流回正后即可分批次进行分红，当跟投项目内部收益率高于超额收益率时，超额收益率以内对应的收益，跟投人按出资比例分配； 超额收益率以上的收益部分，跟投人按照出资比例对应收益的 1.2 倍分配收益	
退出机制	不能转售，不能退出	

在事业合伙人制度下，合伙人与股东的利益是一致的，这既能促使职业经理人真正关注项目运作，同时对职业经理人进行“绑架”，可以实现人事方面的稳定。但一个硬币一定有两面，跟投制度是激励机制，但同时也要共担风险。

第四节　“5W1H”和股权激励计划设计

在本节，尝试用“5W1H”来详细分析股权激励。参见图 6-6。

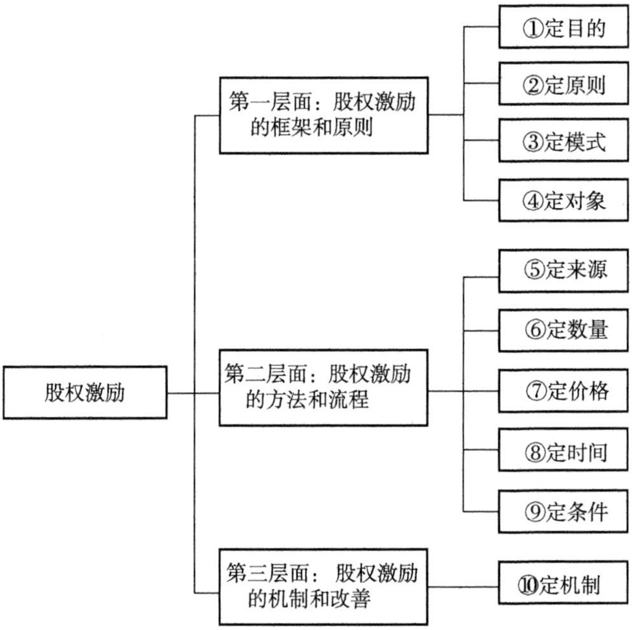

图 6-6　股权激励

一、股权激励的三大层面十个因素 115 个股权激励问题

（一）股权激励分为三个层面

1. 第一层面：股权激励的框架和原则

第一层面是股权激励的基础，就像盖房子的“打地基”。如果地基不牢，房子自然不稳。第一层面包括股权激励的定义、激励目的、激励原则、激励模式和激励对象。

2. 第二层面：股权激励的方法和流程

第二层面就是股权激励计划的实操过程，进入“盖房子”阶段。第二个层面包括股权激励的来源、激励数量、激励价格、激励时间和激励条件。

3. 第三层面：股权激励的机制和改善

第三层面开始进入“装修和保养”阶段。设计好股权激励的配套机制，为稳步顺利推进股权激励保驾护航；同时，能够根据股权激励实施情况，通过机制设计来持续改善。

（二）在三大层面基础上，继续确定十大因素

第一层面包括：①定目的；②定原则；③定模式；④定对象。

第二层面包括：⑤定来源；⑥定数量；⑦定价格；⑧定时间；⑨定条件。

第三层面包括：⑩定机制。

（三）在十大因素基础上，继续细分二级问题

确定完十大因素之后，继续细分二级问题。为了方便查阅，本书采取表格的形式，对这些问题进行分类，合计 115 个二级问题。具体参见本书“附件 1 股权激励：三大层面十个因素 115 个股权激励问题”。

本书中所有关于股权激励的内容都是围绕着三大层面十个因素 115 个股权激励问题展开。

二、“PDCA”循环和股权激励计划实施

PDCA 循环是美国质量管理专家休哈特博士首先提出的，最早用于质量管理，后来，PDCA 循环由戴明先生在日本普及并发扬光大，又称“戴明环”。随着管理的互融互通，又将 PDCA 循环广泛应用于其他管理中，比如项目管理。

项目管理专家将项目管理分为四个阶段，即计划（Plan）、执行（Do）、检查（Check）和调整（Adjust）。后来，PDCA 继续发展，每一个字母有了新的衍生意义。

PDCA 循环最大的特点就是控制住过程，而且这个循环周而复始地进行，一个循环结束，解决一些问题，未解决的问题进入下一个循环，就这样实现阶梯式上升。具体见图 6-7。

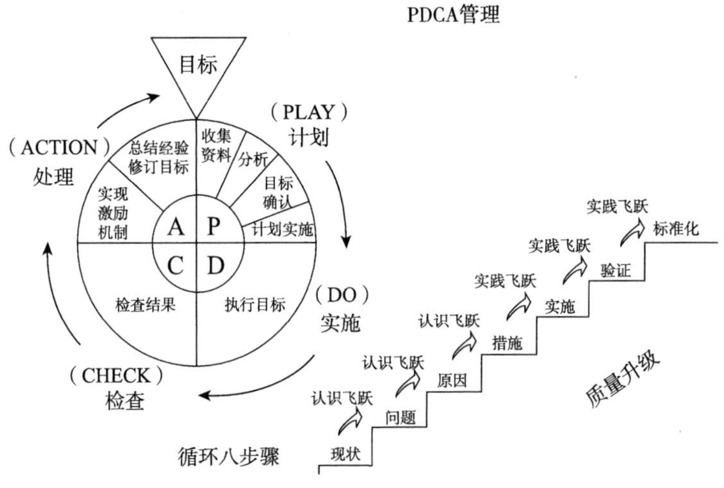

图 6-7　PDCA 管理循环

股权激励属于典型的项目管理，所以，实施股权激励完全可以应用“PDCA”循环理论。

（一）股权激励的 P（Plan）——设计股权激励方案

在整个股权激励 PDCA 循环中，计划（PLAN）是股权激励计划能够成功实施的关键。整个设计股权激励方案分为以下步骤，参见图 6-8。

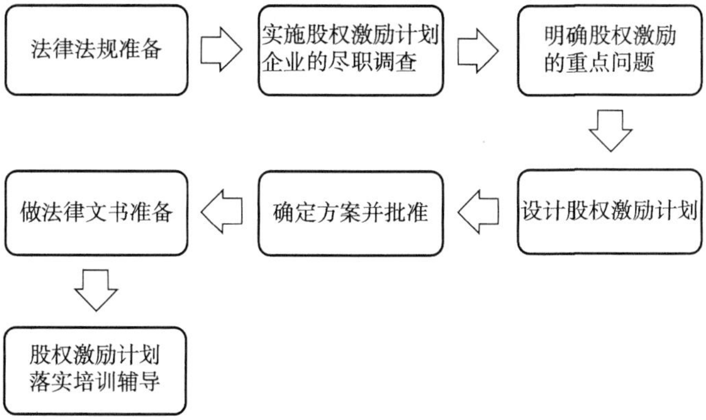

图 6-8 设计股权激励方案步骤

1. 法律法规准备

收集相关的股权激励的法律、法规、企业政策，对股权激励的可行性进行法律论证，寻求相应激励的法律依据；尤其是对于上市企业，股权激励相对应的法律法规更多、更严格，所以一定要注意激励的合法性。由于篇幅所限，把“中国大陆股权激励相关法律法规汇总表”做成附件 2，请读者自行查阅。

2. 实施股权激励计划企业的尽职调查

（1）企业信息收集分析

包括但不限于公司的公开资料、企业资信情况、经营能力、股权结构、人员构成、治理结构、行业特征等信息，具体参见表 6-4。

表 6-4　股权激励计划"信息收集"工作内容表

收集内容	意义描述与内容详述
信息收集目的	了解公司信息，力争股权激励方案的公平性、可执行性、合法性
公司基础资料	企业公开资料、资信情况、经营能力、股权结构、人员构成、治理结构、行业特征等信息，对企业基础面有一个框架性了解
行政程序资料	了解股权激励具体行政程序进，明确与企业性质（例如，上市公司还是非上市公司、国有企业还是民营企业，等等）相适应的股权激励的行政程序；同时，与行政程序相关的管理部门提前做好软性沟通和态度咨询

（2）企业尽职调查

包括但不限于公司设立及变更文件、公司章程、议事规则、规章制度、股权结构、组织架构、主要业务及经营情况、最近 3 年经审计的财务报告、全体人员构成情况及现有的薪酬政策、激励策略和薪酬水平、现有的激励制度和绩效考核标准、劳动合同、保密协议、竞争限制协议、股东会或董事会决议、上级主管部门的文件、中央及地方相关的股权激励政策等，具体参见表 6-5。

表 6-5　股权激励计划"尽职调查"工作内容表

尽职调查内容		意义描述与内容详述
公司外部基础性文件		公司设立、变更文件，包括工商登记材料及相关主管机关的批件
公司内部基础性文件	基础性文件	公司章程、议事规则、规章制度
	结构性文件	股权结构、组织结构
	运营性资料	主营业务、经营状况、最近 3 年经审计的财务报告
	薪酬性资料	人员构成、薪酬政策、激励策略和薪酬水平（包括但不限于管理人员与技术、业务骨干的职务、薪金、福利；其他人员的职务、薪金、福利等） 激励制度、绩效管理制度，运行效果、存在问题
	人事性资料	劳动合同、保密协议、竞争限制协议

续表

尽职调查内容		意义描述与内容详述
股权激励相关文件	股权激励内部决策文件	公司股东会或董事会决议、上级主管部门文件、证监会或证券交易所文件（适用于上市企业）、中央及地方相关的股权激励政策（适用国有企业）等
	激励因素相关资料	第一层面基础性资料（目的、原则、模式和对象）：公司董事会对股权激励的基本目的（目标）、原则、要求、激励对象范围、对象的基本情况、初步激励模式选择思路 第二层面操作性资料（来源、数量、价格、时间和条件）：公司董事会对股权激励的针对性要求，如实施周期安排、股票来源、总量和单量的初步设想、股票定价原则、股权归属方式、激励基金的提取条件、授予条件、行权条件等 第三层面保障性资料（机制）：公司董事会提出的股权激励特别注意的重点问题和可能的障碍、股权激励终止条件、退出条件、动态调整机制等

（3）做企业高层访谈

通过企业高层访谈，了解实行股权激励的范围、对象、基本情况、拟实现目标及初步思路、股权激励的基本要求及针对性要求。

3. 明确股权激励的重点问题

明确股权激励应关注的重点问题和可能的障碍；补充制作激励方案所需要的其他资料。

4. 设计股权激励计划

按照第一节中的“5W1H”思路，根据企业实际情况，设计有针对性的股权激励计划草案。

5. 确定方案并批准

讨论股权激励计划，并确定股权激励方案和配套制度；按照公司章程，报董事会薪酬委员会、董事会或者股东会批准。若是上市公司，则要发布股权激励公告。

6. 做法律文书准备

起草、出具股权激励计划实施所必需的法律文件、协议，包括股权激励协议、股权授予通知等配套法律文件。

7. 股权激励计划落地的培训、辅导

做好股权激励方案的落地实施的培训和辅导，为方案实施做好准备。

（二）股权激励的 D（Do）——启动、实施股权激励计划

（三）股权激励的 C（Check）——动态修正，为下一期股权激励计划做好准备或实时调整

动态修正有两层面的意思：一个是在执行过程中收集激励方案的反馈意见，总结优化，为下一期股权激励计划做好准备。第二是股权激励计划在实施过程中，对股权激励的实施情况进行全程的跟进、监控、优化、调整，也要随着员工的表现、个人在职、离职、退休、死亡等情况、公司的情况以及其他因素而调整。

在股权激励方案里，要有一套配套的调整、中止、退出、终止机制，适当地修正整个股权激励计划，最大限度地降低可能出现的风险及损失。

（四）股权激励的 A（Adjust）——及时调整处理各种新问题

处理激励中存在的问题是股权激励计划良性运转的保障，有助于巩固激励成果，控制或避免股权激励的风险。

股权激励 PDCA 四部分是各自独立的体系，又相互支持、相互关联，周而复始，循环上升，全方位保证股权激励计划的实施和优化。“控制住了过程，就一定控制住了结果”，这是目标管理的精髓，“没有过程控制的目标管理就是靠天吃饭”。

第五节　股权激励方案设计思路

利用好股权激励三大层面十个因素，做好股权激励方案设计，首先要遵从股权激励方案的三大特性，参见图 6-9。

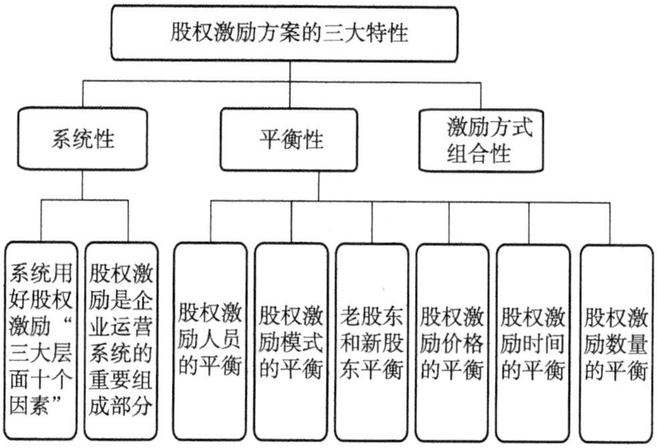

图 6-9　股权激励方案设计的三大特性

一、系统性

股权激励方案的系统性有两个含义。

（一）系统用好股权激励“三大层面十个因素”

在股权激励方案中，三大层面十个因素之间互相联系、互为因果，牵一发而动全身，构成一个完整的系统。因此，在实际设计股权激励方案时，要把三大层面十个因素综合起来，与企业实际情况相结合，系统考虑组合股权激励的三大层面十个因素。

（二）股权激励是企业运营系统的重要组成部分

具体表现在：

（1）股权激励是为完成公司战略目标服务的，是为实现战略目标保驾护航的，股权激励方案要和公司整体战略相配合。

（2）股权激励是公司整体激励系统的重要组成部分。员工的激励来自内因和外因两部分，具体见图 6-10。

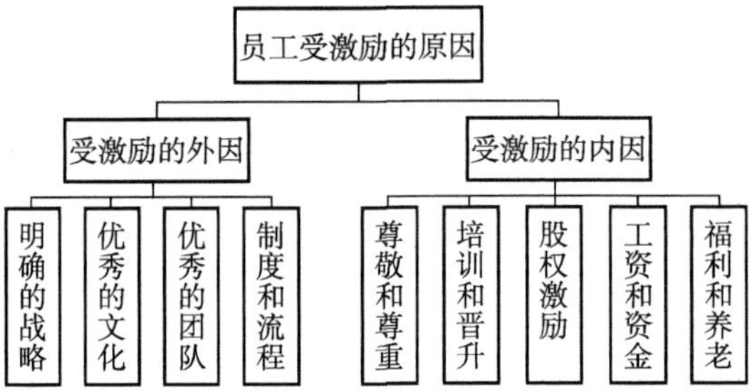

图 6-10　员工受激励的原因

员工受激励的外因包括以下几个方面：

①明确的战略，是企业发展和员工激励的牵引因素；

②优秀的文化，是企业发展和员工激励的融化因素；

③优秀的团队，是企业发展和员工激励的协力因素；

④制度和流程，是企业发展和员工激励的保障因素；

员工受激励的内因包括以下几个方面：

①尊敬和尊重，是员工激励的根本因素；

②培训和晋升，是员工激励的未来发展因素；

③股权激励，是员工激励的长效因素；

④工资和奖金，是员工激励的保健因素；

⑤福利和养老，是员工激励的必要因素；

通过上述分析，股权激励是公司激励系统重要的组成部分，同时也和公司治理、资本运作、股权结构等系统相互交差、相互关联。要综合考虑股权激励和企业运营（管理）各个模块之间的系统关系，做好股权激励与薪酬管理、绩效考核、公司治理、战略方向等的全面对接。

案例分析

A 公司创业期股权激励

A 公司是一家从事共享单车车锁研究的企业，成立不到两年时间，目前有员工 15 人，前不久刚刚与天使投资签署了投资协议，公司估值 1000 万元，天使投资 150 万元，占股 15%。

因为公司还没有盈利，不能给员工开出更多的薪酬，不能更好地留住核心员工，而现在公司经营到了关键时间，公司特别需要留住这些核心员工。该如何挽留呢？

企业创始人兼大股东、董事长张先生希望能够预留出来 15% 的股份设置成股权池，其中 5% 用于现有 5 名核心技术人员的激励，剩余 10% 留存起来，用于激励未来加入的核心员工。但是现在的 5 名员工最多获得 2% 的股权激励，最少获得 0.5%，作为最早的一同创业的核心员工，几名员工都感觉到股权激励太少，没有多大意义，所以留下来的兴趣不大。

如果你是创始人张先生，你该怎么办？该公司股权激励的目的是留住这些核心员工，用未来的股权弥补现在较低的薪酬，来吸引员工留下来。在创业初期，虽然企业成长性较高，但是利润和现金流都是负的，企业股权的价值低，对员工的吸引力不大。股权激励必须使激励对象对未来有足够的想象空间，否则会适得其反。一方面，老板特别委屈，因为已经把自己最有价值的那一部分激励出去了；另一方面，员工却不领情，认为没有现金激励来得痛快。尤其是对于这 5 名核心员工，属于特别能干的员工，激励不足等于没有激励。

既然股权的激励作用不大，员工更在意眼前的收入，于是，创始人张先生听取了咨询顾问的建议：①增加工资中固定薪酬的比例，减少员工的生活压力。②改直接股权激励为虚拟股权激励。③在三年内，员工获得相对更高比例的股票分红权、增值权。三年后，把部分虚拟股票变为实际股权激励。④股票未来的分红和员工自筹资金用于未来公司股权的购买。

案例反思 1：公司规模较小时，虚拟股权激励产生的激励感与企业的归属感都比较低，咨询顾问给出的虚拟股权激励无非是权宜之计，不能算做中小企业股权激励的标杆。

案例反思 2：在企业的初创期，员工对组织信任度不够，对企业未来发展信心不足，对组织没有多少认同感，更喜欢现金激励和短期收益，不喜欢股权、期权这种长期激励方式。这时候，公司应该怎么激励呢？

企业的当务之急是找到有创业梦想、个人价值观高度认同、看重股权长远收益的合伙人。如果没有找到见志同道合的合伙人，任何股权激励都是对牛弹琴。可是，如何找到志同道合的合伙人呢？

案例反思 3：除了找到志同道合者，初创期的企业在管理上还能做哪些事情呢？

（1）要建立初步的人才梯队培养计划，让员工感觉到公司有人才梯队计划，创始人对未来有足够的信心。

（2）要建立相对规范的财务制度，明确告诉员工和股东公司真实的财务报表情况，增加公司的透明度、信任度。

（3）要建立相对透明、成型的沟通决策机制，要求重要员工列席旁听董事会，每周定时召开公司的总经理办公会，让员工了解决策的产生过程，参与重要决策的制定，增加信心和透明度，增加信任度。

案例反思 4：哪些员工是公司的核心力量，是公司的关键员工？怎样才能把各种不可替代性的人才凝聚在一起呢？激励是一项综合性工作，股权激励也不是企业活下去、基业长青的“万能钥匙”，那么，除了股权激励外，公司还能做哪些工作？

（1）火车跑得快，全靠车头带

公司的创始人和领导者要有人格魅力，通过积极向上、阳光正能量、决策魅力、乐观、胸怀、胆识、气度，产生吸引力、凝聚力和信任度；创始人和领导者就应该是一根火柴，是一个小太阳，通过燃烧自己，让团队产生化学反应。领导者是团队战斗力的充分必要条件。

（2）团队要信任，有凝聚力

凝聚力来自团队成员之间的欣赏和信任，团队成员要优势互补、彼此信任。没有信任，自然没有凝聚力，何谈化学反应？要创造积极向上、信任、相互补位、“5+2，白加黑”的加班、不过多计较的创业型企业文化。

（三）制度虽不健全，但要严明

企业再小，也要逐步完善制度。要靠制度，而不是人情来管理企业。要严格制度，赏罚分明。

二、平衡性

在设计股权激励方案时，要做好各种平衡。主要包括以下几点：

1. 股权激励人员的平衡

做好业务部门与支持部门、老员工与新员工、高管和核心员工等各级员工的平衡。

2. 股权激励模式的平衡

做好股权激励模式的选择，利用好每一种股权激励模式的优缺点。

3. 老股东和新股东的平衡

既要降低老股东股份摊薄的影响，又要对新股东有足够的激励作用。

4. 股权激励价格的平衡

既要起到激励作用，使员工愿意购买股权激励标的物，又要保护老股东的利益，所以要合理定价。

5. 股权激励时间的平衡

将授予日、等待期和行权日等时间节点与公司整体战略目标周期平衡，既不要太长，也不要太短，拿捏好“股权激励时间”这个度，平衡好长期战略目标和短期战略目标之间的关系。

6. 股权激励数量的平衡

在总量和单量、激励人数、激励级别等之间做好平衡。

三、激励方式组合性

在本书后面章节“定模式——不同模式、不同情境、不同效用”中，列出常用的 12 种激励方式。这些激励方式各有特点，激励目的、激励作用、约束作用、风险程度都有所差异。

上市公司主要是采用限制性股票、股票期权等方式；非上市公司采用的股权激励模式更灵活，往往采用两种或两种以上的激励模式组合。上市公司和非上市公司都可以根据不同激励对象采用不同的激励模式选择，比如，顺丰控股 2017 年针对公司内的外籍人士实行股票增值权激励计划。

第七章

股权激励第一层面之一——激励理论与原则

在第六章，本书用“5W1H 理论”分析了股权激励的框架、思路和步骤，用“PDCA 理论”分析了股权激励的实施与改善。

在完成对股权激励的基本概念、框架、步骤和流程的描述之后，就进入股权激励的实操阶段。本书按照“三大层面十个因素 115 个问题”来讲述如何操作股权激励，参见图 7-1。

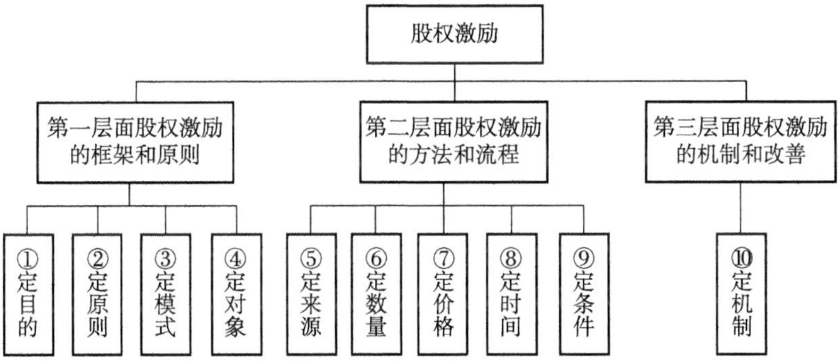

图 7-1　股权激励

第一层面是股权激励的框架和原则，是股权激励的基础，就像盖房子的“打地基”。地基不牢，房子自然不稳。第一层面包括以下几个方面：

1. 什么是股权激励？

2. 定目的：为什么要实施股权激励？股权激励的本质和终极目的是什么？

3. 定原则：股权激励依据的理论和原则是什么？

4. 定模式：选择什么样的模式进行股权激励？是实股还是虚股？是现股还是期股、期权激励？是限制性股票还是普通股票？是单一制还是混合制？

5. 定对象：如何确定激励对象？从激励效果上，如何设计股权激励计划，既要避免过于宽泛，又要避免过于狭窄？整体被激励的员工数量占比有多大？对于公司董事、监事、高级管理人员、核心管理人员、技术骨干、业务骨干，应该激励多少股权？采用什么形式？企业处于不同发展阶段，要想推进股权激励，重点要激励哪些对象？初创期重点激励哪类人？发展期重点激励哪类人？成熟期重点激励哪类人？

第二层面股权激励的方法和流程，就是股权激励计划的实操过程，进入“盖房子”阶段。包括：

1. 定来源：股权激励涉及的股票从何而来？是原有股东稀释还是二级市场回购？是增资扩股还是公积金转增资本？是不是上市前预留出来的？

2. 定数量（总量+单量）：用于股票激励的蛋糕有多大？不同阶层、不同时间段加入的激励对象如何进行分配？如何衡量岗位的相对价值？是着眼于未来还是着眼于过去的历史贡献？

3. 定价格：如何计算股票价格？是净资产价格还是折价？折价还是溢价还是平价？如何评价技术入股的价值？如何设计虚拟股票价格模型？

4. 定时间：企业处于什么阶段？应采取什么样的激励模式？如何确定授权日、等待期及行权日？如何设计延期支付？限制期多长才比较合理？禁售期应为多长？

5. 定条件：如何设计股权激励的约束条款？行权条件是什么？如何设计公司的总体绩效、个体绩效与行权条件？如何选择合理的行权方式？如何设计否决性条款和股权激励的“高压线”？

第三层面是股权激励的机制和改善，就是进入“装修和保养”阶段。设计好股权激励的配套机制，为稳步顺利推进股权激励保驾护航；同时，能够根据股权激励实施情况，通过机制设计持续改善激励机制。比如：如何进行制度设计，根据实际情况进行股权激励计划的调整、变更和终止？如何设置股权激励计划的进入机制和退出机制？如何设置股权激励计划的动态调整机制？如何防止成为小股东后失去动力或者激励不足，反而起到反作用？

下面，本书将分几章来论述股权激励设计的“三大层面十个因素”。

第一节　定原则——股权激励的设计原则

在制定股权激励方案之前，需要掌握以下原则，参见图 7-2。

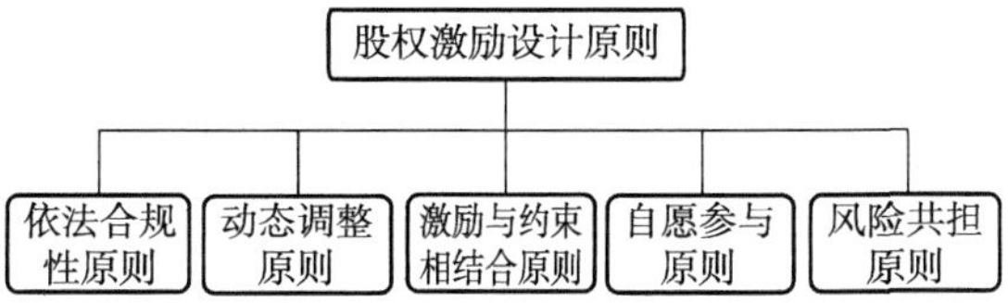

图 7-2　股权激励设计原则

一、依法合规性原则

依法合规是股权激励所应遵守的基本原则。企业在实施股权激励计划时，必须严格遵守国家关于股权激励、税务处理等方面的法律法规。

根据公司性质，可以将公司分为上市公司和非上市公司两大类。同时，国有企业又受国资委或地方国资委管辖。中国大陆涉及股权激励的主要法律法规分为普适性法律法规、上市公司适用性法律法规、国有企业适用性法律法规、股权激励中税务处理法律法规以及非上市公司监督管理办法，等等。具体请参照本书附录 2。

二、动态调整原则

股权激励是企业的一种长期相对固化的激励手段，但是在企业长期发展过程中，影响股权激励的许多因素又是变化的。比如：

1. 企业战略变化、组织架构变化，造成激励对象岗位价值变化。

2. 企业不同发展阶段，股权激励方式不同，选择激励对象岗位价值也不同。

3. 不同时期，激励对象对企业的信任度、未来前景、员工进取心、股权激励效果等的看法会发生变化。

4. 不同时期，激励对象与企业的关系会发生变化，比如退出管理层、离职、辞职、辞退、退休等等。

5. 不同时期，激励对象的生理状态不一样，会生老病死。

以上各种情况造成了股权激励的长期性（稳定性）和变化性（动态性）之间的矛盾。尤其是被激励对象成为工商注册股东之后，不论是什么原因，如果激励效果丧失的话，企业反而“请神容易送神难”，造成股权纷争，对企业造成极大伤害，所以，股权激励计划既要保持相对的稳定性并增加股权激励的可信度，又要避免体制僵化和一劳永逸。

这就给股东激励计划提出了动态化要求：必须建立股权激励动态调整机制，为股权激励留下动态调整空间——企业业绩不好，激励对象业绩不好，激励对象退出等原因，股权分配、收益分配等都可以依据事先约定好的动态调整机制，进行动态调整。

具体来讲，动态的股权激励是指激励对象的选择、激励方式（包括期权、期股、虚拟股票等）、激励数量总额、个体的激励数量、进入价格、行权时间、收益分配、激励业绩考核要求、退出机制等激励要素都是动态的，均可以根据约定可进可退、可增可减、可有可无。

动态的股权激励机制目的是保持股权激励的活性、可进可退和动态调整，使股权激励既有激励性又有约束性，缺一不可。

案例分析

信誉楼股权激励的动态机制①

1988 年，河北黄骅信誉楼集团创始人张洪瑞先生进行了劳动股份制的

① 胡宇萌．信誉楼：人力资本管理模式［J］.北大商业评论，2007（4）：150-153.

尝试；2002 年，信誉楼实施货币资本依附于人力资本的股权设置方案，并通过修改公司章程，使这种动态的股权调整机制具备合法性。参见图 7-3。

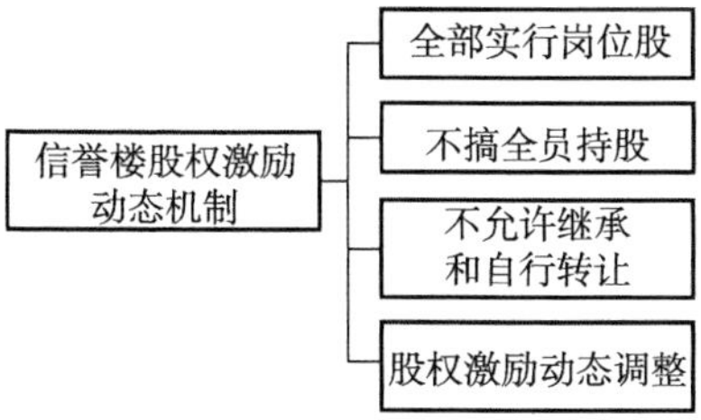

图 7-3 信誉楼股权激励的动态机制

1. 全部实行岗位股

全部实行岗位股，不同的岗位授予不同的股权；岗位变动时，股权随之变动；员工退休或离职时，其股权全部按离退时的价值收回，以保证股权永远掌握在对企业有用的人才手里。

2. 不搞全员持股

不搞全员持股，让股权掌握在为企业创造较大价值、对企业前途有重要作用的员工手中，用股权激励核心员工。最新资料显示，信誉楼一共有员工 25000 多名，9000 多持股岗位，占员工总数的 30%左右。

3. 不允许继承和自行转让

员工持股的上限按其即时级别和作用而定，保证股东会是一个高素质的群体。员工个人持股不得超过公司总股本的 5%；股权不允许继承（包括创始人）和自行转让，避免不称职的人操纵企业的现象；在公司存续期间，不得以任何理由自行退股。

4. 股权激励动态调整

（1）核心员工从得到授予的虚股开始即成为公司的股东。货币出资前为虚股，虚股享有分红权，不享有增值权；出资后为期股，期股期间享有分红权和部分增值权；期股满五年为实股，实股享有分红权和增值权。

（2）期股期间，降级者将其减少部分的股权按投入金额收回，并按相应比例计算增值，存入公司。降级前按原股权分红，从降级当日起只享有变更后股权的分红权。

（3）期股期间，股东自行离职或被开除的，公司有权将股权按投入金额收回，不享有本年度的分红权。实股期间，股东自行离职或被开除的，按上年度末公布的股值清算，不享有本年度的分红权。

（4）期股期间，股东被派往子公司，股权退出时暂按上年度末公布的股值收回；公司公布本年度股值后，再清算该年度工作时间内的分红和增值，增值部分存入公司。

（5）实股期间，股东降级将减少其股权；股东降级、股东退休或被派往子公司的，将其全部股权暂按上年度末公布股值收回；公司公布本年度股值后，再清算该年度工作时间内的分红和增值。

（6）股东有损害公司利益的行为，公司有权将股权（包括实股）按投入金额收回，且不享有本年度的分红权，造成损失的另追究赔偿责任。

三、激励与约束相结合原则

通常来讲，一谈到股权激励，首先想到的就是激励作用。其实，除了激励作用之外，更重要的还有约束作用，要注重建立约束机制。

建立股权约束机制要结合国家的法律法规、企业规章制度、内部控制管理系统等制度，对激励对象业绩目标和行为有约束，使激励对象的责权利对等。例如，行权条件就是股权激励的约束机制。

管理工具

上市公司股权激励的行权条件

目前，我国上市公司多采用财务指标作为股权激励的行权条件，包括净利润或净资产收益率的增长率、复合增长率等；并且要求增长率计算基数采用扣除非经常性损益前后孰低值来计算。

例如，某公司股权激励方案规定行权条件包括：

（1）激励对象行权的前一年度绩效考核为90分及以上；

（2）本年度净利润同比增长15%；

（3）前一年度，扣除非经常性损益后的加权平均净资产收益率不低于10%。

最常见的股权约束机制包括：公司业绩要求、个人绩效考核要求、公司服务期限要求、勤勉尽责的要求、不得损害公司利益的要求，等等。如果激励对象没有遵守承诺，或者没有达到绩效要求，则根据双方事先约定，公司有权或剥夺已授予股份、或减少授予股份、或退还股份收益、赔偿公司经济损失等。

通过约束机制，力促激励对象更勤勉工作，同时，约束其经营行为，防止发生道德风险，防止发生有损企业利益的行为，保证股权激励的顺利实施，保证企业健康发展。

案例分析

美的集团的股权激励的行权条件

2014年1月13日，美的公司发布《股票期权激励计划（草案）》公告，对股权激励行权条件约定如下：

表7-1 美的集团股权激励业绩考核要求

阶段	业绩考核指标	
	净利润	净资产收益率
第一个行权期	2014年的净利润增长较2013年不低于15%	2014年度净资产收益率不低于20%
第二个行权期	2015年的净利润增长较2014年不低于15%	2015年度净资产收益率不低于20%
第三个行权期	2016年的净利润增长较2015年不低于15%	2016年度净资产收益率不低于20%

2015年3月31日，美的公司发布公告，拟推核心管理人员持股计划及员工股票期权激励计划。行权安排和业绩考核条件为：在满足行权条件的情况下，激励对象获授的股票期权分3批行权。具体行权时间安排如表7-2所示：

表 7-2　行权时间安排表

阶段名称	时间安排	业绩考核指标	行权比例
第一个行权期	自授权之日起 12 个月后的首个交易日起至授权日起 36 个月的最后一个交易日止	2016 年的净利润不低于前三个会计年的平均水平	三分之一
第二个行权期	自授权之日起 24 个月后的首个交易日起至授权日起 48 个月的最后一个交易日止	2017 年的净利润不低于前三个会计年的平均水平	三分之一
第三个行权期	自授权之日起 36 个月后的首个交易日起至授权日起 60 个月的最后一个交易日止	2018 年的净利润不低于前三个会计年的平均水平	三分之一

案例分析

深圳拓邦股份有限公司二期股票期权激励计划

表 7-3　本次授予股票期权行权安排

行权期	行权时间	可行权数量占获授期权数量比例
第一个行权期	自授权日起 12 个月后的首个交易日起至授权日起 24 个月内的最后一个交易日当日止	30%
第二个行权期	自授权日起 24 个月后的首个交易日起至授权日起 36 个月内的最后一个交易日当日止	30%
第三个行权期	自授权日起 36 个月后的首个交易日起至授权日起 48 个月内的最后一个交易日当日止	40%

行权条件：本计划在 2013—2015 年的 3 个会计年度中，分年度进行绩效考核并行权，每个会计年度考核一次，以达到绩效考核目标作为激励对象的行权条件。各年度绩效考核目标如表 7-4 所示：

表 7-4 行权条件

行权期	绩效考核目标
第一个行权期	2013 年加权平均净资产收益率不低于 10%，以 2012 年净利润为基数，2013 年净利润增长率不低于 90%
第二个行权期	2014 年加权平均净资产收益率不低于 10.5%，以 2012 年净利润为基数，2014 年净利润增长率不低于 110%
第三个行权期	2015 年加权平均净资产收益率不低于 11%，以 2012 年净利润为基数，2015 年净利润增长率不低于 140%

案例分析

欧派家居 2017 年限制性股票激励计划

解锁安排：本激励计划授予的限制性股票限售期为自授予日起 12 个月、24 个月。激励对象根据本激励计划获授的限制性股票在解除限售前不得转让、用于担保或偿还债务。限售期满后，公司为满足解除限售条件的激励对象办理解除限售事宜，未满足解除限售条件的激励对象持有的限制性股票由公司回购注销。

本激励计划授予的限制性股票的解除限售期及各期解除限售时间安排如表 7-5 所示：

表 7-5 解除限售计划表

解除限售安排	解除限售时间	解除限售比例
限制性股票 第一个解除限售期	自授予日起 12 个月后的首个交易日起至授予日起 24 个月内的最后一个交易日当日止	50%
限制性股票 第二个解除限售期	自授予日起 24 个月后的首个交易日起至授予日起 36 个月内的最后一个交易日当日止	50%

解锁条件：

（1）公司拟在 2017 和 2018 两个会计年度中，分年度对公司营业收入增长率（N）及净利润增长率（M）进行考核。根据上述两个指标的完成程度来核算解锁系数（A），结合各期约定的解锁比例，从而确定激励对象各期可解锁权益的数量。

（2）营业收入、净利润增长数值均以公司该会计年度审计报告所载数据为准。其中，净利润指标均以经审计的扣除非经常性损益后归属于母公司股东的净利润并剔除股权激励影响后的数值作为计算依据。

（3）公司营业收入增长率（N）及净利润增长率（M）均以2016年度经审计的营业收入及经审计的扣除非经常性损益后归属于母公司股东的净利润为考核基数，2017和2018年度的考核目标如表7-6列示：

表7-6　年度考核目标

考核目标达成值	2017年比2016年增长	2018年比2016年增长
营业收入增长率（N）	20%	44%
净利润增长率（M）	30%	69%

（4）假设：考核年度的实际营业收入增长率为X，实际净利润增长率为Y，则解锁系数（A）的公式为：

①解锁系数（A）$=0.4*X/N+0.6*Y/M$

②按照上述公式，则有：

2017年解锁系数（A）$=0.4*X/0.2+0.6*Y/0.3$；

2018年解锁系数（A）$=0.4*X/0.44+0.6*Y/0.69$；

③当年解锁系数（A）<1，则解锁比例=0%；

当年解锁系数（A）≥ 1，则解锁比例=当年可解锁数量×100%。

除了依法合规性、动态调整机制、激励与约束结合三大原则之外，制定股权激励计划还要依据自愿参与、风险共担等原则。因后两者比较简单，在此不再赘述。

管理工具

如何避免股权激励的负面效应？

股权激励是一把双刃剑：没有股权激励，不能把公司与员工长期捆绑在一起，不能调动员工的积极性。有了股权激励，如果操作不好，员工会怨声载道，不但不能激励，还会产生负面效果，有时甚至还不如不实行股权激励。

为了避免股权激励的负面效应，公司需要做好以下几点，参见图7-5：

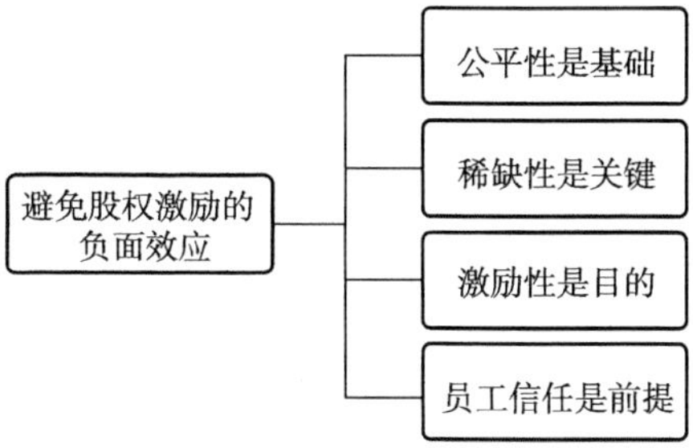

图7-5 避免股权激励的负面效应

（1）公平性是基础

在确定激励对象、激励数量和激励价格等重要影响因素的时候，公司与员工要高度协商，员工高度参与，力争在股权激励方案的制定过程中体现出公平性。

（2）稀缺性是关键

股权激励是一种稀缺资源，它的主要目的一定是着眼于未来，找到志同道合的同路人。从这方面讲，股权激励比其他绩效考核激励要更高端、更稀缺，因此，千万不要把股权激励和普通奖励混为一谈，更不能成为员工的一项福利。与其他的奖励强调公平相比，股权激励更强调的是效率。人力资源的其他奖励是着眼过去、对历史贡献的公平性进行反馈，而股权激励是着眼于未来，激励核心高管和骨干，致力于提升企业的经营绩效，更强调提升公司的经营效率。绝对不能将股权激励做成股权奖励，这是对股权激励最大的误解。

（3）激励性是目的

通过最稀缺性资源的激励，公司希望将员工与公司捆绑在一起。员工有信心、有干劲，为公司干，也是为自己干。无论采用实股还是虚股，股权激励都是原来股东把自己最宝贵的股权（或者股票的分红权、增值权）拿出来。所以，倡导股权激励的企业家一定具有博大胸怀，能够做到利益共享。如果实施股权激励之后，企业丧失了高增长，股权激励的作用就会大打折扣，与企业家放弃股权资源所希望得到的回报不成正比。

（4）员工信任是前提

股权激励能不能实现上述的激励目的，很大程度上取决于激励对象对股权稀缺性和创始人股东博大胸怀的了解、认同、认知、信任。这四个关键词是依次递进的关系：没有信任，就没有人和，稀缺性就得不到任何珍惜，激励性更无从谈起。

第二节　定原则——股权激励，面向未来还是因为过去

在本章第二节，主要分析的是设计股权激励总的参考原则。但在设计股权激励方案中，还需要确定一个重要的指导思想：股权激励，是面向未来还是兼顾过去？

换句话说，设计股权激励方案的时候，必须思考下列问题：

①确定激励对象和激励额度，是以过去的业绩、贡献为主，还是以现在和未来的潜力和能力为主？

②股权激励如何能够兼顾过去，具有奖励和福利的意义？如何主要面向未来？如何激励人、留住人？

上面的问题好像是把未来和过去给完全切割开了，也把针对过去的奖励和未来的激励也完全给切割开了。但实际上，无论在过去还是未来，公司是一个连续发展的整体，激励对象是连续服务、贡献、成长的同一批人，没有过去就没有未来。在设计股权激励方案时候，必须既面向未来，又要兼顾过去。要做到以下几点，参见图 7-6：

图 7-6　面向未来还是兼顾过去

一、确定激励对象、激励数量的重要参考依据之一就是“员工的历史贡献”

股权激励核心目的是找到能够成就共享、风险共担同路人，通过股权捆绑，进行激励或者惩罚，与企业同进退。那么，如何找到未来的同路人呢？如何进行股权分配呢？

在评估岗位价值、判断不可替代性（技术或能力）时，要依靠“人和”的第一感觉（就是和谁配合舒服），但更主要是根据激励对象过去的业绩、历史贡献，尤其是对企业的忠诚度。对未来的贡献和成长，任何员工都可以通过语言包装作出美好的描述和动听的承诺，但实际效果只能是“谁用谁知道”。

在人力资源招聘面试中，有一种面试方法叫作行为面试法，就是通过了解面试对象过去的行为，判断他的真实能力，由此推断出员工未来也会表现出来同样的能力，取得类似或者更好的业绩。在判断股权激励对象、分配激励数量时，也要依据类似的理论。

在这种意义上，股权激励也成了对过去历史贡献的奖励，但绝不是股权激励的主要作用，而是伴生作用。“只有做到，才能得到”永远是激励理论的出发点和归宿。

二、基于现在，必须要激励正在“跑步”的人

企业经营不是短跑比赛，而是“马拉松”比赛。企业的经营过程，是

一批一批企业员工“马拉松接力”的过程。股权激励必须要激励正在“跑步”的人。只有“活在当下”，把企业经营好了，才能传给未来继续为企业“奔跑”的人。

三、面向未来，通过股权激励，使企业未来取得更辉煌的成绩

通过股权激励，能够让人力资本以主人翁心态参与经营。一方面，放大激励手段，能够使激励对象释放更大的活力；另一方面，通过股权，把“船员和船”捆绑在一起，“胜则举杯相庆，败则同归鱼腹”，达到传统薪酬激励和绩效考核所不能达到的激励和约束效果。

基于这样的目的，与用股权“奖励过去”相比，面向未来才是股权激励最核心的目的。在未来实施股权激励之后，激励对象和企业的关系发生了转变，激励对象的身份、企业治理结构和议事规则和方式也发生了转变，员工参与企业的方式和被激励的程度也随之发生转变。

在未来，所有的这些转变都会带来员工个人绩效的转变和企业整体绩效的转变，所以，股权激励“基于过去，更着眼于未来”。没有未来的更加辉煌，股权激励价值就将大打折扣。

基于上述原因，在选择激励对象和激励数量的时候，必须既要基于过去又要着眼于未来，判断谁能够给企业未来带来更大价值，就要激励谁。如果老员工因为已经具备一定的财富积累、取得了一定的企业和社会地位，开始害怕失败、不敢创新、不思进取、小富即安、贪图享乐，企业就要果断地把这些人从股权激励名单中剔除，或者降低激励数量，或者通过事先约定和公司章程，将已经分配的股权收回，转而奖励那些真正能够为企业未来带来更大价值的人。

综上，关于员工过去、现在和未来价值的判断，可以浓缩为一句话：面向未来、基于现在、考虑过去。

案例分析

联想股权激励的智慧

在联想股权激励设计中，充分体现了董事局主席柳传志先生的智慧。

1. 通过“拐大弯”，获得了虚拟股权激励

柳传志先生一直提倡“拐大弯”的智慧。联想集团是由中国科学院投资的国有企业，在当时政策和环境下，如果“幻想”股份制改造，一定会被扣上“国有资产流失”的大帽子，许多国有企业家都死在MBO（管理层收购）的路上。

1993年，柳传志先生充分发挥了“拐大弯”的智慧，退而求其次，与中科院经过一年多的磋商约定，中科院同意“中科院占20%，计算所占45%，联想集团的管理层和员工占其余35%股权分红权”方案。这是联想股权激励走出的第一个大弯。

2. 分红未分配，为股权激励解决了资金来源

在当时，关于股权激励、股权分红相关的税务问题法律法规还不像如今这样健全，分红的钱当时并没发放，而是一直存在企业的账上。这样做，既保证了在当时政策条件下的“政治安全”，又为未来进一步的股权激励解决了资金来源。

3. 联想上市，35%干股分红转化为期权

1998年，联想集团在香港上市，借助香港上市的政策和交易所规定，联想集团管理团队的35%干股分红转化为期权。通过期权激励，把虚拟股权转换为期权，从法律上明确了管理层未来获得35%股票认购权的激励。

4. 股份制改造，管理层收购35%的股权

2001年，联想集团进行了股份制改造，用历年累计的分红买下了35%的股权，这样彻底完成了股权激励第一大步，管理层华丽转身为真正的股东。

5. 股权分配原则：面向未来，基于现在，考虑过去

这是股权激励最核心的一步，前四步是如何获得用于股权激励的股

票。这一步是如何分配股权激励。这一步解决不好，前功尽弃，一切归零，甚至还有负面效应。柳传志先生的智慧更是表现得淋漓尽致，他按照“面向未来，基于现在，考虑过去”的原则，把激励对象分为三部分：

（1）考虑过去

第一部分是1984年和联想一起创业的元老，总共15人。联想拿出股权激励总额35%中的35%，激励这些创业元老。同时，“股权换兵权”，让创业元老“和平退居二线”，把杨元庆等年轻人提拔起来。

（2）基于现在

第二部分是当下正在创造业绩的核心骨干，主要是1988年6月1日以前的老员工，约160人。联想拿出激励总额35%中的20%，激励他们创造更大业绩。

（3）面向未来

第三部分是留给未来的新加盟或者新提拔的重要（核心）员工。这部分员工占比例最高，占激励总额35%中的45%，这部分用来激励未来需要引进的人才或者现在的骨干在未来取得更大的成绩。

通过上面的股权激励案例，可以得出以下结论：

（1）学会用时间换取空间的“拐大弯”智慧

任何事情解决都要结合外部环境，要学会用时间换取空间，否则冒着风险硬上，只能是欲速则不达。“慢就是快”，这就是“拐大弯”的智慧。

（2）没有过去，就没有未来

股权激励必须考虑老员工，因为他们是公司的奠基人，在创业相当艰难的情况下创造了历史价值。在任何时候，“忘记历史，就是背叛”，股权激励也不例外，一个公司对待老员工的态度，体现了公司对历史的尊重和企业的人文情怀。

（3）企业经营是马拉松接力，必须激励正在“跑步”的人

没有过去，就没有现在。同样，没有现在，就没有未来。基业长青的企业都是一年一年的优秀业绩积累起来的。“不积跬步，无以至千里”，必须激励现在正在拼命奔跑的人。

(4) 着眼未来，留有余地

企业经营就像下象棋，必须“走一步，看两步，想三步”。做任何事情，都要有规划，做好空间、时间、层级的“顶层设计”，必须为未来发展预留下足够的股权激励空间。

(5) 股权激励的“二八原则”

管理学中有个著名的“二八原则”，即20%的核心员工创造了企业80%的价值。企业必须激励这20%的核心员工，因为只有他们才可能是不可替代的。联想激励正在创造业绩的约160人核心骨干，就是“二八原则”的在联想股权激励中的具体应用。

第八章

股权激励第一层面之二——激励对象与模式

第七章重点谈的是第一层面股权激励的理论和原则，这一章重点谈股权激励对象和激励模式。

第一节　定对象——“股权绣球”抛给谁

选择激励对象是股权激励设计中最重要、最核心的一环。任何股权激励的出发点和归宿都是“人”，就是要通过股权激励，使激励对象更加努力工作，更快提高企业经营绩效。

选择激励对象是股权激励成功与否的必要条件。选对了人，股权激励就成功了一半；选错了人，股权激励方案就全盘皆输。

管理工具

如何确定股权激励对象

（1）确定激励对象时，一般考虑哪几种因素？如何从法律法规、激励效果、企业发展阶段、企业类型、公平公正原则、不可替代原则、未来价值原则等方面来确定激励对象？

（2）从激励效果上，如何设计股权激励计划，既要避免过于宽泛，又要避免过于狭窄？整体被激励的员工数量占比有多大？

(3) 对于上市公司，根据法律法规，哪类人可以成为激励对象？哪类人肯定不能成为激励对象？

(4) 对于非上市公司，股权激励要激励哪些人？确定激励对象的原则有哪些？激励对象是岗位还是人？

(5) 企业处于不同发展阶段，要想推进股权激励，重点要激励哪些对象？

企业一般从法律法规、激励效果、企业发展阶段、企业类型、公平公正原则、不可替代原则和未来价值原则等几方面来确定股权激励对象。参见图 8-1。

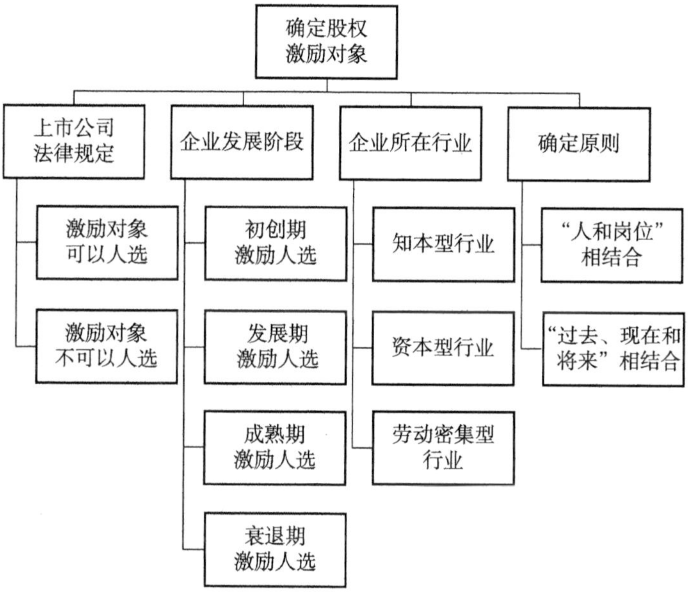

图 8-1　确定股权激励对象

一、上市公司法律规定

上市公司股权激励对象的确定，有着严格的法律规定，主要的法律依据是《上市公司股权激励管理办法》（以下简称《管理办法》）。对于非上市公司股权激励对象的确定，没有明确的法律法规作为依据。

按照《管理办法》第八条规定，激励对象可以包括：

（1）上市公司的董事、高级管理人员、核心技术人员或者核心业务人员；

（2）公司认为应当激励的对公司经营业绩和未来发展有直接影响的其他员工，但不应包括独立董事和监事；

（3）在境内工作的外籍员工任职上市公司董事、高级管理人员、核心技术人员或者核心业务人员的，可以成为激励对象。

同时，第八条还明确规定，下列人员不能成为激励对象：

（1）独立董事和监事；

（2）单独或合计持有上市公司5%以上股份的股东或实际控制人及其配偶、父母、子女；

（3）最近12个月内被证券交易所认定为不适当人选；

（4）最近12个月内被中国证监会及其派出机构认定为不适当人选；

（5）最近12个月内因重大违法违规行为被中国证监会及其派出机构行政处罚或者采取市场禁入措施；

（6）具有《公司法》规定的不得担任公司董事、高级管理人员情形的；

（7）法律法规规定不得参与上市公司股权激励的；

（8）中国证监会认定的其他情形。

案例分析

2017年度股权激励对象人数占比

2017年，A股396家上市公司共计公告407个股权激励计划，2017年度激励对象人数占上市公司总人数的比重平均在12.59%左右，其25分位值在4.12%左右，50分位值在9.31%左右，75分位值在17.08%左右。这三类数值相比于近十年的历史平均数据都有所提高，说明2017年度的股权激励计划在激励人数上是有所提高的。

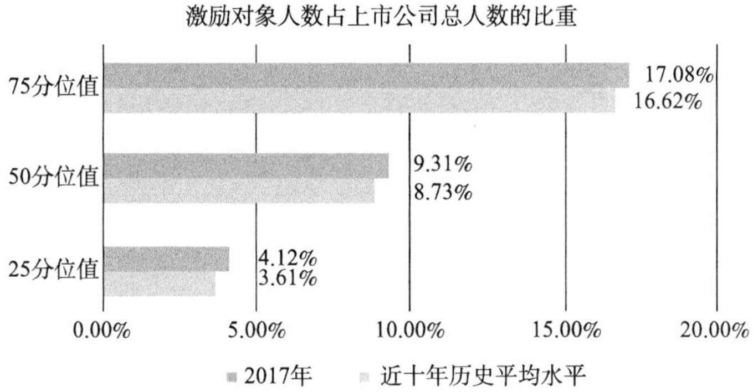

图 8-2　2017 年度股权激励对象人数占比

二、企业发展阶段

企业处在不同的发展阶段，对不同类型员工的依赖程度不一样。比如在创业期，最重要的是研发核心，包括掌握核心技术的普通员工；到了成长期，营销和运营管理人员越来越重要；到了成熟期，越来越需要高水平的经营和管理人才，需要提高企业管理层的股权激励比例和力度。

理论上，处于不同发展阶段的企业，在确定激励对象时侧重点也会有所不同。具体参见表 8-1：

表 8-1　不同阶段，不同股权激励对象

不同阶段	重点激励对象
初创期	中高级管理人员、企业技术骨干
发展期	经营管理层、技术骨干和市场营销骨干
成熟期	企业管理层、新技术的研发人员
衰退期	企业经营管理层和新项目的研发人员、企业再造关键人员

但实际上，企业经营是一个连续过程，没有明确界限说明哪个阶段重点依靠哪些员工。在任何阶段，任何员工都是不可或缺的，只是阶段性的重点不一样。

二、企业所在行业

不同类型的企业，不同的激励重点，自然要有不同的激励人数规模和比例。企业可以归为三种类型：知本型、资本型和劳动密集型。比如，金融业属于典型的知本型，人力资本高，员工普遍知识化程度高，员工更靠金融智慧挣钱，企业架构的金字塔“更扁平”，顶端到末端的权力距离更短，管理层级少，股权激励人数占比达到 55. 59%。而在传统行业，比如农、林、牧、副、渔企业，员工从业人数大，大部分属于劳动密集型，大部分员工从事的工作技术含量相对较低，企业架构的金字塔“更瘦高”，顶端到末端的权力距离更远，管理层级多，相对股权激励人数占比最低，达到 4. 59%。

案例分析

2017 年度 A 股上市公司股权激励人数研究

2017 年度股权激励总人数占公司 2017 年报员工总数的平均比例，其中各行业 2017 年度股权激励总人数平均占比最高前三与最低前三的激励情况见图 8-3：

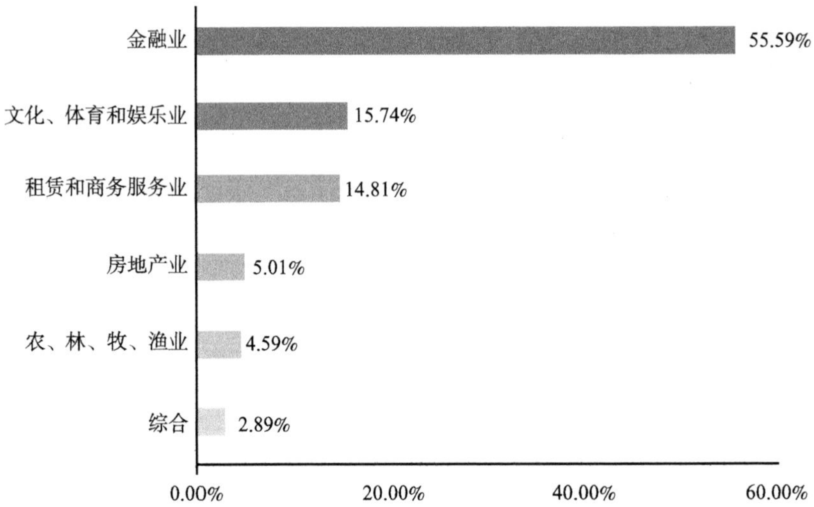

图 8-3　各行业 2017 年度股权激励总人数平均占比

通过图 8-3，可以看出来，享受股权激励人数占公司总人数的比例没有相对统一的标准，但也有一定的规律。总体来讲，激励比例与行业性质、公司人数、员工素质、技术聚集程度、人力资本、金字塔的扁平程度、管理层级、权力距离等因素有高度正相关性。

再看一下河北黄骅信誉楼集团的案例：一共有员工 25000 多名，9000 多持股岗位，约占员工总数的 30%。在传统的劳动密集型行业里，股权激励人数占比超过 30%绝对是相当高的比例了，这体现了信誉楼集团不同凡响的管理和激励模式。

第一，确定股权激励对象的原则。确定股权激励对象，要沿着两个维度进行思考：岗位和人。

第二，要沿着“人岗”维度，将人和岗位相结合。股权激励对象到底是根据“岗位”还是根据“人”，这是一个“智者见智，仁者见仁”的过程。实际计划中，确定激励对象是一个综合过程，“人和岗位”的关系绝对不是“丁是丁，卯是卯”的泾渭分明，两者要高度结合。

第三，要沿着时间维度，将过去、现在和将来相结合。股权激励的目的是奖励老员工的历史贡献，更重要的是激励当下的员工，在现在和未来为企业做出更大贡献。

所以，在确定股权激励对象的时候，要按照面向未来、基于现在、考虑过去的原则，把过去、现在和未来放在一起综合考虑。

（一）“人和岗位”相结合原则

根据多年股权激励设计经验，应该将人和岗位相结合，综合衡量人和岗位的关系来确定激励对象，参见图 8-4。

1. 激励对象首先是“人”

相对于寻找合作伙伴（包括天使投资、战略投资和财务投资者等）的“资和”，股权激励更是要讲究“人和”。尤其对于非上市企业来讲，公司在确定激励对象人选方面，话语权更大，更要讲究“人和”。

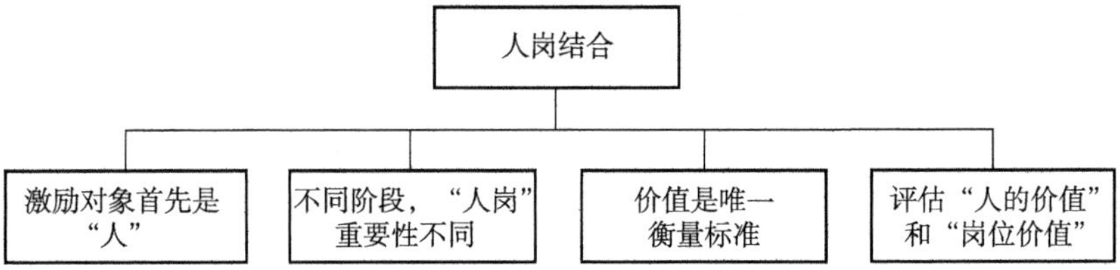

图 8-4 “人和岗”相结合原则

在企业生命周期四大阶段中，越早进行股权激励，越要看“人和”。其实，“人和”就是相互在一起工作时愉悦的感觉，没有多少可以量化的标准。比如，成为股东的首要条件是认同公司价值观、对公司高度忠诚，但是，“认同公司价值观、对公司高度忠诚”却没有统一的标准，只能靠双方的心灵感知。

2. 不同阶段，“人岗”重要性不同

如果企业处在创业期和成长期，业务模式、组织架构、岗位职责等都相对不固定，“一人多岗”现象比较正常，此时，激励对象首先应该是“人”。

到了成熟期，企业业务模式、组织架构、岗位职责相对固定，岗位员工的成熟度高，岗位价值评估与绩效评价高度标准化，此时，激励对象首先应该是“岗位”。

3. 价值是唯一衡量标准

在推行股权激励计划中，无论是以“岗位”还是“人”为标准，共同衡量标准都是“价值”，也就是要根据岗位价值或者员工的价值来判断。

案例分析

A 公司股权激励对象的范围

为了调动员工积极性，吸引留住核心人才，提高公司的销售收入和经营利润，从财务数据上达到上市公司条件，A公司出台了股权激励计划。

公司设计了三级销售平台：集团公司、生产子公司和销售子公司。集团公司职能部门激励对象在集团公司进行股权激励；生产子公司激励对象在生产子公司进行股权激励；销售子公司激励对象在销售子公司进行股权激励。

（1）集团公司激励对象：总裁、副总裁；总监、核心部门经理、优秀员工；其中，享受股权激励的优秀员工应具备以下条件：

所有的激励对象必须在公司工作满4年并符合下列任意一项或多项条件：

①每年年度绩效考核成绩为优秀。

②对公司有特殊贡献（由公司上报，董事会评定）。

③掌握特殊技能，市场稀缺，难培养，招聘难度大（由公司上报，董事会评定）。

（2）销售子公司激励对象：销售总监、销售大区经理、销售骨干工程师；其中，销售骨干工程师的衡量条件如下：

①公司工作满4年，营销体系满2年。

②年度销售收入在1000万元以上，且当年度回款额800万元以上的销售工程师。

（3）生产子公司激励对象：生产总监、生产中心中层经理、研发骨干工程师（由公司上报，董事会决定）。

4. 要评估“人的价值”和“岗位价值”

首先，要根据绩效考核，评估人的价值。评估人的价值就是评估“人力资本附加值”。人力资本附加值是指固定、附加在人身之上，通过自己的技术、能力，能够在未来为公司创造更大的价值。

其次，要采用科学的岗位价值评估法，比如海氏评估法，评估不同岗位在公司里相对价值的高低。

最后，两者评估结果相结合，综合确定股权激励人选。

管理工具

岗位价值评估

岗位价值评估是指在工作分析的基础上，采取一定的方法，对岗位在组织中的影响范围、责任大小、工作强度、工作难度、任职条件、工作环境等等因素进行评价，以确定岗位在组织中相对价值的大小。

在人力资源管理中，有许多岗位价值评估方法，比如岗位分类法、简单排序法、配对比较法、交替排序法、岗位参照法、分数分析法、因素计分法等，其中分数分析法、因素计分法属于定量评价，其他的都属于定性评价。在实际应用中，定量评价用得比较多，例如著名的海氏职位评估法等。

5. 定量和定性相结合的原则

企业会根据公司年度绩目标、岗位价值评估、个人绩效考核与公司业绩结合在一起，再加上入职时间等定量因素，综合考虑股权激励人选。同时，也要考虑定性因素，比如忠诚度、认同企业价值观等。但是，总体来讲，定量因素要占80%权重，定性因素要占20%，基本也属于“二八原则”。

（二）“过去、现在和将来”相结合原则

根据多年股权激励设计经验，按照“面向未来，基于现在，考虑过去”的原则，来确定股权激励对象，参见图8-5。

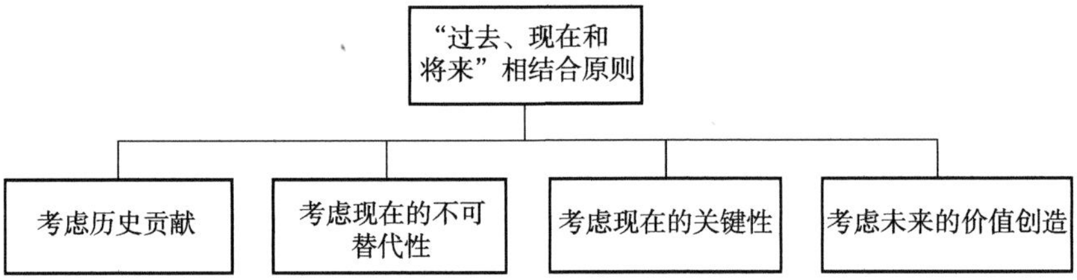

图8-5 “过去、现在和将来”相结合

1. 考虑历史贡献

必须考虑老员工对公司过去经营业绩增长或管理能力提升所做出的历

史贡献。一般通过公司工作年限、岗位任职年限、历年度绩效考核结果等因素确定员工的历史贡献。

2. 考虑现在的不可替代性

在做人力资源职业规划的时候，经常会建议增加人力资源的不可替代性，也就是说，员工要考虑的是如何成为核心员工，拥有“独一无二”的能力，在企业中扮演越来越重要的角色，让企业越来越离不开你。选择股权激励对象的时候，还要判断该员工或者该岗位在企业的地位或价值是否具备不可替代性。

对于创业期的公司，一般拥有核心专业技术、商业机密的技术研发人员，具有相对的不可替代性。对于发展期的公司，拥有巨大营销能力和营销业绩（比如，个人营销能力占比前三名的核心销售工程师）的员工也具有较高的不可替代性。

当然在企业中，没有任何一名员工是不可替代的。相对来讲，企业要看相同能力、思考方式和态度的员工在市场上招聘难度或者内部培养难度。如果答案是难度“相当大”，那么这名员工就具有较强的不可替代性，企业应该给予这种员工股权激励，使双方能够长期合作。

案例分析

B 公司如何确定股权激励对象

在 B 公司的股权激励计划中，通过历史贡献、不可替代性和人力资本附加值三原则确定股权激励对象。参见图 8-6。

通过历史贡献、不可替代性和人力资本附加值三原则，B 公司确定股权激励对象：

第一级：公司核心决策层，又称为战略决策层，为公司董事和总裁、副总裁，约占员工总数的 1%～3%。

第二级：核心管理层，又称经营层，为公司总监级以上中高级管理者，包括中心总经理、副总经理、总监，人数约占员工总数的 3%～5%。

第三级：核心骨干层，为公司营销骨干、生产骨干和技术研发骨干，

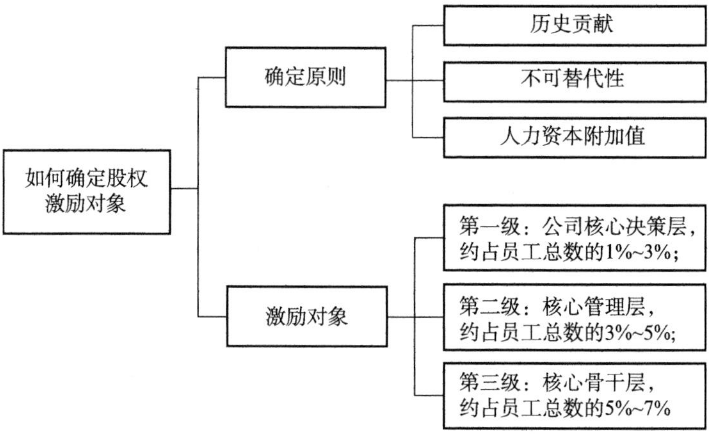

图 8-6　B 公司如何确定股权激励对象

人数约占员工总数的 5%~7%。

3. 考虑现在的关键性

无论从实施周期还是效果周期，股权激励是一个长期的过程，所以必须站在长期视角来看待股权激励的人员，而不能短视。在任何阶段，股权激励对象一般都是对公司现在和未来发展起着关键作用的人。按照“二八原则”，这样的员工或者职位大约占 20%左右。参见图 8-7。

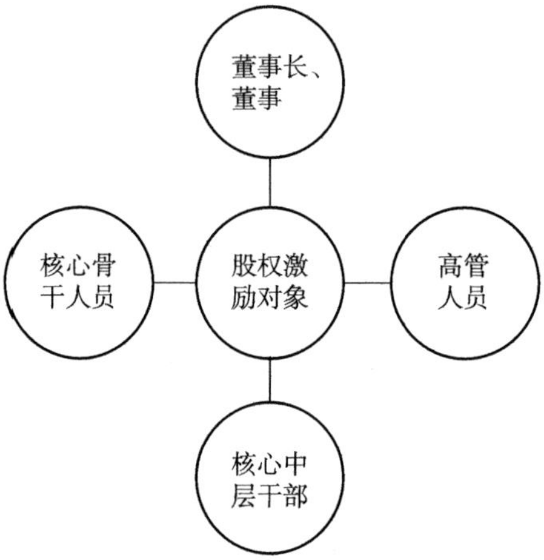

图 8-7　股权激励对象

具体来说，股权激励对象包括以下几类人员：

（1）董事长、部分董事。（2）高管人员（包括总裁、副总裁等高级管理人员），是股权激励的核心对象。（3）核心中层干部（包括总监、部分经理、副经理、财务负责人等）。（4）核心骨干人员（业务、技术、销售、管理等），具体包括：

①核心技术人员：掌握核心技术、与技术研发相关的骨干员工，如研发工程师、高级工程师、技术负责人等。

②核心运营人员：掌握关键运营管理资源，如生产总调度、核心项目经理等。

③核心市场、销售人员：与市场营销相关的骨干员工，掌握重要销售渠道、拥有大客户、老客户、战略客户，例如大区总经理、城市首席代表、销售冠军等。

管理工具

中关村国家自主创新示范区企业股权激励对象

参考《财政部、科技部关于印发〈中关村国家自主创新示范区企业股权和分红激励实施办法〉的通知》（2010 年）第四条规定：激励对象应当是重要的技术人员和企业经营管理人员，包括以下人员：

（一）对企业科技成果研发和产业化做出突出贡献的技术人员

包括企业内关键职务科技成果主要完成人、重大开发项目负责人、对主导产品或者核心技术、工艺流程做出重大创新或者改进的主要技术人员，高等院校和科研院所研究开发和向企业转移、转化科技成果的主要技术人员。

（二）对企业发展做出突出贡献的经营管理人员

包括主持企业全面生产经营工作的高级管理人员，负责企业主要产品生产合计占主营业务收入 50%以上的中、高级经营管理人员。

4. 考虑未来价值创造

未来价值原则有两种理解：第一种，考虑现有人员在未来可能做出的更大贡献，要和职业生涯规划、职位晋升、内部培养、培训联合起来一并考虑。第二种，企业未来发展有可能需要的重要人才。

考虑到这两种“未来因素”，企业要给未来人才预留股权激励份额。在设计股权激励方案的时候，必须为未来留有股权激励的余地，比如期权池，而且企业所处阶段越早，未来需要的核心人才越多，为未来预留的股权激励比例越大。

第二节　定模式——不同模式，不同情境，不同效用

与股权相伴生的有四种权利：所有权、表决权、净资产增值权和分红权。表决权是指依照股权比例享有的企业经营事项的话语权，净资产增值权和分红权属于收益权。

选择股权激励模式就是根据企业实际情况，合理选择股权激励手段，设计激励方案，使被激励者获得与股权相关四种权利的一种或者几种不同权利组合。

管理工具

不同的情境如何采用不同股权激励模式？

（1）股权激励有多少种形式？如何分类？各有什么优缺点？各自适应什么样的企业？常用的有几种股权激励方式？股权激励是采用单一模式还是混合模式？

（2）公司处于什么阶段？采取什么样的股权激励模式？

（3）什么样的公司更愿意选择股权激励？国有公司和民营公司在股权激励上有什么不同？

（4）上市公司与非上市公司的股权激励模式有什么相同点？有什么不

同点？

（5）对于上市公司来讲，股权激励模式有哪些法律法规？目前，上市公司最常用的股权激励模式有哪些？上市公司选择股权激励模式时，考虑哪些因素？

（6）如何根据公司财务状况，选择股权激励模式？对于有资金压力的上市公司，为什么不宜采用业绩奖励型限制性股票激励模式？

（7）未来通过定向增发而进行的股票期权模式和折扣购股型股票期权模式对公司资金有什么样的影响？

（8）如果上市公司负面新闻在市场流传，公司应当选择什么激励模式？

一、股权激励模式分类

通俗地讲，股权激励模式就是分为三种：实际股权、期权和虚拟股权，或者说分为两大类、三小类，参见图 8-8。

图 8-8　股权激励模式分类

（一）与实际股票相关的激励模式（实际股权+期权）

又称为“实股激励”，类似于清朝晋商的过银股。激励的最终结果为：被激励者实实在在地获得公司股票，成为公司工商登记的股东。公司股权结构、治理结构也随之发生变化，被激励者最终享有与股权共生的所有权利。

根据获得股票的时间，又继续细分为两类：一类是即时性获得股票的激励，一类是延迟性获得股票的激励。

1. 即时性获得股票的激励（类似于实际股权）

管理层收购（MBO）、员工持股计划（ESOP）、定向增发、优先股等属于即时性获得股票的激励。

2. 延迟性获得股票的激励（类似于期权）

对于股票期权、期股、业绩股票、限制性股票，增加了约定条件，属于延迟性获得股票的激励。换句话说，在激励最初的一定期限内，实施虚拟股票的激励模式；行权到期后，如果符合约定条件，再按实股进行激励，将虚拟股票转为实际股票。

（二）与股票衍生品相关的激励模式（类似于虚拟股权）

又称为“岗位股份”，类似清朝晋商的过身股。激励的最终结果为：被激励者不会实实在在地获得股票，而是获得股票衍生出来的红利，比如，股票分红权、净资产增值权等。被激励对象没有最终获得股票，公司不涉及工商股东变更，公司股权结构也没有发生变化。这类激励模式包括虚拟股票、股票增值权、账面增值权等。

二、股权激励模式的定义

激励模式是股权激励的核心问题，直接决定了激励的效用。几十年来，激励模式在不断创新，目前股权激励模式已经有十几种。

实际股权激励中，根据不同阶段、不同激励对象、不同激励目的、不同财务状况等情况，公司经常选择多种激励模式并举的复合型模式。

下面通过列表，将各种股权激励模式的定义进行描述。在上市公司和非上市公司，对于股权激励模式的定义、解释还有一定的区别。为了避免歧义，采用比较标准化的上市公司的定义。非上市公司可以用作参考，并在理解定义的基础上自行调整。具体参见表 8-2。

在此，将各种激励模式的定义、特点、激励性、约束性、适用范围、适用对象、对公司现金流的压力等作为本书的附件 3，供读者使用时查阅。

表 8-2 股权激励模式定义

模式	定义
股票期权	公司授予激励对象在未来一定期限内以预先确定的价格和条件购买本公司一定数量股票的选择权。激励对象未来可以选择行权也可以放弃行权，行权条件可自行约定。期权应用范围：行业竞争大、高科技产业、企业成长期、人才需求大
限制性股票	公司事先授予激励对象一定数量的公司股票，但对股票的来源、出售条件做出限制。只有在工作年限或业绩目标符合股权激励计划规定的条件后，激励对象才可出售限制性股票并从中获益。否则，公司有权无偿收回赠予的或以激励对象购买时的价格回购限制性股票。按照限制性股票的来源，可以分为折扣购股型和业绩奖励型
	折扣购股型：采用定向增发的形式，根据期初确定的业绩目标，以低于二级市场的价格授予激励对象一定数量的本公司股票，激励对象需支付现金购股
	业绩奖励型：达到期初确定的业绩目标，上市公司从净利润或净利润超额部分中按比例提取激励基金，从二级市场购买股票，并按分配办法授予激励对象
业绩股票	公司确定考核期业绩目标，在考核期结束，达到预定的目标，则公司授予激励对象一定数量的股票，或提取一定的奖励基金购买公司股份；如果业绩未达标或激励对象有损公司利益、非正常离任等，未兑现的部分业绩股票将被收回
虚拟股票	公司授予激励对象一种“虚拟”的股票，激励对象享有一定的分红权和股票升值收益
股票增值权	公司授予激励对象一种权利，在规定期限内，达到一定业绩，按照一定比例获得股价上涨所带来的收益
账面增值权	在规定期限内，达到一定业绩，按照一定比例获得公司净资产增值所带来的收益
员工持股计划	员工出资认购本公司股权，委托员工持股会（或第三方）托管运作、管理，员工持股会（或理事会）作为社团法人进入董事会
激励基金	业绩达标，按比例提取部分利润作激励基金，配比自筹资金，从二级市场购买公司股票
干股	将一定数量的股票分红权无偿赠予激励对象。激励对象不拥有股东资格，不具有对公司的实际控制权。干股协议在一定程度上就是分红协议
延期支付	将激励对象的部分薪酬、年度绩效奖金按公司股票市价折算成股票数量，存入公司延期支付账户。在未来既定期限后，按最新股票价格以现金支付

管理工具

期权与期股的差别

表 8-3 期权与期股的差别

	期权	期股
概念不同	在规定的年限内，可以以事先确定的某个固定价格购买将来的一定数量的企业股票。如果股票价格缩水，可放弃行权，避免损失	以优惠的条件确定即将转让的股份数量与价格；在行使期股期间，享受所受让期股的收益权，但所有权与表决权仍由原股东享有
激励作用不同	以现在较低价格购买未来成长发展了几年的价格增长的股票，从而分享公司发展的收益	可以及早享有收益权，但收益与绩效考核密切挂钩，不存在放弃行权的情况
有无义务	一种无义务的权利，只在将来行权时，才支付行权价格取得股票	有义务的权利，取得期股一般需要支付对价；在实践中，为加大激励幅度也可以采取不需要对价的无偿奖励
持有者权利	只有期待兑现实股的权利，没有其他股份权利	享有股份收益权等权益，但不享有股份所有权和表决权
与公司业绩联系的必然性	和公司业绩有联系，但没有必然联系，股票价格的上涨并不一定就是业绩增长的原因	与公司业绩、绩效考核有必然联系

三、上市公司股权激励模式选择

根据《上市公司股权激励管理办法》第二条规定：“上市公司以限制性股票、股票期权实行股权激励的，适用本办法；以法律、行政法规允许的其他方式实行股权激励的，参照本办法有关规定执行。”

通过上面规定，可以看出来，《管理办法》对除限制性股票、股票期权以外的其他方式的股权激励的设计预留了空间。

案例分析

2017年度A股上市公司股权激励方式

根据上海荣正咨询《2017年度A股上市公司股权激励统计与分析报告》，2017年，A股396家上市公司共计公告407个股权激励计划。在激励工具方面，2017年共有312个计划选择使用限制性股票工具，占2017年全部计划的76.66%；57个计划采用了股票期权工具，占比14.00%；另有38个计划同时采用了两种工具，占比9.34%。

根据费如国先生的《A股上市公司历年股权激励数据统计与分析》，2005年至2016年，限制性股票成为上市公司股权激励的主要方式，其次则是期权。

相对于股票期权，限制性股票来源采用定向增发或者二级市场回购方式，对老股东股权稀释较小，对激励对象的服务期限和绩效约束较高，能够将公司长期战略和激励对象的个人收益长期捆绑起来，有利于企业的可持续发展。股票期权激励更适合处于成长初期或扩张期的企业，既激励员工，又可降低企业的现金压力。

对于上市公司高管来讲，要尽快获得较高的股权激励回报，比较倾向于采用限制性股票的激励方式。

另外，也有更多上市公司探讨使用虚拟股权这种激励模式，激励对象仅享有股票的分红权和增值权，没有表决权和股票处置权等。虚拟股权不会稀释公司老股东的股权，且减少了股权激励的许多限制，使激励方式、激励对象选择等更加灵活。

案例分析

顺丰控股 2017 年股票增值权激励计划

表 8-4　顺丰控股 2017 年股票增值权激励计划简表

激励对象	公司外籍核心人才（合计 20 人）	
授予份额	总计 5.94 万股股票增值权，占目前总股本的权总数的 0.001%（平均 0.3 万股/人）	
授予价格	29.32 元/股	
公司绩效考核	第一个行权期	以 2016 年公司归属于上市公司股东的扣除非经常性损益的净利润为基数，2017 年公司归属于上市公司股东的扣除非经常性损益的净利润增长率不低于 15%
	第二个行权期	以 2016 年公司归属于上市公司股东的扣除非经常性损益的净利润为基数，2018 年公司归属于上市公司股东的扣除非经常性损益的净利润增长率不低于 40%
个人绩效考核	个人层面上一年度考核结果	个人层面系数
	合格	100%
	不合格	0%

上市公司根据下列因素选择股权激励模式，参见图 8-9。

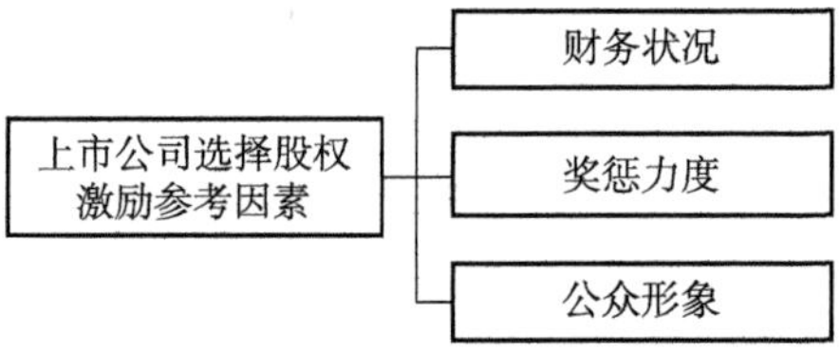

图 8-9　上市公司选择股权激励模式的参考因素

（一）财务状况

对于上市公司，如果财务状况相当不错，则可以选择业绩奖励型限制性股票，即上市公司按照事情的股票激励计划，每年从利润中提取一部分奖励基金，从二级市场回购本公司股票进行股权激励，对上市公司利润、现金流、公司业绩要求都比较高。

如果上市公司有较大的资金压力，建议未来选择通过定向增发或折扣购股的激励模式，因为行权时，需要激励对象支付一定现金购买公司股票，对公司现金流没有影响，还会增加公司的注册资本金。

（二）奖惩力度

如果上市公司实施股权激励计划的目的仅仅是对激励对象进行奖励，而不是共享成就、共担风险，建议实施股票期权激励。因为期权是一种权利，而非义务，在规定时期内激励对象可以选择是否购买。

如果激励的目的是共享成就、共担风险，上市公司可采用折扣购股型限制性股票激励模式。激励对象以折扣价格购买公司股票，如果未来股票价格低于折扣价格，激励对象股票的账面价值将会受到损失。

（三）公众形象

如果上市公司有许多负面新闻，此时股权激励计划还要向外释放“未来向好、管理层有高度信心”的信号，这时候建议采用股票期权激励模式。

这时，如果采用了折扣购股型限制性股票激励模式，市场就会有一些误导，误以为公司在对激励对象进行利益输送。使上市公司本来就有的负面新闻，雪上加霜。

四、非上市公司可适用的股权激励模式

相对于上市公司，非上市公司对股权激励模式约束性更小一些。非上市公司根据下列因素选择股权激励模式，参见图 8-10。

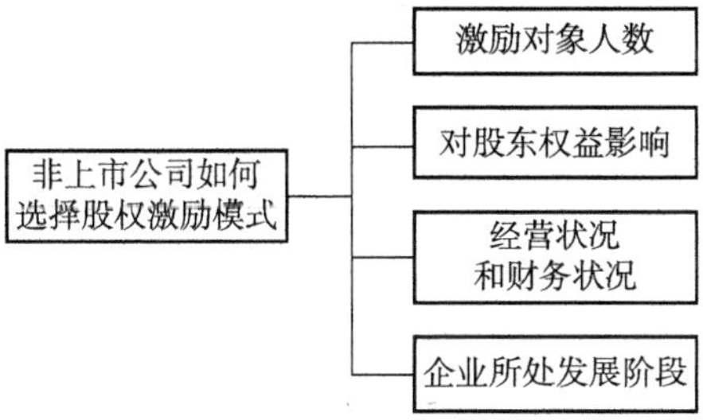

图 8-10 非上市公司股权激励模式的参考因素

（一）激励对象人数

《中华人民共和国公司法》第 24 规定："有限责任公司由 50 个以下股东出资设立。"如果有限公司选择股权激励模式，必须考虑到激励人数的因素。也就是说，激励对象人数超过 50 人，则只能选择与股票衍生品有关的激励方式或者另行设计合伙制企业，在合伙制企业内部设计股权激励。与此相对应，如果非上市公司是股份公司，股权激励模式选择范围会更广泛。

（二）对股东权益的影响

与实际股票相关的激励模式会涉及现有股东的股权稀释。如果现有股东不愿意稀释股权，建议采用虚拟股权激励模式，比如，股票分红权或者净资产增值权。

（三）公司经营状况和财务状况

如果企业经营状况一般，激励对象对公司未来前景不是特别看好，建议虚拟股权的激励模式。

（四）企业所处发展阶段

按照企业生命周期理论，企业发展分为四个阶段：初创期、发展期、成熟期、衰退期四个阶段。每个阶段的特点不同，则股权激励模式也不同。

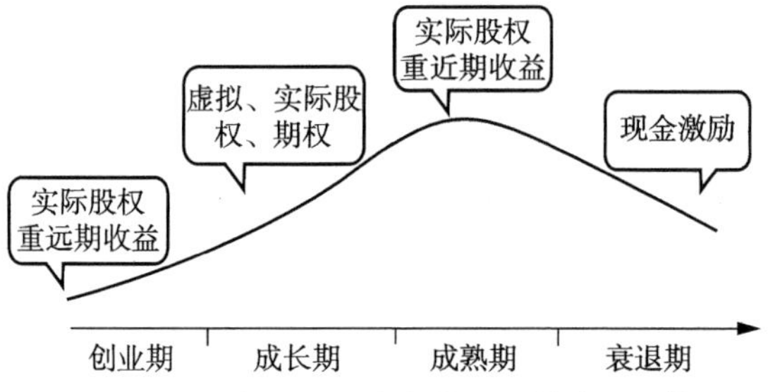

图 8-11　企业不同阶段的不同激励工具①

① 资料来源：解析华为的虚拟股权，https：//baijiahao. baidu. com/s？ id = 1594427861354299320&wfr = spider&for = pc.

1. 创业期的股权激励

在创业期，企业前景不是很明朗，规模很小，没有利润，自然不可能分红。这时候，比股权激励更重要的是找见志同道合的合伙人。这些合伙人最重要的是“人和”，对于创业梦想、方向、前景、人品、技术等，双方必须高度认同。合伙人必须看重股权的远期收益，否则，股权激励就是海市蜃楼。如果找见了志同道合的同行人，采取实际股权激励更好。但是必须控制激励数量，对未来激励、引进投资、保留控制权等预留股权空间。

2. 成长期的股权激励

在企业成长期，企业前景越来越明朗，更容易看到未来公司的价值。这时候，股权激励作用变大，企业必须强化高管的“人和”，所以，应对核心高管给予更多的实际股权。但是，对于中层和核心技术人员、核心业务人员，企业更多地给予虚拟股票、期权甚至业绩股票，有利于激励业务核心人员追求更杰出的业绩，使公司能够快速增长。

3. 成熟期的股权激励

在企业成熟期，现金流和利润充足，处于企业的黄金年华，许多公司处于上市阶段。公司近期收益可观，远期前景光明，可以考虑实际股权激励，也可以考虑更多种股权激励方式。

4. 衰退期的激励

到了衰退期，股权吸引力越来越小了，企业应该更多地考虑现金激励。但也需要通过创新，找到企业新一阶段重新腾飞的钥匙，所以也可以考虑业绩股票、奖励基金等多种激励方式。

案例分析

华为公司的虚拟股权

华为公司成立于1987年，经过30年的发展，2018年已经成为美国《财富》500强的第72名。2017年华为公司实现销售收入约6000

亿元，2018 年的收入目标是 1022 亿美元，约合 6558 亿元，同比增长 9.3%。

华为公司取得令人瞩目的经营业绩与它独有的激励模式是分不开的。根据网络报道资料，华为公司 80000 多员工持有公司约 99%的股份。但这种“股份”和实际工商注册的股份有什么区别？华为员工的股权由华为工会代持，这和员工持股计划有什么区别？

一、华为全员持股的本质[①]

从本质上来说，华为员工所说的股权不是员工拥有所有权的法律意义上的股权，而是华为公司工会授予员工的一种虚拟股权：员工可以获得一定比例的利润分红权和公司净资产增值权。在华为公司，分红每年都分，但增值的部分只有在离职退股时才会有实际收益，在职时一般都只是通过数字来体现的。

华为员工持有的股份没有所有权、表决权，也不能转让、出售和抵押。员工离开企业时，虚拟股票只能由华为公司工会回购。

除了利润分红和净资产增值的激励作用，华为公司的虚拟股制度同时还有融资的作用，成为公司发展过程中的一种融资手段。据不完全统计，2004 年至 2016 年，华为公司充分利用金融杠杆，以购买虚拟股票的形式，通过华为工会内部融资超过 260 亿元。

二、华为公司高速发展，是虚拟股权推行的动力[②]

经地几十年来的高速发展，华为公司股权增值巨大，员工愿意购买公司虚拟股权。在 2000 年投资的华为股票，10 年之后，所持股票价值增长超过 15 倍。购买公司股票，成为华为员工最可靠、最稳定的投资渠道。参见 2010—2017 年华为股权激励分红一览表。

① 解析华为的虚拟股权，https：//www. sohu. com/a/142181273_ 618578。

② 资料来源：这些年华为分红分了多少钱，http：//finance. ifeng. com/a/20180213/15986296_0. shtml。

表 8-5　华为股权激励分红一览表（2010—2017）

年度	股价（元/股）	分红（元/股）	分红收益率	综合收益率	增值
2010	5.42	2.98	54.98%	54.98%	
2011	5.42	1.46	26.93%	26.93%	
2012	5.42	1.41	26.01%	26.01%	
2013	5.42	1.47	27.1%	31.5%	增值 0.24 元
2014	5.66	1.90	33.6%	37.8%	增值 0.24 元
2015	5.90	1.95	33.1%	48.5%	增值 0.91 元
2016	6.81	1.53	22.5%	37.6%	增值 1.03 元
2017	7.86	1.03	13.1%	36.4%	增值 1.83（变向增发 23%）

三、华为 2017 年分红方案曝光，每股 2.83 元较上一年翻番

2018 年 2 月 9 日，华为内部文件流出。文件显示，华为 2017 年分红方案基本确定：每股分配 2.83 元，TUP（Time-unit Plan，华为的激励机制）全现金、股票分红 1.02 元预案，其余股票增发，参见图 8-12 华为公司内部文件。

华为董秘通知【2018】...

华为投资控股有限公司

董事会秘书处文件

华为董秘通知【2018】003号 签发人：江西生

关于2017年度虚拟受限股每股分红预测值的通知

根据2017年度华为投资控股有限公司的初步财务结果（最终以KPMG审计结果为准），对工会虚拟受限股每股收益有初步预测值：

预计2017年度工会虚拟受限股每股收益约为人民币2.83元/股，虚拟受限股每股现金分红约为人民币1.02元/股（实际值以虚拟受限股分红操作通知为准）。

报送：董事会成员、监事会成员

主送：公司全体员工

华为投资控股有限公司董事会秘书处 二〇一八年二月五日印发

图 8-12　华为公司董事会文件

第三节　国有公司和民营公司股权激励的不同点

在本书“附件 2 中国大陆股权激励相关法律法规汇总表”中，关于国有企业股权激励适用性法律法规的不完全统计有 10 项，说明国有公司和民营公司股权激励有很大的不同点，参见图 8-13。

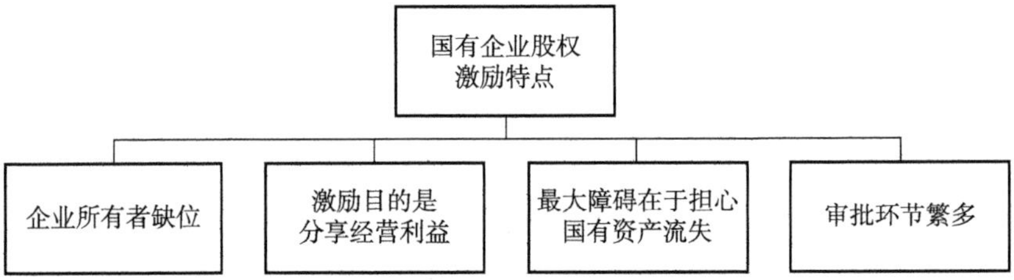

图 8-13　国有企业股权激励特点

一、和民营企业相比，国有企业所有者缺位

对于大部分国有企业，控股股东一般为国资委或地方国资委。国资委代表国家行使股东权利。但实际上，虽然法人治理结构在不断完善，但国有企业所有者缺位的问题仍没有从根本上得到解决。企业股权激励的决策是由国有企业经营者发起的，要报国资委批准；而在民营企业，股权激励是由企业所有者（老板）发起的。

二、和民营企业相比，国有企业发起股权激励的目的和手段有区别

民营企业老板发起股权激励目的是希望所有者与经营者通过股权捆绑在一起，经营者站在所有者的角度，发挥主观能动性，关注企业长远发展而非短期利益。激励的手段就是通过股权分享经营成果。

在国有企业，企业实际经营者发起股权激励，然后报国资委审批。发起的目的就是希望分享经营成果。由于企业经营者任命是由国资委决定

的，也就决定了国有企业股权激励更属于分享短期经营成果，长期激励的目的被淡化。

由此可见，民营企业和国有企业发起的目的和手段完全颠倒。目的不一致，实施股权激励就会南辕北辙，而不是殊途同归。

三、与民营企业相比，国有企业股权激励的最大障碍在于担心国有资产流失

民营企业的所有权和控制权属于老板。实施股权激励后，无论是股权被稀释摊薄还是分红权产生的利益出让，民营老板都有最终决定权。但在国有企业，由于股权激励而引起的无论是国有股权被稀释还是国有资产保值与流失，在所有者缺位的情况下，没有哪一级表面上所有者代表（国资委）敢承担国有资产流失的责任，这使得国有企业股权激励被审核通过的难度进一步加大。

在国有企业，经营者的首要目的是使国有资产保值、增值，具体体现为利润增长和净资产增值。在利润增长和净资产保值增值基础上，再考虑激励模式。激励模式应聚焦在超额利润的股权分红上，要学会柳传志先生“拐大弯”的智慧。

四、与民营企业相比，国有企业股权激励审批环节繁多

民营企业的股权激励方案仅需通过股东大会审议批准，但国有企业的股权激励方案审批就相当烦琐，主要原因是监管多，“婆婆”多，比如，各级国有控股股东（实际控制人）、国资委（适用国有企业）、地方国资委（省政府、市政府，适用地方国资企业），等等。

管理工具

2017 年，不同所有制上市公司的股权激励情况

2017 年，A 股 396 家上市公司共计公告 407 个股权激励计划，其中民营上市公司公告股权激励计划 380 个，占比 93.37%，几乎占据整个 A 股

市场；而国有控股上市公司仅仅公告 27 个，占比仅为 6.63%。详细情况见表 8-6：

表 8-6　不同所有制上市公司的股权激励统计表

<table>
<tr><th colspan="2">上市公司所有制</th><th colspan="2">2017 年公告数量</th><th colspan="2">占比</th></tr>
<tr><td colspan="2">民营</td><td colspan="2">380</td><td colspan="2">93.37%</td></tr>
<tr><td rowspan="3">国有</td><td>国资央企</td><td rowspan="3">27</td><td>13</td><td rowspan="3">6.63%</td><td>3.19%</td></tr>
<tr><td>地方国有</td><td>13</td><td>3.19%</td></tr>
<tr><td>非国资国企</td><td>1</td><td>0.25%</td></tr>
<tr><td colspan="2">总计</td><td colspan="2">407</td><td colspan="2">100%</td></tr>
</table>

从整体层面来看，国有企业股权激励的推进速度正在加快，但相对于民营企业股权激励计划的自主性而言，其整体速度仍低于民营上市公司。

案例分析

TCL 李东生先生的“拐大弯”智慧①

与联想集团的最早的“分红权”激励方式不同，李东生先生在 TCL 集团股改和股权激励方面，同样具有“拐大弯”的智慧。

第一步，阿波罗计划和增量奖股

1997 年，李东生与惠州市政府签订了为期 5 年的授权经营协议，又称“阿波罗计划”：

（1）核定当时 TCL 集团的净资产为 3 亿多元，每年企业净资产回报率不得低于 10%。

（2）假若增长率为 10%～25%，管理层可获得其中的 15%的股权奖励。

（3）增长率为 25%～40%，管理层可得其中的 30%。

（4）增长率为 40%以上，管理层可得其中的 45%。

① TCL 股权激励典型案例分析，http://www.360doc.com/content/17/0701/04/21539921_667873051.shtml。

MBO 九种模式，http://www.360doc.com/content/13/0410/10/1063374_277307955.shtml。

（5）TCL集团的管理团队第一年获得的奖励为现金，此后以增资扩股的方式将股份支付给管理团队，这为管理层解决了股票收购的资金来源问题。

（6）假若净资产增长低于10%，则对经营团队处以扣发基本工资、行政处罚、免除职务等处罚。

（7）假若经营性国有资产减少，则每减少1%，扣罚经营班子预缴保证金的10%，直到全部扣完。

（8）减值达到10%的，对经营班子进行行政处罚直至免除职务。

五年授权经营计划实行的结果是，李东生向政府缴纳了50万元的风险押金，TCL集团1997年度至2001年度的净资产增长率分别为63.75%、80.43%、63.25%、56.24%、24.35%。按照比例，李东生等人获得的奖励分别为4238.45万元、8732.31万元、6662.14万元、6533.99万元、1431.37万元。

1999年，TCL开始实施员工持股计划，员工总共出资1.3亿元认购股权。从1997年起的5年时间里，TCL管理层累计获得增量奖股2.76亿股东权益，加上管理层员工持股计划认购的股份，总计23.51%；企业员工在持股计划中认购的股份占23.14%，国有股份从100%减至53.35%，国有资本从3.2亿升至11.6亿。

第一次股改后，股权结构见表8-7：

表8-7 第一次股改后的TCL股权结构

股东名称	所占股份比例
惠州市政府	53.35%
管理层持股	23.51%
员工持股	23.14%

TCL增量奖股的方式充分考虑个人、地方、国家利益的平衡，在激励管理层和员工的同时，实现国有资产增值。这份协议得到了广东省政府、财政部、国家税务总局的认可，因此，TCL改制具有合法性。这是李东生先生第一次“拐大弯”的智慧。

第二步，TCL 集团公司进行股份制改造

增量奖股的股权激励只是“阿波罗计划”的一个重要环节，解决了企业产权归属问题，但企业要获得更大发展空间，必须引入战略投资者，谋划上市。

2002 年 4 月 16 日，TCL 集团股份有限公司在惠州正式成立，先后引进了五大战略投资者：加拿大南太电子（6%）、香港金山公司（6%）、飞利浦（4%）、东芝（2%）和住友（0.38%）等战略投资者，这些投资者总共占股份 16.38%。

经过第二次改制后，TCL 集团净资产为 16 亿元，总股本也是 16 亿元。二次改制后 TCL 股权结构见表 8-8：

表 8-8　第二次改制后，TCL 股权结构

股东名称	所占股份比例
惠州市政府	40.97%
管理层持股	25%，包括李东生持股 9.08%
员工持股	15.65%
战略投资者	18.38%

至此，李东生先生与惠州市政府签订的为期五年的 TCL 集团授权经营协议业已顺利结束，不仅使 TCL 集团管理层和员工得到了应有的劳动所得，也使得经营者顺利地享有了曾经遥不可及的国有企业股权。

第三步，集团吸收合并“TCL 通讯”后上市

2003 年 9 月，TCL 集团正式披露吸收合并为 TCL 通讯集团，并提出了整体上市的计划：

（1）2004 年 1 月 7 日，TCL 集团正式发行股票。不采用市值配售方式进行，而采用上网定价、资金申购的方式发行了 5.9 亿股 A 股，每股面值 1.00 元，每股发行价格 4.26 元。

（2）为吸收合并“TCL 通讯”，向 2004 年 1 月 6 日收市后登记在册的“TCL 通讯”全体流通股股东发行约 4.044 亿股 A 股。

（3）2004 年 1 月 13 日公司披露，TCL 集团的股票发行获得超额认购，

其有效申购资金为2158亿元，至此，发行和换股全部完成。

这次TCL集团吸收合并TCL通讯并整体上市，取得了以下效果：

(1) 极大地减少了关联交易对中小投资者利益的侵害。

(2) TCL模式可以解决或缓解国有股“一股独大”的问题，由于TCL集团通过向海外机构投资者、管理层定向增发，使得上市公司中第一大股东持股比例大幅下降到IPO后的25.22%。

(3) 管理层及其控制的团队和员工通过股权的变动合计控股25.24%，超过第一大股东惠州政府的股份。

(4) 上市之后，流通股占一定比例，管理层只要争取少部分流通股股东，管理层和员工就可以成为公司实际控股股东，成为TCL的实际控制人。

表8-9 TCL集团新股发行后股权结构

股东名称	所占股份比例
惠州市政府	25.22%
管理层持股	16.14%
员工持股	9.10%
战略投资者	11.08%
流通股	38.46%

第九章

股权激励第二层面之一——激励来源与数量

股权激励部分是按照“三大层面十个因素 115 个问题”来展开的，第七章和第八章重点讲述的是“股权激励的第一层面”，包括股权激励的理论、激励原则、激励对象和激励模式，是股权激励的框架和原则，是股权激励设计的基础。

从本章起，进入股权激励的第二层面——股权激励的方法和流程，这是股权激励计划的实操过程，是“盖房子”阶段。“房子”由五根柱子组成，包括用于股权激励的股票来源（定来源）、股票总量和激励单量（定数量）、股票价格（定价格）、股权激励标的物各种时间节点安排（定时间）和激励条件（定条件）。

第一节　定来源——物质守恒定律，有人得到，就有人失去

股权激励模式可以分为两大类：与实际股票相关的激励模式和与股票衍生品相关的激励模式。如果选择与股票衍生品相关的激励模式，例如虚拟股权，就只涉及股票的分红权和净资产的增值权，不涉及股票来源。如果选择与实际股票相关的激励模式，则涉及股权激励的股票来源。否则，股权激励就成了无股可授的“海市蜃楼”。

无论上市公司，还是非上市公司，股票来源均分为两大类，一类是存量资源，一类是增量资源。

按照物质守恒定律的说法，物质是不会消失也不会凭空产生的，只能由一种物质转化成另一种物质，或者从一形态转为另一种形态。在股权激励中，也是如此：用于激励的股票从何而来？也就是说，无论采用存量资源还是增量资源进行股权激励，都有可能涉及原有股东的股份被摊薄（二级市场回购不涉及被摊薄），只不过由于使用增量资源，原有股东相对来说摊薄较少。

一、上市公司股权激励的股票来源

按照《管理办法》第十二条规定，拟实行股权激励的上市公司，可以下列方式作为标的股票来源：

（1）向激励对象发行股份；

（2）回购本公司股份；

（3）法律、行政法规允许的其他方式。

管理工具

上市公司股权激励的股票来源

（1）激励股票来自股票的存量资源，包括大股东的出让或者二级市场回购？还是增量资源，包括定向增发、增资扩股、公积金转增股本？还是原来的留存股票？

（2）上市公司如何定向增发？上市公司回购股票有什么法律法规？

（3）如何保证大股东的股权不被过分稀释以至于失去公司控制权？大股东向激励对象转让有什么风险？

（4）对于公司上市时留存股票，或者推出股权激励计划时设置预留权益，法律有什么规定？

股票来源的各种方式各有特点，参见表9-1。

表 9-1　上市公司常用股票来源方式特点

股票来源	优点	缺点	其他
定向增发	不增加公司现金支付的压力；大股东股权稀释相对较小；公司总股本增加	老股东所持的股份比例相应下降	最常见的方式，使用增量资源
回购股份	总股本数保持不变；不会对老股东的持股比例造成影响	对公司自身的资金实力和现金流状况要求高；根据 2018 年 10 月 26 日《公司法》修正案规定：因上述情形收购本公司股份的，公司合计持有的本公司股份不得超过本公司已发行股份总额的 10%，并应当在 3 年内转让或者注销	不是主流的方式，使用存量资源
股权转让	大股东控股愿意，在保证其大股东地位前提下，直接转让给激励对象	无法保证股票来源的持续性；直接大幅减少转让股东股份	使用存量资源；仅仅是用于股权激励，大股东还不容易丧失控股地位
留存股票	《管理办法》规定上市公司在推出股权激励计划时，可以设置预留权益，预留比例不得超过本次股权激励计划拟授予权益数量的 20%。 上市公司应当在股权激励计划经股东大会审议通过后 12 个月内，明确预留权益的授予对象；超过 12 个月未明确激励对象的，预留权益失效		

管理工具

2017 年度 A 股上市公司股权激励计划的股份来源

2017 年，A 股 396 家上市公司共计公告 407 个股权激励计划。在股份来源方面，股票期权工具的股份来源均为定向增发；限制性股票工具中有 344 个计划选择定向增发，占比达到 98.29%，6 个计划选择从二级市场回购公司股票，占比1.71%。

选择定向增发的主要原因为：不构成对公司本身的资金压力，保证公司现金流充裕。

选择二级市场回购的主要原因有：①前提条件是公司现金流充裕，回购股份不对公司运营造成太大影响，且公司回购也能在一定程度上提升资本市场和投资者对公司的信心；②股份回购不会对大股东或实际控制人的股份造成稀释，不会影响到大股东或实际控制人对公司的控制。参见表9-2。

表9-2 上市公司股权激励计划限制性股票股份来源选择

激励工具	股份来源	公告数量	占比（%）	
限制性股票	定向增发	344	98.29	
	二级市场回购	6	1.71	苏泊尔、泰豪科技、昆药集团、用友网络、ST信通、双环传动

案例分析

浙江苏泊尔股份有限公司回购报告书（节选）

一、回购股份的方式

采用集中竞价交易的方式从二级市场回购社会公众股。

二、回购股份的用途

用于实施公司2017年限制性股票激励计划。

三、回购股份的价格或价格区间、定价原则

公司本次回购股份的平均成本不超过人民币44元/股。若公司在回购期内发生资本公积金转增股本、派发股票或现金红利、股票拆细、缩股、配股或发行股本等事宜，自股价除权除息之日起，相应调整回购价格。

四、拟用于回购的资金总额以及资金来源

以本次预计回购股份430万股且回购股份平均成本不超过人民币44元/股计算，用于回购股份的资金总额最高不超过人民币1.892亿元，资金来源为自有资金。具体回购资金总额以回购期满时实际回购股份使用的资金总额为准。

五、拟回购股份的种类、数量及占总股本的比例

回购股份的种类为本公司发行的A股社会公众股份。在回购股份平均成本价格不超过44元/股的条件下，预计回购股份430万股，占公司总股本约0.524%。

六、管理层关于本次回购股份对公司经营、财务及未来发展影响的分析

截至2016年12月31日，公司总资产为78.54亿元，货币资金余额为7.51亿元，归属上市公司股东的净资产为45.40亿元，公司资产负债率为41.96%，2016年实现归属上市公司股东的净利润为10.76亿元。假设本次拟回购的430万股按最高回购价格计算，按2016年12月31日经审计的财务数据测算，回购资金约占公司总资产的2.41%、约占公司净资产的4.17%。

公司经营情况良好，财务状况稳健，且自有流动资金较为充足，公司认为本次回购股份事宜不会对公司的经营、财务和未来发展产生重大影响。

如前所述，按照股份回购数量430万股测算，回购后公司股权分布情况符合公司上市条件，因此，回购后不会改变公司的上市公司地位。

二、非上市公司用于股权激励的股票来源

对于非上市公司而言，无法从二级市场回购股票，但可以采取定向增发、增资扩股、股东转让股份、股份回购和期权池预留等方式。参见表9-3。

表 9-3 非上市公司常用股票来源方式对比表

<table>
<tr><th>股票来源</th><th colspan="2">优点、缺点及其他</th></tr>
<tr><td>定向增发</td><td>优点：大股东股权稀释相对较小；公司注册资本增加；
缺点：老股东所持的股份比例相应下降；
其他：主要方式，使用增量资源；其他股东签署协议，放弃优先购买权</td><td rowspan="2">符合《公司法》有关规定：有限责任公司股东人数上限 50 人，股份有限公司股东人数上限 200 人。如果人数超过该限制，可以由激励对象集合注册新公司或合伙制企业，向目标公司增加注册资本，实现激励对象的间接持股</td></tr>
<tr><td>增资扩股</td><td>优缺点和定向增发一致。
特点：股东大会 2/3 以上表决权的股东通过。
与定向增发不同，股东有权优先按照其实缴出资比例认缴出资，增资扩股</td></tr>
<tr><td>股东转让股份或赠予</td><td colspan="2">缺点：无法保证股票来源的持续性；直接大幅减少转让股东股份；
其他：适用大股东控股且愿意，保证其大股东地位；使用存量资源；
但要经过其他股东过半数同意，其他股东签署协议，放弃优先购买权</td></tr>
<tr><td>期权池预留</td><td colspan="2">公司在成立时或者在融资前，为未来吸引高级人才而预留的一部分股份，为后期实施股权激励计划准备；
其他：初创企业普遍采取的形式；预留股份由大股东或董事会指定股东代持</td></tr>
<tr><td>向现有股东回购股份</td><td colspan="2">根据 2018 年 10 月 26 日公布的《公司法》修正案的规定，公司回购自己股份用于奖励职工应遵循以下规则：回购事项应当依照公司章程的规定或者股东大会的授权，经 2/3 以上董事出席的董事会会议。（备注：不必经股东大会决议。）因上述情形收购本公司股份的，公司合计持有的本公司股份不得超过本公司已发行股份总额的 10%，并应当在 3 年内转让或者注销</td></tr>
</table>

管理工具

股权激励为什么钟爱定向增发？

根据实际经验，无论是上市公司还是非上市公司，绝大部分股权激励方案（有资料统计主板公司为 80%，新三板公司更是达到了 85%）钟爱向激励对象定向增发、增资扩股来解决股权激励的股份来源的问题。为什么？

（1）定向增发使用的是“无中生有”出来的增量资源，可以保持股权激励的长期持续性。

（2）与股权回购相比，定向增发会摊薄老股东的股权比例。但是与股权转让相比，摊薄的影响已经降到最低了。

（3）定向增发会增加公司的注册资本。

（4）与股权回购相比，定向增发公司不会付出大量的资金成本，减少了公司的财务压力。

（5）与股权回购相比，定向增发没有“不能超过股份总额的5%”和“1年的持有时间”的限制。

管理工具

如何设置期权池

期权池是指在不稀释创业团队原始股份的前提下，在融资前将一部分的股权预留出来，作为未来引进高级人才而进行期权激励相对应的股份。参见图9-1。

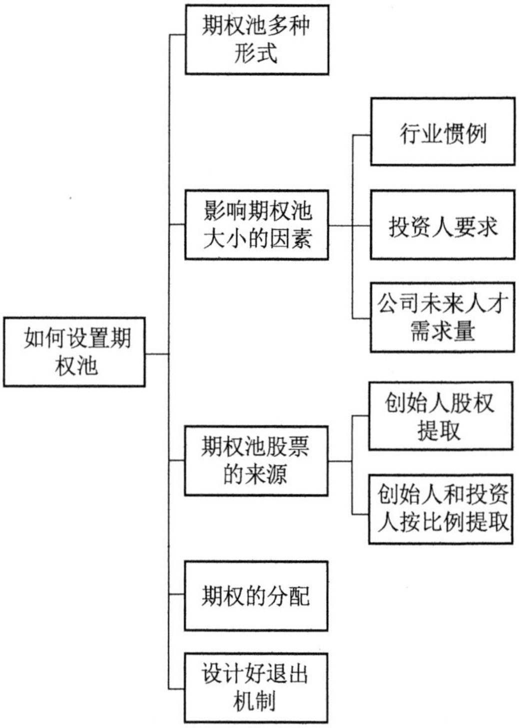

图9-1 如何设置期权池

1. 期权池的多种形式

根据《中华人民共和国公司法》第三条、第三十四条、第四十二条、第一百八十六条的相关规定：股东权利（股权）必须依托于特定的主体。所以期权涉及的股份采取下列变通方式：

（1）创始人（或其他特定人）代持。

（2）设立员工持股的有限合伙企业，作为期权企业，持有公司期权池。其中创始人为普通合伙人。

（3）设立员工持股的有限公司，作为期权企业，持有公司期权池。

在实际股权激励中，为了解决“股东权利（股权）必须依托于特定的主体”这一问题，也可以采用华为的做法，成立持股平台公司，由平台持有公司股权。而员工获得的不是期权激励，而是虚拟股票，员工享受虚拟股票衍生出来的分红权和增值权。

2. 影响期权池大小的因素

（1）行业惯例

按照硅谷的惯例，创业公司一般预留全部股份的10%~20%作为期权池。

（2）投资人要求

按照投资人要求，期权池一般要在投资人进入前设立，而且在投资人进入后还要达到一定比例，较大的期权池对员工和投资人具有更大吸引力。

（3）公司未来人才需求量

创业公司现在的人才结构越完善，未来需要引进的紧缺人才越少，期权池就可以设计得小一些。否则，未来需要引进的紧缺人才越多，期权池相对就要越大。

3. 期权池股票来源

期权池中的股权一般由创始人从自己持有的股权中提取，或者创始人与投资人按比例提取，届时可以由创始人与投资人协商确定。如果后期期权池不够了，可以由公司向期权池定向增发或者由创始人（或其他股东）给期权池转让一部分股权。

4. 期权的分配

建议创业公司预留的期权（或股权）不要分得太快，因为股权是稀缺性资源。股权激励的速度必须根据公司未来发展的实际情况，拿捏好分寸。

期权（或股权）建议不要一次性授予，而是要分期激励。一定要设计好期权的分期、等待期、可行权日、期权行使期限等时间节点。

5. 设置好退出机制

要设置好退出机制，员工离职时，股权激励的期权有两种情况：未成熟和成熟的。员工离职，未成熟的期权就失效了；对于已成熟的期权，建议公司按照事前约定回购（除非公司前景黯淡），员工也要无条件配合。回购价格也要事前约定好：或者是退出净资产的价格，或者是融资的价格，或者是融资价格打折。在股权激励方案中，事前的约定相当重要。（详细情况参见本书第十一章“股权激励的退出机制”。）

因其他股权激励形式而获得股权情况也是如此，人退股退，让股权一直掌握在为公司创造价值的人手里，不能“在外流浪”。当然，创业原始股东在成熟期退出时，必须考虑创始人的贡献，股权问题另行协商。

管理工具

天使轮投资时，为什么企业要预留出来15%激励股权①

真格基金给创业期企业做天使轮投资时，一般要求企业预留出来15%左右的股权，做未来核心团队的股权激励。为什么天使轮预留的15%股份？这是充分考虑了未来继续融资摊薄的影响。天使轮之后就是A轮、B轮融资，按照惯例每轮摊薄10%～20%的话，到了公司IPO时，期权池就剩9%左右了。

但如果公司资产规模很大，增速很快，但是利润长期是负的，这种公司在国内是无法上市的，但是可以在美国市场上市。公司没有利润和经营

① 龚睿．初创企业股权激励的意义和要点，http://tech.sina.com.cn/zl/post/detail/i/2016-04-12/pid_8506205.htm。

性净现金流，企业的快速增长是建立在大量投资性现金流和融资性现金流基础上的，企业需要更多轮次的融资，员工的数量通常也越来越多，需要预留激励股权比例相对要更多。这类公司的典型要算京东商城。

2013年2月，京东商城宣布完成新一轮约7亿美元的普通股股权融资。至此，经历了四轮总额超过22亿美元的融资之后，京东商城董事局主席刘强东先生对外宣称“员工股权已超过我本人股权的70%”，假设刘强东当时持有10%京东股权，估算京东员工持有17%的公司股权。

再看另外一家独角兽企业——小米公司，根据网络资料，创始人雷军先生最早占股曾高达77.8%，后来稀释到40%左右（2018年7月9日，小米公司在香港上市，招股说明书显示雷军持股31.41%），其余的合伙人在5%左右，留给员工的期权池为10%~20%。

第三个因素是考虑早期创业团队的人员完整性。如果早期创业团队缺失的关键人员越多，需要预留的激励股权就越多，激励未来新招聘的“大牛”。

早在2006年，奇虎360公司为员工股票期权预留了16652751股的普通股。同年，公司持股人Young Vision将总计21603645股公司普通股分配到股权激励池中。2010年，360发布美国纽交所上市的招股说明书，决定在2006年员工股票期权计划中继续增加股票，为公司未来人才引进战略预留出足够的期权。

2016年7月16日，奇虎360宣布从纽约股票交易所退市。2018年2月28日，奇虎360正式借壳在中国A股上市。

第二节 定来源——购股资金何处来

股票激励方式不同，涉及不同的资金筹集情况。例如，虚拟股票和股票增值权不涉及资金支出问题；业绩股票可以用获得的收入来购买一部分股份；股票期权、限制性股票、期股等涉及激励对象如何筹集资金。

一般采用自筹资金、工资或奖金扣除、激励基金、抵押贷款、信托等不同的方式。对于上市公司和非上市公司，购股资金来源也有一些区别。

管理工具

购股资金来源

（1）为什么在购股资金来源方面，最好或必须要有自筹部分？如何体现“风险与收益对等”和“激励与约束对等”原则？

（2）如何从激励对象的工资或者奖金中扣除购股资金？如何成立激励基金？如何根据业绩指标，提取激励基金？为什么激励基金会增加企业现金流压力？如何处理激励基金的财务问题和税务问题？

（3）如何改变行权方式，解决激励对象购股资金来源问题？如何将现金行权改为全部非现金行权或部分现金行权？

（4）如何与信托机构合作，通过信托机构解决激励对象购股资金问题？有哪些合作模式？如何做抵押贷款融资？公司如何将资金委托给信托机构，并指定专门用于购买公司股票？

一、对于上市公司，股权激励购股资金来源的法律规定

根据《管理办法》第二十一条规定：激励对象参与股权激励计划的资金来源应当合法合规，不得违反法律、行政法规及中国证监会的相关规定。上市公司不得为激励对象依股权激励计划获取有关权益提供贷款以及其他任何形式的财务资助，包括为其贷款提供担保。

第二十二条规定：限制性股票在解除限售前不得转让、用于担保或偿还债务。

第二十八条规定：激励对象获授的股票期权不得转让、用于担保或偿还债务。

第三十九条规定：上市公司应当聘请律师事务所对股权激励计划出具法律意见书，至少对以下事项发表专业意见：上市公司是否为激励对象提供财务资助。

在股权激励计划中，上市公司公告里都要对“是否为激励对象提供财务资助”发表意见。

例如，开能健康《2018 年股权激励计划（草案）》第七条：“开能健康承诺未为激励对象获取有关限制性股票提供贷款以及其他形式的财务资助，包括为其贷款提供担保。”

综上，对于上市公司来讲，股权激励的资金来源主要是被激励对象自筹资金、工资或奖金扣除、激励基金、行权方式、信托方式。各种资金来源方式特点见表 9-4。

表 9-4　上市公司，用于股权激励的资金来源表

资金来源方式	特点
自筹资金	体现了激励和约束原则，可以分期付款。公司在设定股权激励标的价格时，要考虑员工的实际薪资收入； 最主要的方式：根据 2015 年新三板股权激励统计数据，96.90%的新三板企业股权激励资金来源都属于员工自筹资金
工资或奖金扣除	需要征得激励对象的同意，不影响被激励对象的正常生活； 其实，工资或奖金扣除也属于自筹资金
激励（奖励）基金	经股东大会同意，公司设置业绩指标，从税后净利润中提取激励（奖励）基金，分配给激励对象用以股权激励的行权，相当于公司与激励对象进行“利润分享”。但这种方式会增加公司现金流压力。在实操过程中，往往是在完成业绩指标之后，在税后净利润增量里提取奖励基金
行权方式	可以改变行权方式，将现金行权改为非现金行权或部分现金行权的方式。比如行权时，可以由指定的券商出售部分股票来支付行权部分费用，其余由激励对象自行补足
信托方式	通过信托机构解决行权资金有以下三种： （1）股票抵押贷款融资：把激励的股票抵押给信托，由信托垫资购买股票。本息偿还完毕后，办理股票过户 （2）公司资金委托贷款：公司资金委托给信托，信托机构与激励对象签订贷款融资协议。信托将资金贷给激励对象，购买公司股票。待偿还本息后，信托机构（扣除相关费用和报酬）将资金返还 （3）公司资金委托购股：公司资金委托给信托，指定“专款专用”用于购买公司股票。在等待期内，信托机构是公司的名义股东，行使股东权利，享受股东利益。等待期结束后，如激励对象行权，信托机构将股票过户给激励对象；如没达到行权条件，信托机构出售股票，将资金（扣除相关费用和报酬）返还给公司

案例分析

某公司激励基金核算、提取、分配及处理的方法

第十一条　每年以公司年度净资产收益率6%作为确定是否授予股权激励基金的考核基准指标。

（1）凡年度公司净资产收益率低于6%（不含6%）的，不得提取股权激励基金；

（2）在实现公司业绩目标的情况下（即净资产收益率达到6%），按照公司该年度净利润的5%核算和提取股权激励基金；

（3）在超额完成公司业绩目标的情况下（即净资产收益率超过6%），激励基金计提的比例和净资产收益率增长的比例同步提高。

第十二条　若某一年度经营环境发生变化，且薪酬管理委员会认为激励基金提取比例需调整，则可在《年度计划》中提出新的激励基金提取比例。如果净资产收益率达到6%的情况下，调整后的激励基金提取比例高于5%，则须由董事会和股东大会重新审议通过后才能执行。

第十三条　激励基金在下一年度的经营成本中列支。

第十四条　激励基金总数核算公式为：$F=X\times R$，其中：

F：本年度为实施股权激励提取的激励基金总数；

X：本年度净利润；

R：本年度激励基金的提取比例；

第十五条　综合考虑激励对象个人所担任岗位的重要性和个人绩效评估结果，公平合理地分配激励基金。

第十六条　个人绩效评估由薪酬管理委员会根据本细则第六章的绩效考核办法对激励对象组织实施。

第十七条　单个激励岗位分配金额不得高于当年激励基金总量的25%。

第十八条　激励对象实得激励基金数：$\mathrm{FAT}=Fi\times(1-T)$，其中：

FAT：激励对象税后所得的激励基金；

Fi：第 i 个激励对象所分配的激励基金；

T：激励对象应交纳的个人所得税税率。

二、对于非上市公司股权激励，购股资金来源

对于非上市公司，激励对象的购股资金来源更加多样化，不受上市公司相关法律规定的限制。和上市公司可用于股权激励的资金来源相比，非上市公司的资金来源有下列区别：

（1）借款或担保：非上市公司，公司或股东可以借款或担保。

（2）信托方式：因为非上市公司，股票无法在二级市场上变现，股票价值难以衡量，所以几乎很少采用信托方式。

案例分析

股权激励中，有的员工不愿意出资，该怎么办？

解决这种情况，办法有两个：

（1）与创业股东协商免费出让。如果是民营企业，创始人较少，股权相对集中，这种方法就可能有效。当然，这是双方协商的过程，原始股东需要判断免费出让股权的损失和股权激励获得的绩效增长孰高孰低。

（2）有的员工愿意出资，而有的不愿意出资的情况：对于不愿意出资的股东，公司可以采取虚拟股权形式（股票分红权或者增值权）进行激励，也可以采取期权的形式来推进股权激励。

第三节　定数量——请客吃饭，有多少人要备多少菜

股权激励，就是一场“激励盛宴”。既然是盛宴，必须要确定有多少人，点多少菜。既要吃好，让客人满意；又不能浪费，因为股权是最宝贵的资源。

本节中的定数量分为两个层面：一个是定总量，一个是定单量。定总量是确定蛋糕有多大，定单量是如何切蛋糕。在两者关系中，最重要的是确定总量，然后才确定单量。如果蛋糕太小，分得再公平也没有多大意义。

管理工具

如何确定股权激励总额？

（1）确定股权激励总额时，需要考虑哪几类因素？如何从法律法规、企业整体薪酬规划、控制权、资本战略、企业规模与净资产等方面确定激励总额度？

（2）对于上市公司来讲，法律法规对于股权激励的总额度有什么强制性规定？

（3）对于初创期、快速成长期和成熟期企业，如何规划整体薪酬，设计股权激励总额度？

（4）什么是股权的九条生命线？在确定股权激励额度时，如何注意企业控制权问题？如何为未来的继续融资、激励预留股权空间？如何为公司未来预留一部分激励空间？

（5）如何根据企业规模和净资产状况，确定合理的股权激励额度？

（6）如何确定激励额度与行权条件的业绩目标的正比例关系？

（7）如何规划公司各股东的股权占比？理论上股权结构有几种？各有什么弊端？

一、定总量——如何确定股权激励总量？ 如何确定蛋糕有多大？

（一）如何确定上市公司股权激励额度

上市公司确定股权激励总额度时，需要参考以下因素，参见图 9-2、表 9-5。

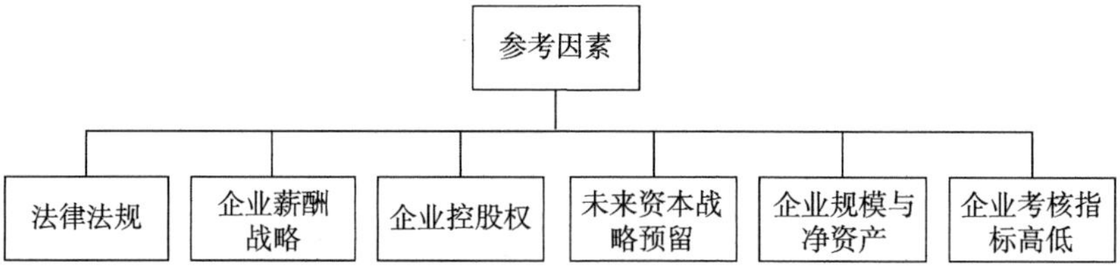

图 9-2　上市公司确定股权激励总量的参考因素

表 9-5 上市公司确定股权激励总量的参考因素

参考因素	因素内容
法律法规	《管理办法》第十四条规定：上市公司全部在有效期内的股权激励计划所涉及的标的股票总数累计不得超过公司股本总额的 10%
企业整体薪酬战略（与企业所处的发展阶段有关）	对于成熟期企业，整体薪酬战略以稳健为主：工资、奖金、福利待遇都健全，定位准确；充分考虑人力资源市场、行业、竞争对手等因素，与企业文化、人力资源规划、晋升通道、培训培养等因素相结合而确定的企业整体薪酬战略。成熟期股权激励数量不会太大； 而在创业期和成长期，正好相反，需要采用更激进的薪酬战略，股权激励比例和数量就相对高一些
企业控制权	确定总量时，需要考虑原有股东的控股权被稀释的问题。为了将股权稀释的影响降低到最低，大部分股权激励采用定向增发来获得股票
未来资本战略	企业必须为未来的股权融资、并购重组等预留股权空间，同时也要为未来股权激励预留股权空间
企业规模与净资产	企业规模越大，净资产越多，同等数量的股票，被激励对象获得股票激励的受益越大。所以企业规模越大，相对用于股权激励的总数量越少
企业业绩目标	行权时，如果企业业绩指标定得越高，说明越不容易达到，用于股权激励的额度相对要更高一些。因为企业收益越高，员工付出越多，激励总额比例就要越高

案例分析

股权激励授予数量选择

2017 年，A 股 396 家上市公司共计公告 407 个股权激励计划，统计数据显示，授予权益数量数占激励计划公告时总股本的比重平均在 2.79%左右，其 25 分位值在 1.59%左右，50 分位值在 2.38%左右，75 分位值在 3.50%左右。相比于近十年的历史平均数据都有所下降。

权益授予数量的下降主要有两方面的原因：一方面，《管理办法》规定上市公司全部在有效期内的股权激励计划所涉及的标的股票总数累计不得超过公司股本总额的 10%，因此，对实施了多期激励计划的上市公司在定量方面会有所限制；另一方面，2017 年度 77.78%的上市公司采用限制性股票作为激励工具，但限制性股票对激励对象的资金压力较大，因此也会限制权益的授予数量。

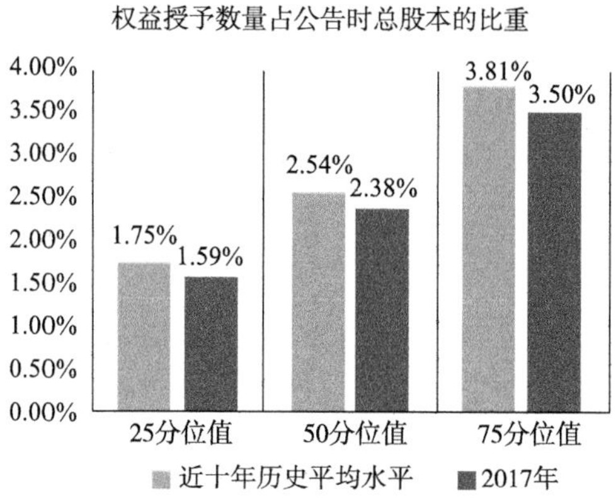

图 9-3 权益授予数量占公告时总股本的比重

（二）如何确定非上市公司股权激励额度

与上市公司相比，非上市公司股权激励额度不受《管理办法》以及其他法律法规的限制。但是非上市公司一般规模小，总股本数低，所以用于股权激励的股权比例和总额比较低。非上市公司确定股权激励总额度的时候，必须参考激励对象的范围和人数，因此，要缩小激励对象的范围和人数，以提高每位被激励对象的股权额度。

二、定单量——如何确定激励对象个体得到的股权激励数量？

确定完总量之后，就要进一步确定每一个激励对象的单量问题。定总量是确定“蛋糕”有多大，定单量是确定如何“分蛋糕”。“分蛋糕”既是一门学问，又是一门艺术。涉及企业内部公平问题时，如果解决不好，不但起不到激励作用（或者打折扣），甚至还有负面效应，“不患寡而患不均”。

管理工具

如何确定股权激励单量

（1）对于上市企业来讲，对于单个激励对象有什么法律的强制性规定？

（2）如何确定薪酬结构？如何规划股权收入占总收入的合适比例？对

于个人来讲，个人需要多大比例或数量股权才有吸引力？按照什么原则进行分配？

（3）在兼顾公平和效率方面，如何进行激励总额度的具体分配？如何突出单个激励对象的贡献和重要性？

（4）如何根据单个激励对象的薪酬情况，确定激励总额度的具体分配方案？

（5）如何参考竞争企业的股权激励情况，确定本企业激励总额度的具体分配方案？

确定每一个（层）激励对象的激励单量，需要考虑法律法规（针对上市公司）、公平与效率、激励对象的个人情况（薪酬水平、不可替代性、职位、业绩表现、工作年限）、竞争企业的授予数量等因素。

非上市企业和上市企业的股权激励单量参考因素的区别在于：上市公司必须参考《管理办法》的相关规定，而国有或控股上市公司还要参考《国有控股上市公司（境内）实施股权激励试行办法》的相关规定，非上市公司相对受约束要小一些。具体参见表5-7：

表 9-6 （非）上市公司如何确定股权激励单量

参考因素	因素内容
法律法规（只适合上市公司）	①《管理办法》第十四条规定：非经股东大会特别决议批准，任何一名激励对象通过全部在有效期内的股权激励计划获授的本公司股票，累计不得超过公司股本总额的1%； ②超过1%的需要经过上市公司股东大会批准，不容易获批通过；非上市公司不受此规定限制，被激励者股权可以高达3%、5%不等，个别甚至还有+10%、±20%的
公平与效率	①为确保薪酬管理的公平 & 效率，需要岗位价值评估，确定岗位薪酬总量、职等、职级；根据员工职位、职级，结合绩效考核，确定员工薪酬； ②股权激励具体份额分配逻辑一样，按照对公司的贡献（职位高低、绩效考核、工作年限）和重要性（岗位评估、不可替代性）来确定； ③《国有控股上市公司（境内）实施股权激励试行办法》第十七条规定：授予董事、核心技术人员和管理骨干的股权数量比照高级管理人员的办法确定； ④各激励对象薪酬总水平和预期股权激励收益占薪酬总水平的比例应根据上市公司岗位分析、岗位测评和岗位职责按岗位序列确定

续表

参考因素	因素内容
薪酬总额	①薪酬总额是严格的一套测评系统，体现在公司的重要性，也是经过市场和公司运转检验了的；薪酬总额一定程度上反映了被激励者的人才价值，股权激励具体份额分配要和薪酬总额大致呈正比； ②按照咨询经验，非上市企业核心高管“股权的收益应超过工资奖金之和，一般为±2倍”；核心中层“股权的收益和工资与奖金之和基本持平”；核心骨干（技术人员、营销人员）工资与奖金收益要占整体薪酬总额的±80%，而股权收益占±20%； ③《国有控股上市公司（境内）实施股权激励试行办法》第十六条规定：在股权激励计划有效期内，高级管理人员个人股权激励预期收益水平，应控制在其薪酬总水平（含预期的期权或股权收益）的30%以内； ④国有控股上市公司高级管理人员薪酬总水平应参照国有资产监督管理机构或部门的原则规定，依据上市公司绩效考核与薪酬管理办法确定
竞争企业股权激励情况	任何的激励都要讲究内部的公平性、外部的竞争性，所以，股权激励一定要参考同行业主要竞争对手的授予数量

案例分析

如何确定激励对象的激励股份数量

确定每一个（层）激励对象的激励单量，需要从两个层面考虑：分配原则和分配办法。参见图9-4。

分配原则：①合法性原则；②内部公平性原则；③外部竞争性原则（竞争企业授予数量）；④激励效率型原则；⑤激励对象不可替代性；⑥激励对象薪酬水平。

分配办法：①职位的重要性；②个人的历史贡献；③激励对象公司内工作年限。

相应地，在制定分配方案的时候，需要确定岗位系数（根据岗位等级）、工作年限系数（根据工作年限）。

个人获授激励股数量=当期股票激励总量/∑（全部激励对象岗位系数×全部激励对象工作年限系数）×（某激励对象个人岗位系数×某激励对象个人工作年限系数）。

个人获授激励股数量计算公式只能解决确定股票激励数量的相对公平

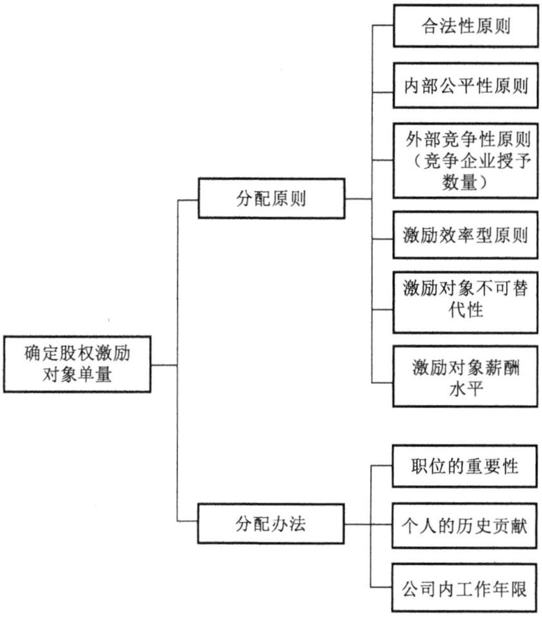

问题，但是不能解决公式外的一些问题，所以对于特殊激励对象，比如对那些业绩贡献突出（考核成绩为良好或优秀）的激励对象，董事会可以在公式计算基础上评估讨论，董事会拥有特授股份的权力。

下面是一家咨询公司根据多年咨询经验，总结出来的各层级股权激励分配数量。参见图 9-5。

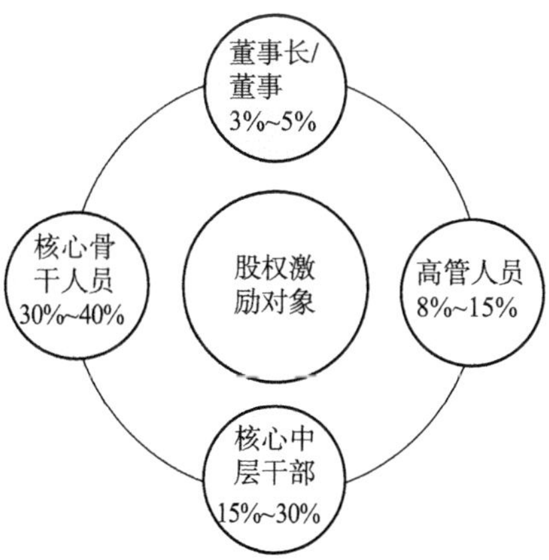

图 9-5　四类股权激励对象激励数量经验占比

管理工具

针对不同的员工，应该给多少股权激励？[①]

按照咨询经验惯例，上市前股权激励情况见下表 9-7。

表 9-7　不同级别员工累计获得股权激励汇总表（IPO 前）

员工级别	人均获得股权占比	该级别预计总人数	合计占比	人均市值（万元）	备注
CXO	0.3%~1.0%	5~8 人	5%~6%	750~2500	确定本次发放的激励股权比例，按照员工相对工资比例确定发放基准并适当调整
VP	0.2%~0.6%	10 人以上	3%~4%	500~1500	
其他	0.02%~0.2%			50~500	

假设公司利润 5000 万元，大陆股市市盈率 50 倍，公司市值约 25 亿元。假设一家公司从初创到上市需要四五年，或者更长时间，每类员工获得的股权预期总回报均摊到每年度大致就能估算出来平均每年的股权激励收益。企业进行人才招聘的时候，与该员工的工资合并预估其薪酬总额。

① 龚睿．初创企业股权激励的意义和要点[EB/OL].http://tech.sina.com.cn/zl/post/detail/i/2016-04-12/pid_8506205.htm.

第十章

股权激励第二层面之二——激励价格、时间和条件

第九章重点讲解了股权激励的“股票来源+资金来源”（定来源）、“股票总量+激励单量”（定数量）。从第十章开始，本书讲解股权激励的购股价格（定价格）、股权激励的各种时间节点（定时间）以及股权激励条件（定条件）。

第一节 定价格——天下没有免费的午餐

古人云：“书非借不能读也。”同理，推而广之到股权激励，只有激励对象花钱购买股票，才有“赢了，利益倍增；输了，心如割肉”，才会被激励和约束。所以，被激励者必须花钱购买购票，必须付出一定的代价，才会更有激励和约束作用。

此外，公司通过股权激励，还能够筛选出一支具有创业心态又有创业能力的核心团队。如果激励对象愿意花钱购买股权激励的股份，说明他（她）看好公司的长期未来发展，对公司的参与度比较高，更有可能把工作当作事业来经营。如果激励对象不愿意花钱购买，说明他只考虑回报，不愿意承担风险，不愿意与公司同舟共济。

为了获得激励的股票，被激励者需要支付什么样的代价呢？这是一个

博弈的问题：被激励者希望股权激励的代价越小越好，而老股东相对希望出让（摊薄）的股份，定价越高越好。但是如果股价太高，对被激励者就没有激励作用了，丧失了股权激励、合作共赢的本质意义。在确定激励股份价格时，首先要考虑被激励对象的经济承受能力，其次才考虑老股东的权益。毕竟股权激励的宗旨是激励高管和核心员工，而不是卖股票。

管理工具

如何确定股权激励的价格？

（1）如何确定合理的股权激励价格，既要有激励作用，考虑承受能力，又要公平合理，兼顾老股东的利益？

（2）对于上市公司，如何确定限制性股票的授予价格？

（3）对于上市公司，如何确定股票期权授予价格？

（4）针对上市公司和非上市公司，股票价格的确定方法有什么区别？

（5）按照什么方法对企业进行估值？常用的定价模型是什么？是按照净资产、同行上市公司 PE，还是其他方法对企业进行估值？

一、上市公司，如何确定股票价格

根据第八章内容，上市公司股权激励模式主要有两种：限制性股票和期权，或者两种工具“兼而有之”，个别公司也采用虚拟股票的形式。对于上市公司，只研究如何确定限制性股票授予价格和股票期权行权价格。

（一）限制性股票授予价格

《上市公司股权激励管理办法》第二十三条规定：上市公司在授予激励对象限制性股票时，应当确定授予价格或授予价格的确定方法。授予价格不得低于股票票面金额，且原则上不得低于下列价格较高者：

（1）股权激励计划草案公布前 1 个交易日的公司股票交易均价的 50%；

（2）股权激励计划草案公布前 20 个交易日、60 个交易日或者 120 个交易日的公司股票交易均价之一的 50%。

上市公司采用其他方法确定限制性股票授予价格的，应当在股权激励计划中对定价依据及定价方式作出说明。

（二）股票期权行权价格

《管理办法》第二十九条规定：上市公司在授予激励对象股票期权时，应当确定行权价格或者行权价格的确定方法。行权价格不得低于股票票面金额，且原则上不得低于下列价格较高者：

（1）股权激励计划草案公布前1个交易日的公司股票交易均价；

（2）股权激励计划草案公布前20个交易日、60个交易日或者120个交易日的公司股票交易均价之一。

上市公司采用其他方法确定行权价格的，应当在股权激励计划中对定价依据及定价方式作出说明。

（三）为什么限制性股票的授予价格比股票期权的行权价格的标准要低

这要从两者的不同定义说起。

1. 限制性股票

限制性股票是指按照一定的价格授予（卖给）激励对象一定数量的股票，但是在未来某段时间之后，只有满足了事先约定好的限制条件（比如，公司净利润、毛利率、市场占有率、公司股价等）之后，被激励对象才能出售这些股票。限制性股票对于激励对象来说，既是权利又是义务。未来如果股票低于限制性股票授予价格，激励对象就会有账面损失。其特点是激励性强，约束性强。

2. 股票期权

股票期权是指授予激励对象在未来某一时间以事先确定好的价格购买股份的选择权。激励对象可以行权，也可以放弃行权。期权是一种权利，而没有义务。未来如果股票价格低于行权价格，激励对象可以放弃行权，而且没有实际损失。其特点是激励性强，约束性弱。

3. 限制性股票的约束性远远大于股票期权

通过分析，可以看出限制性股票的约束性远远大于股票期权，同时，限制性股票未来有可能会给激励对象带来损失，而股票期权未来只有“或有收益”，没有任何损失。为了体现“激励与约束对等”的公平性原则，限制性股票的授予价格要比股票期权行权价相对来说要低。

案例分析

2017 年度，A 股上市公司的股权激励定价统计数据

从 2017 年度市场数据统计来看，采用限制性股票和股票期权作为激励工具的上市公司，均按《上市公司股权激励管理办法》原则要求定价，其中限制性股票授予价格的折扣几乎均在 50%上下。

但市场上也有个别上市公司采取其他方式进行自主定价，如苏泊尔（002032. SZ）的限制性股票授予价格为 1 元/股，用友网络（600588. SH）的限制性股票的授予价格为公司从二级市场回购股票的平均价格的 25%。两家公司给出的解释均为：激励对象不必支付过高的激励对价，能够实现有效的激励，对公司发展产生正向作用。

如果限制性股票的授予价格低于法律法规的规定，为了体现“约束与激励对等”的原则，保护股东的利益，那么，股票的限制性条件就要更加严格，否则，就有向管理层输送利益的嫌疑。因为股权激励的目的是公司与激励对象双赢，而且首先要保证公司利益最大化。

案例分析

苏泊尔公司关于向激励对象授予限制性股票的公告（节选）

一、限制性股票激励计划简述及已履行的相关审批程序

（一）限制性股票计划简述

1. 标的股票种类

激励计划拟授予激励对象的激励工具为限制性股票。

2. 标的股票来源

激励计划拟授予激励对象的股票来源为从二级市场上回购本公司股份。

3. 限制性股票的授予价格、授予对象及数量

本激励计划限制性股票的授予价格为每股 1 元；首次授予涉及的激励对象共计 182 人，包括：公司高级管理人员，公司总部、各事业部高级管理人员，各事业部、子公司中层管理人员和公司核心业务（技术、财务）人员。

二、成熟期非上市公司，如何确定股权激励股票价格

相对于上市公司来讲，非上市公司股票价格确定起来难度要大一下，具体有两个原因：

首先，上市公司股票有明确的二级市场价格。

其次，上市公司股权激励标的物（比如，限制性股票、股票期权等）定价有明确的法律规定。

但非上市公司股权激励的监管要松很多，只要公司、老股东和激励对象就股权激励价格达成一致就可以了，属于典型的“周瑜打黄盖，一个愿打一个愿挨”。非上市公司股权激励标的物的价格取决于公司的估值，而公司估值是一门“科学+艺术”，需要“绝对明白地算账，相对糊涂地结局”。

非上市企业分两种，一种是成熟期的非上市企业，一种是初创期的非上市企业。对于成熟期的上市企业，一般有以下几种估值方法，具体见图 10-1。

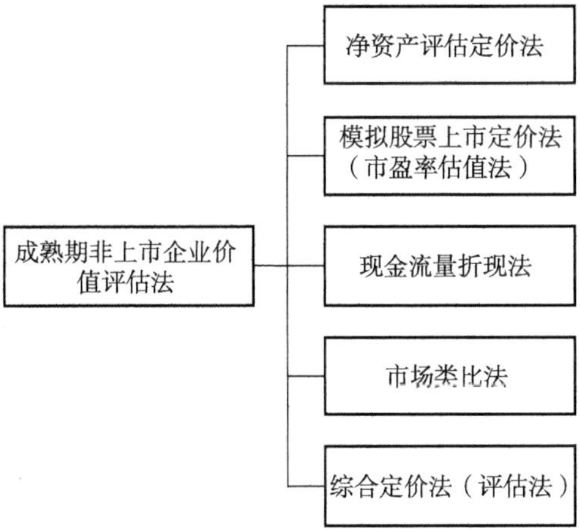

图 10-1　成熟期非上市企业价值评估法

（一）净资产评估定价法

就是按照每股净资产的价格来确定每股股票价值。这是最保守的评估方法，最大的问题是没有考虑净资产未来的价值，股票价值的高低取决于未来资产的盈利能力。同样的净资产，企业的经营管理水平不同、行业不同，未来的盈利能力有高有低，股票价值也就有高有低。

（二）模拟股票上市定价法

又称市盈率估值法，非上市公司可以参考二级市场是同行业、同类型企业的市盈率，大致确定本公司的市盈率；然后根据公司历史财务数据，确定每股的预测利润；两者相乘，估算出每股股票价值。

这种方法是最简单的方法，受市盈率和每股盈利高低的影响，也受参照股票二级市场所在地的影响，比如香港的市盈率明显比大陆市盈率要低。

（三）现金流量折现法

任何资产的价值在于未来产生的现金流量。现金流折现法就是预测企业未来可能产生的现金流量和风险，然后选择合理的折现率，将未来的现金流量折合成现值。这是作为上市公司确定股票发行价格或者资产转让最科学、最有成效的方法，往往适合于成熟类企业，原因如下：

（1）企业过去的历史数据（主要是利润和现金流）比较稳定，增长率也比较稳定，企业持续稳定经营，因此，能够按照一定的规律（均值）预期企业未来各年度的利润、现金流量，且现金流流量为正值。

（2）找到一个合理的公允的折现率，计算公司的现值。

折现率是指将未来有限期预期收益折算成现值的比率。

（四）市场类比法

参照竞争市场上同类型企业的估值价格综合而定。

（五）综合定价法（评估法）

综合考虑公司的销售收入、净利润和净资产，按照双方事先约定好的公式和权重，计算出公司的总价值和每股的价值。这个方法容易引起双方的争议。

综上，除了公司估值之外，在确定具体标的物价格的时候，还应该注意的一点是，在估算股票价值的基础上，非上市公司股权激励还包括如何确定股权激励中所涉及标的物的授予价格：在公司估值基础上，往往存在折价、平价、溢价三种情形。在多数咨询案例中，为实现股权激励的目的，一般对激励对象会做一些让利，采用折价或平价的方式，确定股票授予价格。

三、互联网公司估值法

（一）互联网公司估值难度大的原因分析

互联网公司的估值方法与传统行业差异较大，难度较大，所以作为单独一节与上市公司和非上市公司并列专门进行讨论。

互联网公司估值难度大的原因如下，参见图 10-2。

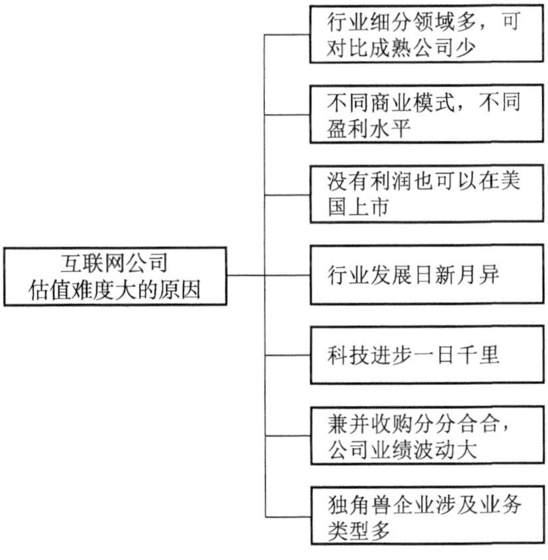

图 10-2　互联网公司估值难度大的原因

1. 行业细分领域多，可对比成熟公司少

虽然可对比的成熟公司少，但这仍然是投资人评估互联网公司价值主要的参考方法。尤其在国内投资互联网行业，一定要根据公司类别、商业模式、发展阶段找到国外公司，尤其是美国类似公司，对其进行初步估值。

2. 不同商业模式，不同盈利水平

在中国有一句话，“同行不同利”，即使是同样类型的互联网公司，但却有不同的商业模式，就会有不同的盈利水平，估值自然不一样。

3. 没有利润也可以在美国上市

在中国A股上市，对公司的利润水平有一定的要求。这是中国大部分互联网公司在美国上市的原因，因为美国股市允许公司不盈利，但只要是未来有价值，就能上市。没有利润这个比较硬性的参照指标，互联网公司自然就更难估值。

4. 行业发展日新月异

行业发展时间短。今天还是一个概念，不出一个星期就有了商业模式，然后就开始进行天使轮融资。天使轮融资的评估难度更大，只能凭经验、凭感觉，“看人下菜碟”。

5. 科技进步一日千里

互联网就是靠科技进步驱动的，智能搜索、B2B、B2C、C2C、互联网金融、互联网安全、云计算、大数据、区块链，等等，五花八门，眼花缭乱，行业变化快且多。

6. 兼并收购分分合合，公司业绩波动大

互联网并购几乎天天都有大新闻，在国内已经形成“阿里巴巴派”和“腾讯派”，今天双方还竞争得刺刀见红，明天股东之间竟然换股合并。公司兼并频繁，自然业绩波动大，估值更加困难。

7. 独角兽企业涉及业务类型多

现在互联网的巨无霸企业越来越多元化、雷同化，比如，滴滴进军外卖和共享单车，美团就进军打车业务、收购摩拜单车，小米公司也形成了小米的智能生态链。业务类型越多，估值越困难。

（二）互联网公司估值办法

虽然互联网公司估值有这样和那样的困难，但既然要做股权激励或者上市，就一定要把估值“进行到底”。

创业期和成长期的互联网企业可以分为四类：

第一类：盈利水平稳定的成熟互联网公司；

第二类：营收增速快（利润少、波动大）的互联网公司；

第三类：连年亏损（低收入）的互联网公司；

第四类：创业初期（没收入、没盈利）的互联网公司。

对于不同类型的互联网企业，可以采取不同的价值评估办法。参见图10-3。

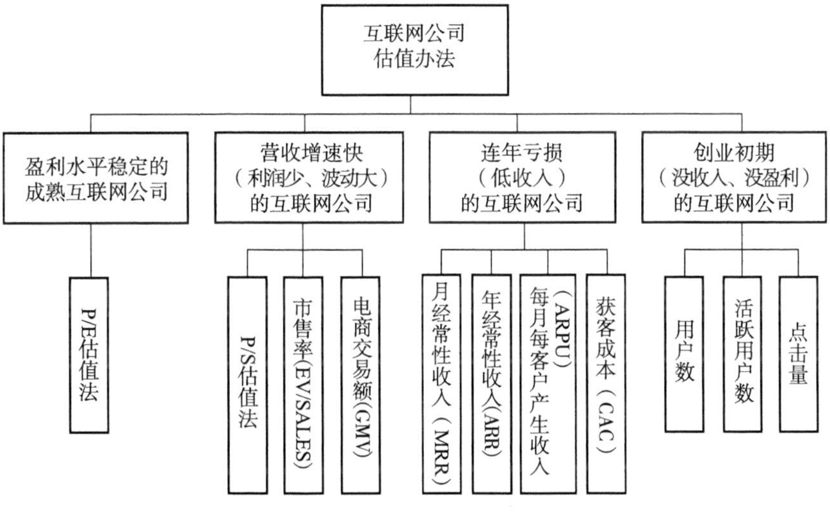

图 10-3　互联网公司企业估值办法

1. 盈利水平稳定成熟互联网公司

对于稳定、成熟、持续盈利的互联网公司，P/E 估值法是主要的估值方法。P/E 估值法也适用于一些整体盈利水平波动幅度较大但主营业务稳定的公司。

（1）营收增速快（利润少、波动大）互联网公司

公司的价值不仅仅反映在盈利水平上，还反映在销售收入上。对于利润少（甚至负数），但是销售收入大或者增长快的公司，适用于P/S估值法。*P*是股价，*S*是每股的销售收入，P/S是用总市值除以销售收入，又称为市销率。比如，京东集团在美国上市，市销率就是主要的价值评估方法之一。因为京东集团营业收入高、增速快，但是净利润为负，无法适用于市盈率估值法。

除了P/S估值法之外，电商平台公司也采用市售率（EV/SALES）和电商交易额（GMV，Gross Merchandise Volume）作为评估参考指标。

（2）连续亏损（低收入）互联网公司

虽然有些互联网企业收入低、连年亏损，但是不代表这样的公司没有价值，尤其是刚刚创业阶段，收入低，市场推广费用高，这时候就不适合P/S估值法、EV/SALES估值法。投资公司会引进新的价值评估方法，例如月经常性收入（MRR，Monthly Recurring Revenue）、年经常性收入（ARR，Annual Recurring Revenue）、每月每客户产生收入（ARPU，Average Revenue Per User）、获客成本（CAC，Customer Acquiring Costs）、生命周期价值（LTV，Life Time Value），等等。

（3）创业初期（没收入、没盈利）互联网公司

对于初创期的互联网企业，还没有收入，没有盈利，可以用户数、活跃用户数、点击量等数据作为天使轮投资的估值方法。

综上，在上述四类互联网公司中，第三类公司比较难，最难的是第四类：创业初期，没有收入，当然更没有盈利，针对此种情况，可以根据互联网公司的用户数、活跃用户数或者点击量，对公司进行估值。例如，每一个活跃用户数价值100元，公司有5万个活跃用户，就可以估值500万元。

无论是上市公司、非上市公司还是互联网企业，除了上述的估值方法之外，对于股权激励标的物的定价，还要把握以下原则：

①股票激励标的物定价的进场原则和退场原则必须一致，不能朝令夕改，这样才能体现公平。

②在正常经营的情况下，后一期股权激励标的物的价格一定要比前一期的价格高一些。

③同一次股权激励，激励对象不同，价格必须一致，不能厚此薄彼。

管理工具

非上市公司股权激励标的物价格确定原则

对于非上市公司，股权激励标的物价格的确定虽然是“周瑜打黄盖”，但是总要有一个双方共同认定的原则。

（1）股价的确定要和公司的战略目标或者主要矛盾挂钩。比如，创业期和成长期的企业，公司的主要目标是增加销售收入，所以，把销售收入作为确定股权激励标的物主要的参考标准。

（2）员工的努力能够影响股权激励标的物价格的确定指标。比如，对于生产类企业来说，生产中心的员工不容易影响销售收入，但会影响生产成本的控制和生产中心的利润（假设生产和销售能够独立核算）。

对于创业期的企业，可以使用销售额作为股价变动参照指标。对于成长类和成熟类企业，可以使用销售额和利润额作为股价变动的参照指标。成长类企业的销售额所占权重一般超过50%，成熟类企业的销售额和利润可以各占50%或者根据不同年度的公司主要战略目标做调整。但在激励年初，就要和员工协商沟通，确定股票价格的计算标准，绝对不能到了激励年末才公布计算标准，因为这样既起不到激励作用，又让员工有一种被算计的感觉。

案例分析

非上市纯贸易公司的股权激励股价计算办法

A公司为纯贸易非上市公司，因为公司为非生产性企业，企业的净资产比较低，所以不太适合采用净资产定价法。对于非上市公司，定价方法就比较灵活，这是公司与激励对象之间高度协商一致的结果。

A 公司确定的股价计算以及股权激励方法如下：

①确定公司股权激励方案实施前一年的股价为 2 元/股；

②激励对象在年度初以每股 2 元的价格购买公司股权激励的股票；

③年终股票价格=2 元×公司业绩综合增长率；

④公司业绩综合增长率=年度销售收入增长率×50%+净利润增长率×50%；

⑤年终计算公司股票价格，无论股价大于还是小于年初股价（2 元/股），公司都按照计算出来的股票价格进行支付。

第二节　定时间——股票激励的目的在于未来

实施股权激励的作用一般有以下几种：①回报公司元老的历史贡献；②股权释“兵权”，为现在和未来的新生代管理力量铺平道路；③提升公司现在和未来的业绩；④吸引并留住人才，更好地为公司的现在和未来服务；⑤利用股票的未来性，实现延期支付，降低企业现阶段资金压力。

总结上述作用，从时间关系上看，实施股权激励的目标是现在和未来，更重要的是着眼于未来。

在时间上，股权激励计划表现出以下特点：

①着眼于未来的长期激励；②股权激励的不同模式都会涉及不同的时间节点。

管理工具

股权激励涉及的时间点

（1）股权激励有哪些时间安排？都是如何定义的？

（2）对于上市公司，法律法规对于股权激励时间安排是如何规定的？

（3）关于股权激励有效期有哪些法律法规强制性规定？股权激励有效期设置与企业阶段性目标之间有什么关系？

（4）股权激励有效期与激励对象劳动合同的有效期之间有什么关系？

（5）如何定义股权激励授权日？哪些股权激励模式会涉及授权日？在决定股权激励计划的等待期、行权期、失效期时，是以授权日为起算点还是以生效日为起算点？对于上市公司而言，针对授权日有什么法律法规？

（6）为什么要设计股权等待期？股权激励的等待期有哪三种设计方法？对于上市公司，股权激励等待期有什么法律法规？如何设计股权激励的延期支付？

（7）为什么设行权期？为什么设限售期？

股权激励计划要着眼于未来的长期激励性，为力保股权激励的效果，就必须巧妙设计股权激励中的各种时间点，包括批准日、授权日（授予日）、等待期、解锁期、行权日、有效期、禁售期，等等。参见图 10-4。

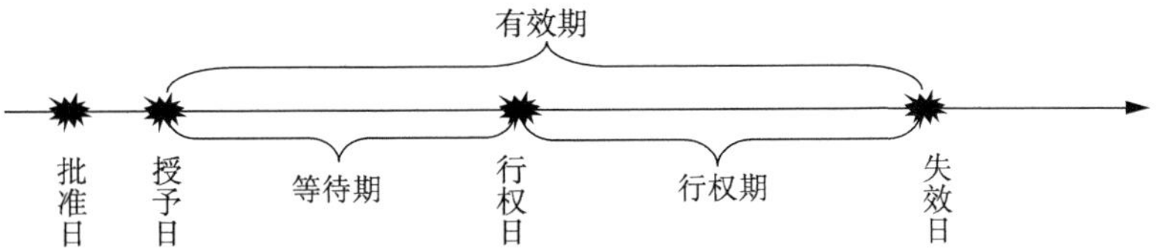

图 10-4 股权激励时间节点总体框架图

在确定股权激励各个时间节点中，有两个时间节点很重要，一个是批准启动股权激励计划的批准日，一个是股权计划的授权日（授予日）。

（1）批准日

批准日是指经过股东会（或董事会）批准，允许股权激励计划启动实施的日期。在影响企业未来发展的重大事件发生后，企业一般会启动股权激励计划，激励员工创造更大的经营业绩，确保公司战略调整、商业模式调整、并购重组等重大事件能够实施成功。这些重大事件包括：

①企业战略做重大调整；②商业模式调整；③企业发生重大并购重组；④企业引进重要外部投资者等。

（2）授权日

授权日（授予日）是股权激励对象实际获得授权的日期，是整个股权激励计划中最重要的时间节点，是股权激励的生效起始点。以授权日为起算点，向后推算出等待期、行权日、行权期和有效期。

下面以上市公司为例，详细讲解股权激励计划的各种时间节点。非上市公司对于股权激励时间节点的安排自主性大，可以借鉴上市公司时间节点安排。

一、上市公司股权激励计划时间节点的总体安排

《上市公司股权激励管理办法》第九条规定：上市公司依照本办法制定股权激励计划的，应当在股权激励计划中载明下列事项：（五）股权激励计划的有效期，限制性股票的授予日、限售期和解除限售安排，股票期权的授权日、可行权日、行权有效期和行权安排。

以股权期权和限制性股票为例，各项相关的时间安排如图 10-5、图 10-6。

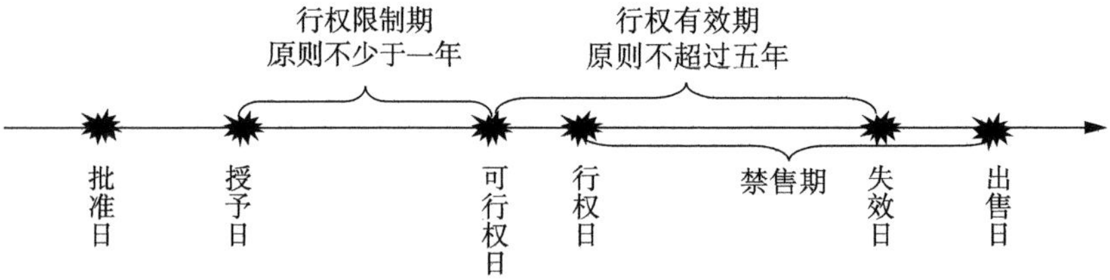

图 10-5　股权期权相关时间安排

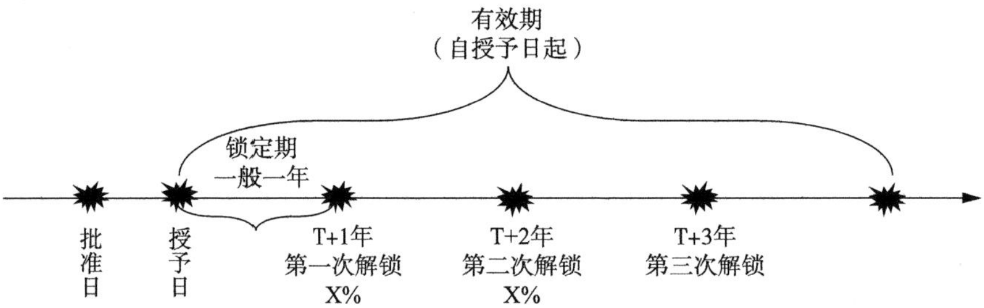

图 10-6　限制性股票相关的时间安排

二、股权激励计划的有效期

《上市公司股权激励管理办法》第十三条规定：股权激励计划的有效期从首次授予权益日起不得超过 10 年。

股权激励计划实际约定的有效期是和下面因素有关，参见图 10-7。

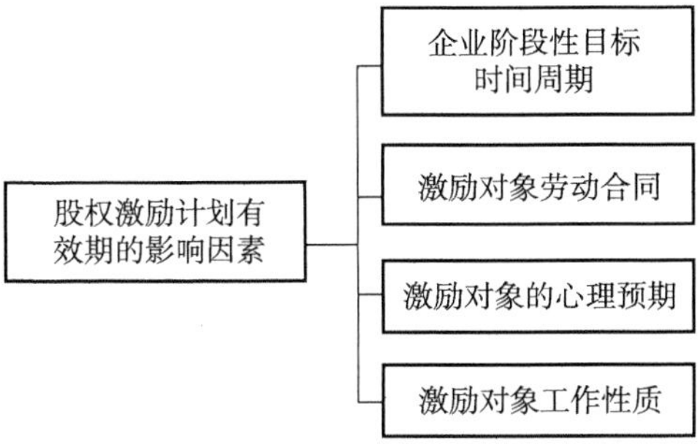

图 10-7　股权激励计划有效期的影响因素

（一）和企业阶段性目标（阶段性项目）时间周期有关

股权激励计划的有效期和完成“企业阶段性目标（阶段性项目）”所需要的时间应该一致。如果股权激励周期和战略周期不匹配，无论有效期过长还是过短，都不利于实现企业战略性目标，就会出现“股权激励计划结束了，但战略规划还没有到期”或者“战略规划到期了，但是股权激励计划还没有结束”的情况。

在实际的股权激励中，股权期权行权的有效期或者限制性股权的解锁期一般不得超过 5 年，和企业战略周期基本保持一致。

（二）和激励对象劳动合同有效期有关

股权激励计划的有效期和激励对象劳动合同期限相一致。上市公司都是成熟期企业，激励对象一般是有一定级别的老员工。大部分都可能是无固定期限劳动合同，此时不存在参考劳动合同期限的问题。但是对于近几年新加盟的激励对象，不符合固定期限的劳动签署条件的，就要注意这个问题。

如果激励对象“劳动合同到期，双方不续签劳动合同，而股权激励计划还有一部分未到期”，处理起来就比较麻烦。对于“劳动合同剩余期限比股权激励计划有效期短的”，双方可以协商，重新商定修改劳动合同的期限。因为股权激励计划的有效期主要是与企业战略目标一致，劳动合同的期限建议与企业目标周期一致。

（三）和激励对象的心理预期有关

股权激励目的是企业和激励对象双赢，所以，既要参照企业的战略周期，保障企业的利益。如果激励周期过短，激励对象会产生投机念头，企业利益就会受损。

要尊重员工的心理预期，如果激励周期过长，就会弱化激励效果，无法调动员工的积极性，让员工感到画饼充饥，认为股权激励无实际意义。

（四）激励对象工作性质

有的激励对象工作性质属于“短平快”，很容易用数据表述，激励时间相对较短，比如销售工程师；如果激励对象工作性质属于长周期，工作成绩见效慢，激励时间相对较长，比如研发和技术工程师。

案例分析

A公司的股权激励周期

A公司是一家阿迪达斯和耐克鞋业贴牌生产和出口代工企业，企业生产稳定，主要的工作重点就是研究精益生产和高效运营，提高生产效率，降低生产成本。

第一，根据A公司的长周期运营特点，在设计股权激励方案时，将股权激励标的物授予期分为3年，第一年授予30%，第二年授予30%，第三年授予剩余的40%。

第二，在A公司股权激励方案中，每一期授予之后，都设计了一年的等待期。

第三，在A公司股权激励方案中，每一期的股权激励标的物分三年行权。等待期满第一年可行权30%，等待期满第二年可行权30%，等待期满第三年可行权40%。

这样综合下来，股权激励方案完成的激励周期为六年。员工中途离职，未行权的剩余股权激励将失效。

表10-1 A公司股权激励计划实施时间周期

第一年初	第一年期间	第二年（初）期间	第三年（初）期间	第四年期间	第五年期间	第六年期间
第一年初被授予30%	等待期	可行权30%	可行权30%	可行权40%		
	第二年初被授予30%	等待期	可行权30%	可行权30%	可行权40%	
		第三年初被授予40%	等待期	可行权30%	可行权30%	可行权40%

三、授权日（授予日）

《上市公司股权激励管理办法》第七十二条规定：授予日或者授权日：指上市公司向激励对象授予限制性股票、股票期权的日期。授予日、授权日必须为交易日。

通俗地讲，股票激励的授权日是指激励对象实际获得股权激励授权，履行激励计划的日期。在决定股权激励计划其他时间节点的时候（等待期、行权期、失效期），都以授权日为起点。

四、等待期

股票激励的目的是提高未来的绩效业绩，但实际上绩效业绩是需要时间周期的。也就是说，股权激励计划必须设计等待期，要等待一段时间，看是否达到了事前约定好的绩效条件。只有达到了约定条件，触发了“股权激励”按钮，股权激励才进入“期权行权或者限制性股票解锁”，股权激励才有实际意义，也称限制期或者锁定期。等待期限可以分三种：一次性等待期限、分次等待期限和业绩等待期限。

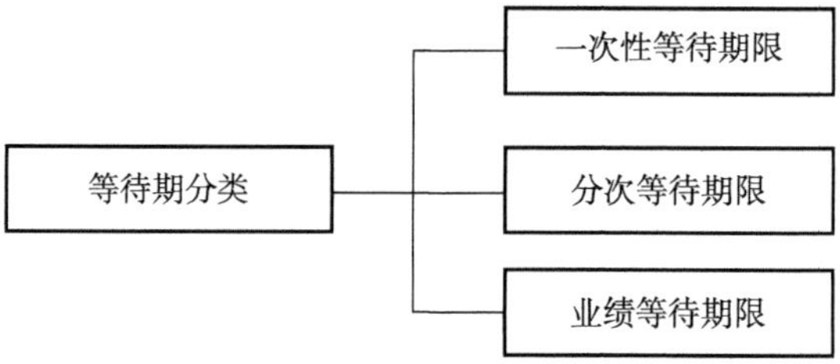

图 10-8　等待期分类

（一）一次性等待期限

待一次性等待期满后，可以一次性行使股权激励计划授予的全部权利。“一次性等待期限”属于短期激励，如果公司希望“在既定时间内改善业绩”，集中释放股权激励的效果，可以选择“一次性等待期限”。“一次性等待期限”更适用于非上市公司，使用频率低。

（二）分次等待期限

如果股权激励计划分多次成熟，每一次等待期满后，激励对象行使股权激励计划授予的该期限内的权利。“分次等待期限”对应的是“分期行使权益”，属于长期激励，和股权激励的时间节拍是吻合的。而且每批次行权额度数量可以平均，也可以数量不等。“分次等待期限”均适用于上市公司和非上市公司，使用频率高。

《管理办法》第十条规定：分期行权的，应当就每次激励对象行使权益分别设立条件。

（三）业绩等待期

顾名思义，业绩等待期是指等待期和特定业绩目标的完成情况有关。特定业绩目标完成了，激励对象可以行权。但是，业绩等待期也有一个相对时间的约定，比如：一年内收入达到多少、利润达到多少，等等，这种情况相对较少。业绩等待期更适用于非上市公司，使用频率低。

（四）上市公司关于等待期的法律法规

《上市公司股权激励管理办法》对于限制性股票和股票期权有关的等

待期规定如下：

第二十四条规定：限制性股票授予日与首次解除限售日之间的间隔不得少于12个月。

第二十五条规定：在限制性股票有效期内，上市公司应当规定分期解除限售，每期时限不得少于12个月，各期解除限售的比例不得超过激励对象获授限制性股票总额的50%。

当期解除限售的条件未成就的，限制性股票不得解除限售或递延至下期解除限售，应当按照本办法第二十六条规定处理。

第二十六条规定：出现本办法第十八条、第二十五条规定情形，或者其他终止实施股权激励计划的情形或激励对象未达到解除限售条件的，上市公司应当回购尚未解除限售的限制性股票，并按照《公司法》的规定进行处理。

第三十条规定：股票期权授权日与获授股票期权首次可行权日之间的间隔不得少于12个月。

第三十一条规定：在股票期权有效期内，上市公司应当规定激励对象分期行权，每期时限不得少于12个月，后一行权期的起算日不得早于前一行权期的届满日。每期可行权的股票期权比例不得超过激励对象获授股票期权总额的50%。

当期行权条件未成就的，股票期权不得行权或递延至下期行权，并应当按照本办法第三十二条第二款规定处理。

第三十二条规定：股票期权各行权期结束后，激励对象未行权的当期股票期权应当终止行权，上市公司应当及时注销。出现本办法第十八条、第三十一条规定情形，或者其他终止实施股权激励计划的情形或激励对象不符合行权条件的，上市公司应当注销对应的股票期权。

五、可行权日

《上市公司股权激励管理办法》第七十二条规定：可行权日是指激励对象可以开始行权的日期。可行权日必须为交易日。

实际上，可行权日不是某一天而是一段时期，是指股权激励计划的等待期满次日起至有效期满当日止，在此期间的每一个交易日都可以行权。

对于非上市公司而言，公司可以结合实际情况确定行权期，而不受《管理办法》的约束。但另一方面，由于股权需要工商登记，公司一般设定行权窗口期，集中行权，以减少工商股权登记的烦琐。

六、限售期

《上市公司股权激励管理办法》第七十二条规定：限售期是指股权激励计划设定的激励对象行使权益的条件尚未成就，限制性股票不得转让、用于担保或偿还债务的期间，自激励对象获授限制性股票完成登记之日起算。

七、禁售期

在行权后，激励对象必须在一定时期内持有该股票，不得转让、出售，但可以抵押或者担保。禁售期的目的是将公司与激励对象长期绑定，避免抛售股票短期套利，损害公司利益。

《中关村国家自主创新示范区企业股权和分红激励实施办法》第十八条规定：激励对象自取得股权之日起5年内不得转让、捐赠其股权。

《国有科技型企业股权和分红激励暂行办法》第二十二条规定：股权激励的激励对象，自取得股权之日起5年内不得转让、捐赠。

上述两个规定规范的是中关村国家自主创新示范区企业和国有科技型企业，对其他企业有参考作用。

在实际股权激励计划中，双方可以约定激励对象自取得股权之日起的禁售期。在实际操作中，通常建议禁售期至少不少于一年。

案例分析

2017年度，A股上市公司股权激励时间模式选择

从2017年度上市公司股权激励计划时间模式选择上来看，71.91%的

上市公司选择“1+3”的时间模式，以4年作为股权激励计划有效期，其中，1年为等待期/限售期，分3年行权/解除限售；选择“1+2”“1+4”以及“2+3”时间模式的上市公司均在8%左右；剩余不到5%的上市公司在时间模式选择上更为自主，根据公司激励计划的特定需要而设计。

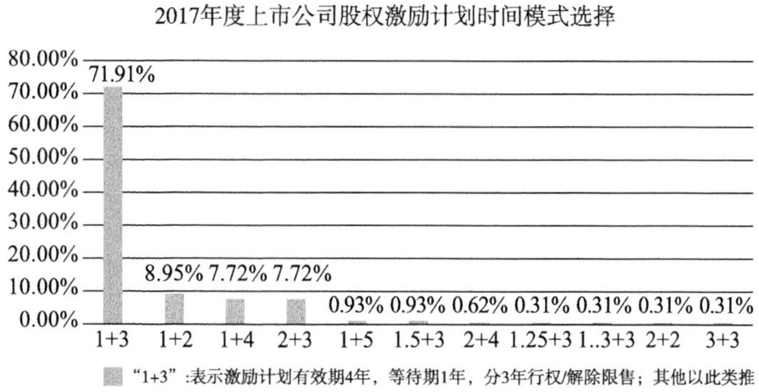

图10-9　2017年A股上市公司股权激励计划时间模式统计

第三节　定条件——激励和约束，一定是孪生兄弟

股权激励的主要目的就是通过股权激励，使公司高管和核心员工在未来能够为公司创造更大价值，最终达到公司和激励对象双赢。在股权激励过程中，公司（老股东）付出了股权（或者与股权相关的某些权利）的代价，目的是收获更大的利益。但是在这场博弈过程中，公司能不能收获更大的利益呢?

这就需要在股权激励计划中增加股权激励的约束条件。约束条件分为两大类：授予条件和行权条件。通俗地讲，授予条件是指达到什么条件，激励对象才能够被授予股权激励；行权条件是指达到什么条件，激励对象才能够对已获授的股权激励标的进行行权。

管理工具

如何制定股权激励约束条件？

（1）如何设计股权激励的约束条件（包括授予条件和行权条件）？

（2）对于上市公司，发生哪种情况即视为丧失了实施股权激励计划的主体资格？

（3）股权的授予方式有哪两种？什么是一次性授予？什么是分期授予？

（4）股权激励的行权条件分为哪两类？如何将绩效考核与行权条件挂钩？如何进行公司业绩考核？如何进行激励对象个人绩效考核？

（5）如何设计股权激励的行权方式？是现金行权、借款行权还是其他方式？

（6）如何设计否决性条款（高压线条款）来防止侵害公司利益？如何规定股权激励丧失条件？

（7）若激励对象达不到行权条件，如何处理股权激励标的物？

一、上市公司如何制定股权激励的约束条件

（一）关于约束条件的描述性法律规定

《管理办法》第九条规定：上市公司依照本办法制定股权激励计划的，应当在股权激励计划中载明下列事项：（七）激励对象获授权益、行使权益的条件。

《管理办法》第十条规定：上市公司应当设立激励对象获授权益、行使权益的条件。拟分次授出权益的，应当就每次激励对象获授权益分别设立条件；分期行权的，应当就每次激励对象行使权益分别设立条件。激励对象为董事、高级管理人员的，上市公司应当设立绩效考核指标作为激励对象行使权益的条件。

关于上市公司约束条件的相关法律法规分类，参见图 10-10。

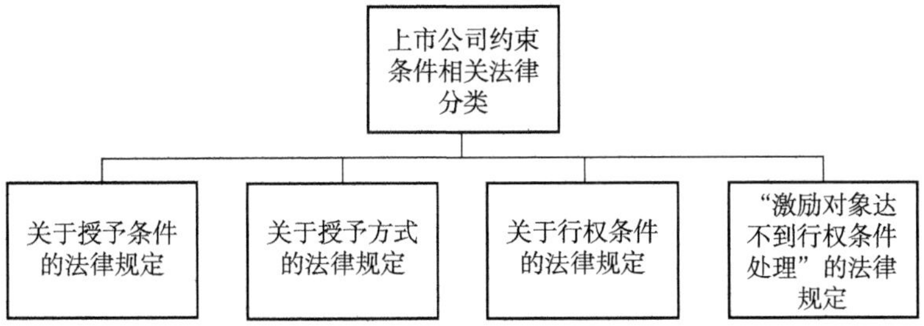

图 10-10 上市公司约束条件相关法律分类

（二）关于授予条件的法律规定

授予条件一般涉及公司的主体资格和激励对象的资格。关于激励对象的资格，可以参见本书第八章“股权激励第一层面——激励对象与模式”第一节的内容。

关于公司的主体资格见如下法律规定：

《管理办法》第七条规定：上市公司具有下列情形之一的，不得实行股权激励：

（1）最近一个会计年度财务会计报告被注册会计师出具否定意见或者无法表示意见的审计报告；

（2）最近一个会计年度财务报告内部控制被注册会计师出具否定意见或无法表示意见的审计报告；

（3）上市后最近 36 个月内出现过未按法律法规、公司章程、公开承诺进行利润分配的情形；

（4）法律法规规定不得实行股权激励的；

（5）中国证监会认定的其他情形。

（三）关于授予方式的法律规定

《管理办法》中对于上市公司授予方式没有明确规定，但有“分次授出权益”的定义。

第七十二条规定：分次授出权益（分次授权）是指上市公司根据股权激励计划的安排，向已确定的激励对象分次授予限制性股票、股票期权的行为。

除了“分次授出权益”的定义之外，《管理办法》还有分次授出权益的设立条件、授出流程、公告流程等规定：

第十条规定：上市公司应当设立激励对象获授权益、行使权益的条件。拟分次授出权益的，应当就每次激励对象获授权益分别设立条件。

第四十九条规定：分次授出权益的，在每次授出权益前，上市公司应当召开董事会，按照股权激励计划的内容及首次授出权益时确定的原则，决定授出的权益价格、行使权益安排等内容。

第五十八条规定：上市公司分次授出权益的，分次授出权益的议案经董事会审议通过后，上市公司应当及时披露董事会决议公告，对拟授出的权益价格、行使权益安排、是否符合股权激励计划的安排等内容进行说明。

既然有“分次授出权益”，那就一定有“一次性授出权益”。和《上市公司股权激励管理办法（试用）》（已废止）相配套的《股权激励有关事项备忘录 1-3 号》中对于股权激励计划的授予方式有以下规定：若股权激励计划的授予方式为一次授予，则授予数量应与其股本规模、激励对象人数等因素相匹配，不宜一次性授予太多，以充分体现长期激励的效应。若股权激励计划的授予方式为分期授予，则须在每次授权前召开董事会，确定本次授权的权益数量、激励对象名单、授予价格等相关事宜。

虽然《上市公司股权激励管理办法（试用）》已废止，相配套的《股权激励有关事项备忘录 1-3 号》也就没有了法律意义，但是“一次性授出权益”和“分次授出权益”的相关内容对于非上市公司仍然有重大的参考意义。

相对于“分次授出权益”，“一次性授出权益”更加易于操作和管理，对于人才的激励作用强，但是绑定作用弱。在现实的股权激励计划中，更多的实践“一次性授出权益，分次行使权益（期权行权或者限制性股票解锁）”。

管理工具

网宿科技的股权激励，小步快跑，滚动多次授予

作为上市公司长期激励的一个重要组成部分，股权激励并非一次偶发事件，而应当将其制度化、长期化。多期激励计划可重叠进行，使企业在不同的发展阶段均有相应的激励措施，促使符合条件的员工均有机会参与激励计划。

这种多期激励计划重叠推进的方式称为“小步快跑，滚动多次授予”，经典案例便是已经公告了七期股权激励计划的网宿科技（300017. SZ）。具体见图 10-11。

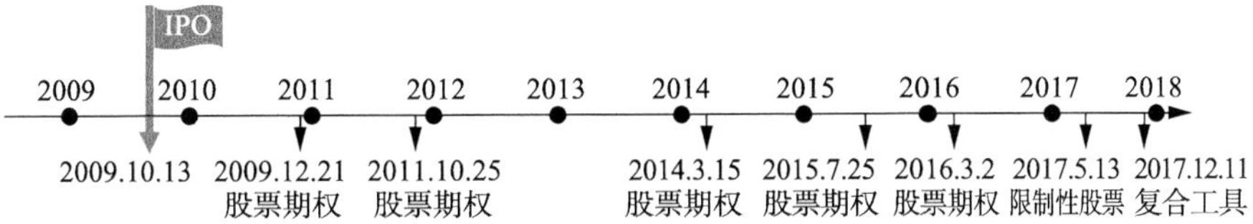

图 10-11　网宿科技多期股权激励计划

网宿科技至今共推出七期期权激励计划，激励人数从首期的 140 人增长至第六期的 944 人；授予权益总量从首期的 550 万份增长至 4317 万份。网宿科技从 2009 年登陆创业板以来，平均每 1.3 年就推出一期激励计划。股权激励对于网宿科技来说，不仅是一种招贤纳士、激励核心员工的方式，同时也形成一种机制，深深扎根于网宿科技公司文化中。

（四）关于行权条件的法律规定

《管理办法》第十条规定：激励对象为董事、高级管理人员的，上市公司应当设立绩效考核指标作为激励对象行使权益的条件。

《管理办法》第十一条规定：绩效考核指标应当包括公司业绩指标和激励对象个人绩效指标。相关指标应当客观公开、清晰透明，符合公司的实际情况，有利于促进公司竞争力的提升。上市公司可以公司历史业绩或同行业可比公司相关指标作为公司业绩指标对照依据，公司选取的业绩指

标可以包括净资产收益率、每股收益、每股分红等能够反映股东回报和公司价值创造的综合性指标，以及净利润增长率、主营业务收入增长率等能够反映公司盈利能力和市场价值的成长性指标。以同行业可比公司相关指标作为对照依据的，选取的对照公司不少于3家。

激励对象个人绩效指标由上市公司自行确定。

上市公司应当在公告股权激励计划草案的同时披露所设定指标的科学性和合理性。

案例分析

顺丰控股2017年股票增值权激励计划的行权条件

本计划在2017—2018年的两个会计年度中，分年度对公司业绩指标和个人绩效指标进行考核，以达到考核目标作为激励对象当年度的行权条件。

（1）公司业绩考核要求

本计划授予的股票增值权各年度业绩考核目标如表10-2所示：

表10-2　各年度业绩考核表

行权期	业绩考核目标
第一个行权期	以2016年公司归属于上市公司股东的扣除非经常性损益的净利润为基数，2017年公司归属于上市公司股东的扣除非经常性损益的净利润增长率不低于15%
第二个行权期	以2016年公司归属于上市公司股东的扣除非经常性损益的净利润为基数，2018年公司归属于上市公司股东的扣除非经常性损益的净利润增长率不低于40%

由本次股权激励产生的激励成本将在经常性损益中列支。如公司业绩考核达不到上述条件，则激励对象相对应行权期所获授的可行权数量由公司注销。

（2）个人绩效考核要求

激励对象的个人层面的考核按照公司相关规定组织实施。

表 10-3 个人业绩考核表

个人层面上一年度考核结果	个人层面系数
合格	100%
不合格	0%

若各年度公司层面业绩考核达标，激励对象个人当年实际行权额度=个人层面系数×个人当年计划行权额度。激励对象在行权年度的上一年度考核结果为“合格”，方可行权；激励对象考核结果为“不合格”，则其相对应行权期所获授的但尚未行权的股票增值权即被取消作废。

（3）考核指标设定的科学性和合理性说明（略）

（五）“激励对象达不到行权条件的处理”的相关法律规定

若达不到行权条件，则激励对象对当期股权激励标的不得行权，由公司注销或者按照原授予的价格予以回购该部分股权激励标的。具体规定如下：

《管理办法》第二十五条规定：当期解除限售的条件未成就的，限制性股票不得解除限售或递延至下期解除限售，应当按照本办法第二十六条规定处理。

第二十六条规定：出现本办法第十八条、第二十五条规定情形，或者其他终止实施股权激励计划的情形或激励对象未达到解除限售条件的，上市公司应当回购尚未解除限售的限制性股票，并按照《公司法》的规定进行处理。

第三十二条规定：股票期权各行权期结束后，激励对象未行权的当期股票期权应当终止行权，上市公司应当及时注销。出现本办法第十八条、第三十一条规定情形，或者其他终止实施股权激励计划的情形或激励对象不符合行权条件的，上市公司应当注销对应的股票期权。

第六十八条规定：上市公司因信息披露文件有虚假记载、误导性陈述或者重大遗漏，导致不符合授予权益或行使权益安排的，未行使权益应当统一回购注销，已经行使权益的，所有激励对象应当返还已获授权益。

二、非上市公司股权激励约束条件的特点

上面讲述的是针对上市公司股权激励计划的约束条件，对于非上市公司的约束条件逻辑是一样的，但是更灵活，“我的地盘我做主”。两者相比，有几点变化，参见图 10-12。

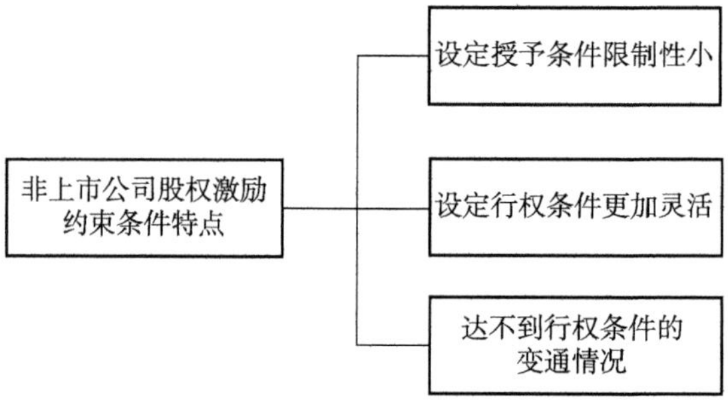

图 10-12　非上市公司股权激励约束条件特点

（一）设定授予条件限制性小

设定授予条件（公司的主体资格和激励对象的资格）相对来讲限制性小，或者没有什么限制性，更加自由灵活（具体由公司来定）。

（二）设定行权条件更加灵活

设定行权条件更加灵活。行业内企业的业绩参考指标的可获取性、参照型要差一些。公司业绩考核主要参照公司的财务指标，包括净资产增长率、净利润增长率、主营业务收入增长率、净资产收益率，等等。公司可自由确定激励对象个人绩效指标。

（三）达不到行权条件的变通情况

即使达不到行权条件，只要是股东会或者董事会批准，股权激励计划也可以变通后执行或者部分执行。

第十一章

股权激励第三层面——激励机制

在开始股权激励的第三层面之前，先盘点一下前面章节的内容。

股权激励第一层面讲解的是股权激励的框架和原则，是股权激励的基础，就像盖房子的“打地基”。第一层面“框架和原则”包括第七章和第八章：第七章主要讲解的是股权激励的目的（定目的）和原则（定原则），第八章主要讲解的是股权激励的对象（定对象）和模式（定模式）。

股权激励第二层面讲解的是股权激励的方法和流程，是股权激励的实操过程，进入“盖房子”阶段。第二层面“方法和流程”包括第九章和第十章：第九章主要讲解的是股权激励的来源（定来源）和数量（定数量），第十章主要讲解的是股权激励的价格（定价格）、时间节点（定时间）和股权激励的条件（定条件）。

从本章开始，进入股权激励的第三层面——股权激励的机制和改善，进入了“房屋装修”阶段和“保养阶段”。设计好股权激励的配套机制，为稳步顺利推进股权激励保驾护航；同时，能够根据股权激励实施情况，通过机制设计进行持续改善。包括：

（1）定机制：如何设计一套机制，促进股权激励？什么是合伙人机制？如何进行制度设计，能够根据实际情况进行股权激励计划的调整、变更和终止？如何设置股权激励计划的进入机制和退出机制？如何防止成为小股东后失去动力或者激励不足，股权激励反而起到反作用？

（2）促改善：通过股权激励机制设计，随时检查实施的过程，沟通分析存在的问题，清理各种实施条件，控制实施过程；同时，总结经验教训，按照股权激励的目标要求进行改善、提高、优化下一阶段股权激励方案。

股权激励机制的作用是保证股权激励方案的运行，是股权激励的催化剂和保证书。股权激励机制包括进入机制、运行机制和退出机制。

第一节　股权激励计划的进入机制

前面章节已经分别描述了进入机制，分为确定激励对象（第八章第一节）、设立股权激励的约束条件，包括授予条件和行权条件（第十章第三节）。

案例分析

B 公司限制性股票的行权条件

B 公司股权激励计划为限制性股票，分 2016、2017、2018 三期解锁，具体解锁条件见表 11-1：

表 11-1　2016—2018 年度业绩绩效考核

年度	解锁比例	解锁条件 I（公司业绩考核）	解锁条件 II（个人业绩考核）	
			个人绩效考核结果	个人行权比例（Y）
2016	30%	年公司净利润（比上年）增长率不低于 30%；年主营业务收入（比上年）增长率不低于 20%	优秀（A）/良好（B）	100%
2017	30%		合格（C）	80%
2018	40%		不合格（D）	0

第二节　股权激励的运行机制

股权激励的运行机制包括管理、实施、调整、改善（PDCA）四个部分。

一、股权激励的管理

把公司分为两类：上市公司和非上市公司。对于上市公司的股权激励的管理，可以分为内部管理和外部管理两部分。

（一）外部管理

所有上市公司股权激励都要在服从证监会规章制度的前提下，根据不同企业性质，也有其他不同的上级管理机构，比如国有独资或控股企业归国资委或者省市国资委管理。（具体参见第七章第一节“依法合规性原则”。）

（二）内部管理

针对股权激励，在公司内部从上往下分为两类三级管理机构：

第一类：权力执行类

依次为股东大会、董事会和董事会下设的薪酬委员会。股东大会是股权激励的决策机构，董事会是股权激励的日常领导和管理机构，薪酬委员会是股权激励的具体管理机构。

第二类：权力监督类

公司的监事会负责公司股权激励相关的监督工作。

对于非上市公司，股权激励的管理没有外部机构，只有内部机构。内部机构也不做两类三级的设计，一般股权激励的决策机构就是董事会，执行机构就是法务部和人力资源部。

二、股权激励计划的调整

股权激励计划的调整分两种情况：内部原因调整和外部原因调整。

（一）内部原因调整

股权激励计划的内部原因调整是指在授予日与行权日之间，激励对象已经被授予股票标的物，但在行权之前，如果公司发生资本公积金转增股本、送股、配股、增发新股、股票拆细或缩股、派发现金股息等事项，公司要调整股权激励计划，包括调整股权激励数量和价格。

（二）外部原因调整

股权激励计划的外部原因调整是指公司发生并购或者控制权转移，无论正在实施的股权激励计划是否需要调整，在制定股权激励计划时都需要明确是否需要调整、如何调整。

四、股权激励对象所获股票激励数量调整方法

一般分三种情况来调整股票激励数量，参见表 11-2。

表 11-2　股票激励计划的数量调整

调整原因	调整办法
资本公积金转增股本、派送股票红利、股票拆细	调整前所获激励的数量×(1+调整比例)
缩股	调整前所获激励的数量×缩股比例
配股	调整前所获激励的数量×配股股权登记日当日收盘价×（1+配股比例）／（配股股权登记日当日收盘价+配股价格×配股比例）

（一）资本公积金转增股本、派送股票红利、股票拆细

如果公司进行资本公积金转增股本、派送股票红利、股票拆细等调整，激励对象所获股票激励数量调整方法为：调整前所获激励的数量×(1+调整比例)。

调整比例是指每股的资本公积金转增股本、派送股票红利、股票拆细等的比率。

（二）缩股

如果公司进行缩股，激励对象所获股票激励数量调整方法：调整前所获激励的数量×缩股比例。

缩股比例表示原 1 股公司股票缩股后的股票数量。

（三）配股

如果公司进行配股，激励对象所获股票激励数量调整方法为：调整前

所获激励的数量＊配股股权登记日当日收盘价＊（1+配股比例）/（配股股权登记日当日收盘价+配股价格＊配股比例）。

配股比例即为配股的股数与配股前公司总股本的比例。

四、股权激励标的的行权价格的调整方法

可以分为四种情况来调整股票激励标的物的行权价格，详见表 11-3。

表 11-3　股票激励计划的数量调整

调整原因	调整办法
资本公积金转增股本、派送股票红利、股票拆细	调整前的行权价格/（1+调整比例）
缩股	调整前的行权价格/缩股比例
派息	调整前的行权价格-每股的派息额
配股	调整前的行权价格×(股权登记日当天收盘价+配股价格×配股比例）/［股权登记日当天收盘价×(1+配股比例）］

（一）资本公积金转增股本、派送股票红利、股票拆细

资本公积金转增股本、派送股票红利、股票拆细时，激励对象所获股票期权行权价格调整方法：调整前的行权价格/（1+调整比例）。

调整比例是指每股的资本公积金转增股本、派送股票红利、股票拆细等的比率。

（二）缩股

“缩股”时，激励对象所获股票期权行权价格调整方法：调整前的行权价格/缩股比例。

缩股比例表示原 1 股公司股票缩股后的股票数量。

（三）派息

“派息”时，激励对象所获股票期权行权价格调整方法：调整前的行权价格-每股的派息额。

（四）配股

“配股”时，激励对象所获股票期权行权价格调整方法：调整前的行权价格×（股权登记日当天收盘价+配股价格×配股比例）／［股权登记日当天收盘价×（1+配股比例）］。

五、股权激励计划的其他调整

除了激励对象获得的数量和行权价格调整之外，公司也会对股权激励计划其他构成因素做一些调整，比如改变授予条件、增加授予对象、增加授予数量、改变行权条件、改变相应时间节点，等等。

六、股权激励计划调整程序

所有的股权激励调整计划都由公司股东大会授权给董事会执行。在设计股权激励计划的时候，所有涉及的股权激励计划的调整都已经在草案里提前设计好了。董事会或者下属的薪酬委员会要通知激励对象股权激励计划的调整情况。对于上市公司的股权激励计划调整事宜，不仅仅要通知激励对象，还要按照法律法规上报相应主管机关，并及时公告。

案例分析

顺丰控股2017年股票增值权激励计划的调整方法和程序

（一）股票增值权数量的调整方法

若在行权前公司有资本公积转增股本、派送股票红利、股票拆细、配股或缩股等事项，应对股票增值权数量进行相应的调整。调整方法如下：

1. 资本公积转增股本、派送股票红利、股份拆细

$$Q=Q0\times(1+n)$$

其中：$Q0$为调整前的股票增值权数量；n为每股的资本公积转增股本、派送股票红利、股份拆细的比率（即每股股票经转增、送股或拆细后增加的股票数量）；Q为调整后的股票增值权数量。

2. 配股

$$Q=Q0\times P1\times(1+n)/(P1+P2\times n)$$

其中：$Q0$ 为调整前的股票增值权数量；$P1$ 为股权登记日当日收盘价；$P2$ 为配股价格；n 为配股的比例（即配股的股数与配股前公司总股本的比例）；Q 为调整后的股票增值权数量。

3. 缩股

$$Q=Q0\times n$$

其中：$Q0$ 为调整前的股票增值权数量；n 为缩股比例（即 1 股公司股票缩为 n 股股票）；Q 为调整后的股票增值权数量。

4. 派息、增发

公司在发生派息或增发新股的情况下，股票增值权数量不做调整。

（二）行权价格的调整方法

若在行权前有派息、资本公积转增股本、派送股票红利、股票拆细、配股或缩股等事项，应对行权价格进行相应的调整。调整方法如下：

1. 资本公积转增股本、派送股票红利、股份拆细

$$P=P0/(1+n)$$

其中：$P0$ 为调整前的行权价格；n 为每股的资本公积转增股本、派送股票红利、股份拆细的比率；P 为调整后的行权价格。

2. 配股

$$P=P0\times(P1+P2\times n)/[P1\times(1+n)]$$

其中：$P0$ 为调整前的行权价格；$P1$ 为股权登记日当日收盘价；$P2$ 为配股价格；n 为配股的比例（即配股的股数与配股前股份公司总股本的比例）；P 为调整后的行权价格。

3. 缩股

$$P=P0/n$$

其中：$P0$ 为调整前的行权价格；n 为缩股比例；P 为调整后的行权价格。

4. 派息

$$P=P0-V$$

其中：$P0$ 为调整前的行权价格；V 为每股的派息额；P 为调整后的行权价格。经派息调整后，P 仍须大于 1。

5. 增发

公司在发生增发新股的情况下，股票增值权的行权价格不做调整。

（三）股票增值权激励计划调整的程序

公司股东大会授权公司董事会，当出现前述情况时由公司董事会决定调整股票增值权数量、行权价格。律师事务所应当就上述调整是否符合《管理办法》《公司章程》和本计划的规定出具专业意见。

第三节　股权激励计划的退出机制

股权激励计划有进入机制，就有退出机制。退出机制分两类：

（1）激励计划的终止（调整）；

（2）激励对象的退出（调整）。

股权激励计划的退出机制和约束条件是息息相关的：

（1）在确定约束条件的时候，就要考虑如果公司或个人绩效考核不达标，股权激励计划怎么办？

（2）如果激励对象岗位调整（晋升、降职、离职、辞退等），激励计划怎么办？

（3）如果公司股权发了重大变化（兼并、重组、并购）等，股权激励计划怎么办？

相对于股权激励对象的退出机制，本书前一部分“股权设计”中的股东退出机制更复杂、全面，请读者自行翻阅对照。

股权激励计划的终止或调整原因可以分为两类，参见图 11-1：

（1）公司的主体资格出现问题

又可以分为两种情况，一种情况是公司控制权变更、合并、分立；第二种情况是按照《管理办法》，公司进行股权激励的主体资格出现问题，这一条主要是针对上市公司而言。

（2）激励对象出现问题

激励对象出现考核不合格、职务变更、辞职、裁员、退休、合同期满离职、负伤丧失劳动能力离职和死亡离职。细分上面情况，可以首先分为离开公司还是继续在公司，负伤（死亡）也继续细分为因公还是因私两类。

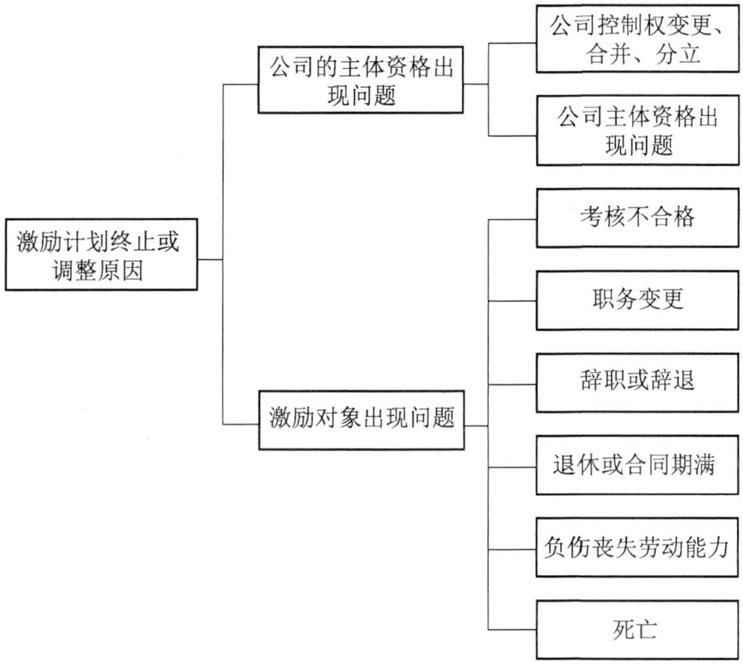

图 11-1　激励计划终止或调整原因分类

本章节仍然分为上市公司和非上市公司两类来探讨股权激励计划的退出机制。

一、上市公司股权激励退出机制的法律法规

《管理办法》第九条规定：上市公司依照本办法制定股权激励计划的，应当在股权激励计划中载明下列事项：

（十一）股权激励计划的变更、终止；

（十二）上市公司发生控制权变更、合并、分立以及激励对象发生职务变更、离职、死亡等事项时股权激励计划的执行；

（十三）上市公司与激励对象之间相关纠纷或争端解决机制。

《管理办法》第五十一条规定：上市公司在股东大会审议股权激励计划之前拟终止实施股权激励的，需经董事会审议通过。上市公司在股东大会审议通过股权激励计划之后终止实施股权激励的，应当由股东大会审议决定。律师事务所应当就上市公司终止实施激励是否符合本办法及相关法律法规的规定、是否存在明显损害上市公司及全体股东利益的情形发表专业意见。

《管理办法》第五十二条规定：上市公司股东大会或董事会审议通过终止实施股权激励计划决议，或者股东大会审议未通过股权激励计划的，自决议公告之日起 3 个月内，上市公司不得再次审议股权激励计划。

案例分析

顺丰控股 2017 年股票增值权激励计划公司激励对象发生异动的处理

一、公司发生异动的处理

（一）出现下列情形之一时，本计划即行终止，激励对象已获授但尚未行权的股票增值权不得行权，由公司按本计划的规定注销：

1. 最近一个会计年度财务会计报告被注册会计师出具否定意见或者无法表示意见的审计报告；

2. 最近一个会计年度财务报告内部控制被注册会计师出具否定意见或者无法表示意见的审计报告；

3. 上市后最近 36 个月内出现过未按法律法规、公司章程、公开承诺进行利润分配的情形；

4. 法律法规规定不得实行股权激励的情形；

5. 中国证监会认定的其他需要终止激励计划的情形。

（二）出现下列情形之一时，本计划不做变更：

1. 公司控制权发生变更；

2. 公司出现合并、分立等情形；

（三）公司因信息披露文件有虚假记载、误导性陈述或者重大遗漏，导致不符合股票增值权授予条件或行权条件的，未行权的股票增值权由公司统一注销处理，激励对象获授股票增值权已行权的，所有激励对象应当返还已获授权益。对上述事宜不负有责任的激励对象因返还权益而遭受损失的，可向公司或负有责任的对象进行追偿。

二、激励对象个人情况发生变化

（一）激励对象发生职务变更，但仍在公司内，或在公司下属分、子公司内任职的，其获授的股票增值权完全按照职务变更前本计划规定的程序进行。

但是，激励对象因触犯法律、违反执业道德、泄露公司机密、失职或渎职等行为损害公司利益或声誉而导致的职务变更，或因前列原因导致公司解除与激励对象劳动关系的，自情况发生之日，激励对象根据本计划已获授但尚未获准行权的股票增值权作废。

（二）激励对象因辞职、公司裁员（非因前述第一项原因导致与公司解除与激励对象劳动关系）而离职，自情况发生之日，激励对象根据本计划已获授但尚未获准行权的股票增值权作废。

（三）激励对象因退休而离职，自情况发生之日，激励对象已获授股票增值权可以按照退休前本计划规定的程序进行，且董事会可以决定其个人绩效考核条件不再纳入行权条件。

（四）激励对象因丧失劳动能力而离职，应分以下两种情况处理：

1. 当激励对象因工伤丧失劳动能力而离职时，其获授的股票增值权将完全按照丧失劳动能力前本计划规定的程序进行，且董事会可以决定其个人绩效考核条件不再纳入行权条件。

2. 当激励对象非因工伤丧失劳动能力而离职时，董事会可以决定对激励对象根据本计划已获授但尚未行权的股票增值权作废。

（五）激励对象若因执行职务而死亡，其获授的股票增值权将由其指定的财产继承人或法定继承人继承，并按照死亡前本计划规定的程序进行，且董事会可以决定其个人绩效考核条件不再纳入行权条件。

若因其他原因而死亡，董事会可以决定对激励对象根据本计划已获授但尚未行权的股票增值权作废，并由公司注销。

（六）其他未说明的情况由董事会薪酬与考核委员会认定，并确定其处理方式。

二、非上市公司，股权激励对象退出激励计划

对于非上市公司，股权激励对象退出激励计划的原因一般有以下几种：

（一）激励对象正常退休或者合同期满离开公司

这种情况属于善始善终，公司与激励对象双方“和平分手”，没有多少爱恨情仇。在股权激励计划中，已经行权的部分归激励对象所有，未实现的部分企业收回。当然，如果员工离职还要返聘为顾问或者公司为了照顾老员工的利益，尊重历史有贡献的老员工，未行权的部分可以继续保留。同时，行权条件不再与个人绩效考核挂钩。

如果是实股激励，公司是否要收回股权，双方要在进行股票激励方案实施之前就要明确，同时，还要签署法律文件。

（二）激励对象辞职或者被辞退而离开公司

员工的这种退出属于非正常退出，这种就不属于“和平分手”，但是也要力争“好合好散”。能否“好合好散”，一定要参阅双方股权激励计划实施前签署的法律文件。这时候，要“先君子后小人”“绝对明白地算账，相对糊涂地结局”。在股权方面，未行权部分自动作废，已行权部分公司坚决收回。当然，在利益方面，公司要表现得大度一些。

（三）员工负伤丧失劳动能力而离开公司

员工因为负伤、丧失劳动能力而离开公司的情况，有分两种：一种是

因工负伤，一种为非工伤。虽然相对于前面两种情况，这种情况少一些，但是也必须在股权激励计划实施之前的法律文件中规定清楚。

处理的原则是：

（1）对因工负伤离开公司的激励对象，公司要优待，同时也要为员工今后的生活考虑。所以，未行权的部分建议继续行权，并且要取消个人绩效考核。

（2）对于非因公负伤，除了人道主义的考虑以外，相对来讲，要“在商言商”：公司可以决定对激励对象根据本计划已获授但尚未行权的股票标的物作废，已经行权部分建议公司收回。当然，在价格上，公司要从人道主义角度优惠一些。

（四）员工因死亡而离开公司

员工死亡也分两种：因公死亡和非因公死亡。处理时，要参考因工负伤和非因公负伤股权激励标的物的处理办法。

与负伤离开公司的相比，员工因死亡而离开公司还涉及另一个问题，就是股权继承的问题。股权激励的目的是奖励人力资本，如果员工死亡，意味着人力资本丧失，建议在股权激励协议中写明：员工死亡，则公司按照事先约定价格对已经行权部分进行回购，未行权部分公司收回。

（五）因激励对象考核不及格而丧失股权激励

对于激励对象考核问题，可以从两个层面设计：第一层面，股权激励方案中和签署的法律文件中可以规定，如果激励考核是“不及格或者仅仅及格”，相对应的行权比例规定为“零”。第二层面，股权激励方案中和签署的法律文件中可以规定，如果激励对象连续两次考核不合格，则可以把被考核人从激励对象名单中剔除。

案例分析

信誉楼的股权激励的退出机制①

2001 年，河北黄骅信誉楼集团通过了新的《公司章程》，针对全员持股和大股东控股存在的弊端，提出了“货币资本依附于人力资本的股权设置方案”，并于 2002 年开始正式实施，该方案的架构是：全部实行岗位股，不同的岗位授予不同的股权，岗位变动时股权随之变动，退休或离职，其股权全部按离退时的价值收回，以保证股权永远掌握在对企业有用的人才手里；不允许继承（包括创业者）；不允许个人控股。在授予员工股份过程中不搞全员持股。

让股权掌握在为企业创造较大价值、对企业前途有重要作用的员工手中，可以用股权激励核心员工，把核心员工对事业的追求与信誉楼的发展紧密联系在一起，使员工与公司结成命运共同体。在个人股权的授予上，由公司总部薪酬委员会根据核心员工的职务与持久贡献，制定核心员工股权授予方案。员工个人持股不得超过公司总股本的 5%，股权不允许继承和自行转让，避免不称职的人操纵企业的现象；在公司存续期间，不得以任何理由自行退股。员工持股的上限按其即时级别和作用而定，保证股东会是一个高素质的群体。

公司核心员工的持股方案是：

（一）核心员工从得到授予的虚股开始即成为公司的股东。货币出资前为虚股，虚股享有分红权，不享有增值权；出资后为期股，期股期间享有分红权和部分增值权；期股满五年为实股，实股享有分红权和增值权。

（二）期股期间降级者将其减少部分的股权按投入金额收回，并按相应比例计算增值，存入公司。降级前按原股权分红，从降级当日起只享有变更后股权的分红权。

（三）期股期间股东自行离职或被开除的，公司有权将股权按投入金

① 胡宇萌．信誉楼：人力资本管理模式[J].北大商业评论，2007(4)：150-153.

额收回，不享有本年度的分红权。实股期间股东自行离职或被开除的，按上年度末公布的股值清算，并不享有本年度的分红权。

（四）期股期间股东被派往子公司，股权退出时暂按上年度末公布的股值收回；公司公布本年度股值后，再清算该年度工作时间内的分红和增值，增值部分存入公司。实股期间股东降级将其减少股权、股东退休或被派往子公司的，将其全部股权暂按上年度末公布股值收回；公司公布本年度股值后，再清算该年度工作时间内的分红和增值。

（五）股东有损害公司利益的行为，公司有权将股权（包括实股）按投入金额收回，且不享有本年度的分红权，造成损失的另追究赔偿责任。

附件1

股权激励三大层面十个因素115个股权激励问题

附表 1-1　第一层面上股权激励问题

定目的		
定义	序号	二级问题
如何确定股权激励的指导思想和目的？	1	股权激励依据什么理论？
	2	股权激励依据什么原则？
	3	什么是“公平、公正、公开”原则？
	4	什么是“激励与约束原则”？
	5	如何设计激励方案，使股权激励方案在未来能做动态调整？
	6	公司为什么要实施股权激励？有什么目的？
	7	股权激励的目的不同，激励的方法和结果会有什么不同？
	8	股权激励是建立长期激励机制？还是首次股权激励？
	9	股权激励是想留住人还是吸引人？
	10	股权激励是想激励关键核心高管和员工还是奖励这些员工过去做的历史贡献？
	11	股权激励是否是福利性质的“利益均沾”？
定原则		
定义	序号	二级问题
如何确定股权激励的原则？	12	谁来负责股权激励体系的设计，是内部人还是咨询公司？
	13	如何管理股权激励计划？
	14	在管理股权激励计划，股东会、董事会、薪酬与考核委员会以及职能部门（如人力资源部、财务部）如何有效分工？
	15	什么样的公司更愿意选择股权激励？国有公司和民营公司在股权激励上的不同点？

续表

定原则		
定义	序号	二级问题
如何确定股权激励的原则？	16	在集团公司里面如何做股权激励？是在集团公司？还是子集团？还是分公司？
	17	确定激励对象和激励额度，是以过去的业绩、贡献为主，还是以现在和未来的潜力和能力为主？
	18	股权激励如何能够兼顾过去，具有奖励和福利的意义？
	19	股权激励如何激励现在正在跑步的人？
	20	股权激励如何面向未来，能够激励人、留住人？

定模式		
定义	序号	二级问题
不同的公司采用相应的激励模式？	21	股权激励有多少种形式？如何分类？各有什么优缺点？各适应什么样的企业？
	22	常用的有几种股权激励方式？
	23	股权激励是采用单一模式还是混合模式？
	24	对于公司董事、监事、高级管理人员、核心管理人员、技术骨干、业务骨干，应该激励多少股权激励？采用什么形式？
	25	公司处于什么阶段，采取什么样的股权激励模式？
	26	上市公司与非上市公司的股权激励模式有什么相同点？有什么不同点？
	27	对于上市公司来讲，股权激励模式有哪些法律法规？
	28	目前上市公司最常用的股权激励模式有哪些？
	29	上市公司选择股权激励模式时，考虑哪些因素？
	30	如何根据公司财务状况，选择股权激励模式？
	31	对于有资金压力的上市公司，为什么不宜采用业绩奖励型限制性股票激励模式？
	32	未来通过定向增发而进行的股票期权模式和折扣购股型股票期权模式对公司资金的影响？
	33	如果上市公司负面新闻在市场流传，公司应当选择什么激励模式？

定对象		
定义	序号	二级问题
如何确定股权激励的对象？	34	确定激励对象时，一般考虑哪几种因素？
	35	如何从法律法规、激励效果、企业发展阶段、公平公正原则、不可替代原则、未来价值原则等几方面，确定激励对象？

续表

定对象		
定义	序号	二级问题
如何确定股权激励的对象？	36	从激励效果上，如何设计股权激励计划，既要避免过于宽泛，又要避免过于狭窄？整体被激励的员工数量占比有多大？
	37	对于上市公司，根据法律法规，哪类人可以成为股权激励对象？哪类人肯定不能成为激励对象？
	38	对于非上市公司，股权激励要激励哪些人？哪些人不能股权激励？
	39	确定激励对象的原则有哪些？
	40	激励对象是针对的“岗位”还是针对“人”？
	41	企业处于不同发展阶段，要想推进股权激励，重点要激励哪些对象？
	42	对于初创期，股权激励重点激励哪类人？
	43	对于发展期，股权激励重点激励哪类人？
	44	对于成熟期，股权激励重点激励哪类人？

附表 1-2　第二层面上股权激励问题

定来源		
定义	序号	二级问题
定股票来源？激励的股票从什么地方来？	45	激励股票来自股票的存量资源，包括“大股东的出让或者二级市场回购”？还是原来的留存股票？
	46	激励股票来自股票的增量资源，包括“定向增发、增资扩股、公积金转增股本”？
	47	上市公司如何定向增发？
	48	上市公司回购股票有什么法律法规？
	49	如何保证大股东股权不被过分稀释以至于失去公司控制权？
	50	大股东向激励对象转让有什么风险？
	51	对于公司上市时留存股票，或者推出股权激励计划时设置预留权益，法律有什么规定？
购股资金来源？	52	为什么在购股资金来源方面，最好或必须要有自筹部分？
	53	如何体现“风险与收益对等”和“激励与约束对等”原则？
	54	如何从激励对象的工资或者奖金中扣除购股资金？
	55	如何成立激励基金？如何根据业绩指标，提取激励基金？
	56	为什么激励基金会增加企业现金流压力？
	57	如何处理激励基金的财务问题和税务问题？

续表

定来源		
定义	**序号**	**二级问题**
购股资金来源?	58	如何改变行权方式，解决激励对象购股资金来源问题？如何将现金行权改为全部非现金行权或部分现金行权？
	59	如何与信托机构合作，通过信托机构解决激励对象购股资金问题？有哪些合作模式？
	60	如何做抵押贷款融资？公司如何将资金委托给信托机构，并指定专门用于购买公司股票？

定数量		
定义	**序号**	**二级问题**
定总量 如何确定股权激励总量？ 如何确定蛋糕有多大？	61	确定股权激励总额时，需要考虑哪几类因素？
	62	如何从法律法规、企业整体薪酬规划、控制权、资本战略、企业规模 & 净资产等方面，确定激励总额度？
	63	对于上市公司来讲，法律法规对于股权激励的总额度有什么强制性规定？
	64	对于成熟期企业、初创期或快速成长期企业，如何规划整体薪酬，设计股权激励总额度？
	65	什么是股权的九条生命线？确定股权激励额度时，如何注意企业控制权问题？
	66	如何为未来的继续融资、激励预留股权空间？如何为公司未来预留一部分激励空间？
	67	如何根据企业规模和净资产状况，确定合理的股权激励额度？
	68	如何确定激励额度与行权条件的业绩目标的正比例关系？
	69	如何规划公司各股东的股权占比？理论上股权结构有几种，都有什么弊端？
定单量 如何确定激励对象个体得到的股权激励数量？ 如何切蛋糕？	70	确定单个激励对象的激励额度，需要考虑哪几类因素？
	71	如何从法律法规、公平 & 效率、激励对象的个人情况（薪酬水平、不可替代性、职位、业绩表现、工作年限）、竞争企业的授予数量等因素确定股权激励的个体数量？
	72	对于上市企业来讲，对于单个激励对象有什么法律的强制性规定？
	73	如何确定薪酬结构？如何规划股权收入占总收入的合适比例？
	74	对于员工来讲，个体需要多大比例或数量股权才有吸引力？
	75	按照什么原则进行股权激励的分配？如何在“兼顾公平和效率”方面，进行激励总额度的具体分配？
	76	如何突出单个激励对象的贡献和重要性？
	77	如何根据单个激励对象的薪酬情况，确定激励总额度的具体分配方案？
	78	如何参考竞争企业的股权激励情况，确定本企业激励总额度的具体分配方案？

续表

定价格		
定义	序号	二级问题
如何确定股权激励的价格	79	如何确定合理的股权激励价格，既要有激励作用，考虑承受能力，又要公平合理，兼顾老股东的利益？
	80	对于上市公司，如何确定限制性股票的授予价格？
	81	对于上市公司，如何确定股票期权授予价格？
	82	按照什么方法对企业进行估值？常用的定价模型是什么？是按照净资产、同行上市公司 PE 还是其他方法对企业进行估值？
	83	如何确定被激励人员的价值？如何评估员工的不可替代性，包括关键技术人员、业务人员和管理人员？
	84	如何对激励对象所聘任的职位进行评估？如何评估不同职位在公司里面的相对价值的大小？是海氏评估法还是其他方法？
	85	如何确定人力资本的价值？如何把人力资本价值和货币资本价值作对比？

定时间		
定义	序号	二级问题
股权激励涉及的时间点	86	股权激励有哪些时间安排？都是如何定义的？
	87	对于上市公司，法律、法规对于股权激励时间安排是如何规定的？
	88	关于股权激励有效期有哪些法律、法规强制性规定？
	89	股权激励有效期设置与企业阶段性目标之间有什么关系？
	90	股权激励有效期与激励对象劳动合同的有效期之间有什么关系？
	91	如何定义股权激励授权日？哪些股权激励模式会涉及授权日？
	92	在决定股权激励计划的等待期、行权期、失效期时，是以授权日为起算点还是以生效日为起算点？
	93	对于上市公司而言，针对授权日有什么法律法规？
	94	为什么要设计股权等待期？
	95	股权激励的等待期有哪三种设计方法？
	96	对于上市公司，股权激励等待期有什么法律法规？
	97	如何设计股权激励的延期支付？
	98	为什么设行权期？为什么设限售期？

续表

定条件		
定义	序号	二级问题
制定股权激励计划的约束条件，包括授予条件、授予方式、行权条件、激励对象达不到行权条件的处理等内容。	99	如何设计股权激励的约束条件，包括授予条件和行权条件？
	100	对于上市公司，发生那种情况即丧失了实施股权激励计划的主体资格？
	101	股权的授予方式有哪两种？什么是一次性授予？什么是分期授予？
	102	股权激励的行权条件分为哪两类？
	103	如何将绩效考核与行权条件挂钩？
	104	如何进行公司业绩考核？
	105	如何进行激励对象个人绩效考核？
	106	如何设计股权激励的行权方式？
	107	股权激励行权是现金行权、借款行权还是其他方式？
	108	如何设计否决性条款（高压线条款），防止侵害公司利益？
	109	如何规定股权激励丧失条件？
	110	若激励对象达不到行权条件，如何处理股权激励的标的？

附表 1-3 第三层面上股权激励问题

定机制		
定义	序号	二级问题
制定股权激励调整机制，是股权激励计划稳顺运行的保障。	111	如何进行制度设计，能够根据实际情况进行股权激励计划的调整、变更和终止？
	112	如何设置股权激励计划的进入机制？
	113	如何设置股权激励计划的退出机制？
	114	如何设置股权激励计划的动态调整机制？
	115	如何防止成为小股东后失去动力或者激励不足，反而起到反作用？

附件2

中国股权激励相关法律法规汇总表

<table>
<tr><th>编号</th><th colspan="2">第一类：普适性法律法规</th><th>发布、修订或实施日期</th></tr>
<tr><td>1</td><td colspan="2">中华人民共和国公司法</td><td>2013. 12. 28</td></tr>
<tr><td>2</td><td colspan="2">中华人民共和国劳动合同法</td><td>2013. 7. 1</td></tr>
<tr><th>编号</th><th colspan="2">第二类：上市公司股权激励相关法律法规</th><th>发布、修订或实施日期</th></tr>
<tr><td>1</td><td>证监会股权激励有关事项备忘录1号</td><td rowspan="3">作为《上市公司股权激励管理办法（试行）》的补充说明，现已废止。仅作为参考。</td><td></td></tr>
<tr><td>2</td><td>证监会股权激励有关事项备忘录2号</td><td>2008. 3. 17</td></tr>
<tr><td>3</td><td>证监会股权激励有关事项备忘录3号</td><td>2008. 9. 16</td></tr>
<tr><td>4</td><td colspan="2">全国中小企业股份转让系统业务规则（试行）</td><td>2013. 2. 8</td></tr>
<tr><td>5</td><td colspan="2">关于上市公司实施员工持股计划试点的指导意见</td><td>2014. 6. 20</td></tr>
<tr><td>6</td><td colspan="2">《关于上市公司实施员工持股计划试点的指导意见》的起草说明</td><td>2014. 6. 20</td></tr>
<tr><td>7</td><td colspan="2">主板信息披露业务备忘录第3号—股权激励及员工持股计划</td><td>2015. 4. 20</td></tr>
<tr><td>8</td><td colspan="2">中小企业板信息披露业务备忘录第4号：股权激励限制性股票的取得与授予</td><td>2015. 6. 26</td></tr>
<tr><td>9</td><td colspan="2">中小企业板信息披露业务备忘录第5号：股权激励股票期权实施、授予与行权</td><td>2015. 6. 26</td></tr>
<tr><td>10</td><td colspan="2">中小企业板信息披露业务备忘录第6号：股权激励期权自主行权</td><td>2015. 6. 26</td></tr>
<tr><td>11</td><td colspan="2">创业板信息披露业务备忘录第8号——股权激励（股票期权）实施、授予、行权与调整（2015修订）</td><td>2015. 9. 16</td></tr>
</table>